講座
図書館情報学

11

山本順一
[監修]

情報資源
組織演習

情報メディアへのアクセスの仕組みをつくる

竹之内禎/長谷川昭子/西田洋平/田嶋知宏
[編著]

ミネルヴァ書房

「講座・図書館情報学」刊行によせて

　（現生）人類が地球上に登場してからおよそ20万年が経過し、高度な知能を発達させたヒトは70億を数えるまで増加し、地球という惑星を完全に征服したかのような観があります。しかし、その人類社会の成熟は従来想像もできないような利便性と効率性を実現したものの、必ずしも内に含む矛盾を解消し、個々の構成員にとって安らかな生活と納得のいく人生を実現する方向に向かっているとはいえないようです。科学技術の格段の進歩発展の一方で、古代ギリシア、ローマと比較しても、人と社会を対象とする人文社会科学の守備範囲は拡大しこそすれ、狭まっているようには思えません。

　考古学は紀元前4000年代のメソポタミアにすでに図書館が設置されていたことを教えてくれました。図書館の使命は、それまでの人類の歴史社会が生み出したすべての知識と学問を集積するところにありますが、それは広く活用され、幸福な社会の実現に役立ってこそ意味があります。時代の進歩に見合った図書館の制度化と知識情報の利用拡大についての研究は図書館情報学という社会科学に属する学問分野の任務とするところです。

　1990年代以降、インターネットが急速に普及し、人類社会は高度情報通信ネットワーク社会という新しい段階に突入いたしました。4世紀あたりから知識情報を化体してきた書籍というメディアは、デジタルコンテンツに変貌しようとしております。図書館の果たしてきた役割はデジタル・ライブラリーという機能と人的交流と思考の空間に展開しようとしています。本講座では、サイバースペースを編入した情報空間を射程に収め、このような新たに生成しつつある図書館の機能変化と情報の生産・流通・蓄積・利用のライフサイクルについて検討・考察を加えます。そしてその成果をできるだけ明快に整理し、この分野に関心をもつ市民、学生に知識とスキルを提供しようとするものです。本講座を通じて、図書館のあり方とその未来について理解を深めて頂けたらと思います。

　2013年3月

山 本 順 一

は じ め に

　本書は、図書館における「情報資源の組織化」という技術を修得するための
テキストである。

　組織化とは、ばらばらのものを「意味あるまとまり」に仕立て上げることを
いう。集められた図書、雑誌、地図、CD、DVD などの資料群（情報資源）を、
ばらばらの状態から「意味あるまとまり」に仕立て上げ、すばやく探し出せる
仕組みを作ることが「情報資源の組織化」である。

　小さなレベルで見れば、私たち自身が、個人の日常生活の中で、それとは気
づかずに「情報資源の組織化」を行っていることも多い。たとえば、本や CD
を書棚やラックにしまうとき、考えなしに空いている場所に置いていくのでは
なく、なるべく次に使うときに使いやすいようにと、工夫して収納することが
ある。この場合の「使いやすい」とは、「探しやすい」「取り出しやすい」こと
と同じである。編著者の一人がある大学の学生たちに尋ねたところ、本は内
容・ジャンルで分けて、小説は著者別に、CD は歌手やグループ別に分けて、
DVD は映画とスポーツに分けて整理しているという人が多かった。中には背
に簡単な番号を付けたり色別のシールを貼ったりしている人もいた。情報資源
を組織化するとは、まさにこうした作業である。

　だが、個人の持っている本や CD は、多くても数百点くらいであるのに対し
て、図書館が扱う資料群＝情報資源の量は、それとは比べものにならないほど
多く、最低でも数万点、多い館では数十万点から百万点以上にも及ぶ。

　また図書館情報資源には、図書、雑誌、地図、楽譜などの印刷資料のほかに
録音資料、映像資料、電子資料などもあり、コレクションは幅広い。これらの
膨大な情報資源を多くの人が使えるように、しかも探しやすいように整えると
なると、大がかりな整理のための特別な技術が必要になる。

i

この「大がかりな整理のための特別な技術」として、図書館では、「目録法」「件名法」「分類法」という三つの技術を用いる。

　目録法とは、図書館の情報資源となる個々の資料（図書、雑誌、CD など）について、いわば「戸籍簿」すなわち「管理台帳」を作っていく作業と言える。これによって図書館の所蔵目録が作成され、いわゆる「蔵書検索」「資料検索」が可能となる。

　件名法とは、所蔵目録を作成する際、資料一つひとつにその資料の内容を代表するキーワード（件名）を付与することにより、所蔵目録から、キーワードを手がかりとして、その資料と同一キーワードを与えられた同種のテーマの資料（関連資料）を一括で検索できるようにする方法である。

　分類法とは、定められた記号（国立国会図書館分類表ではアルファベットと数字、日本十進分類法の場合は数字のみ）の組み合わせによって資料の内容を表現することにより、個々の資料に「現住所」すなわち「配架先」を特定する情報を与えるとともに、同じ分類記号を持つ資料群（＝同一テーマの資料群）を物理的に書架に集中させたり、目録上で、分類記号から同一テーマの資料群を一括検索したりできる仕組みを作る方法である。

　本書は、これら三つの技術について順を追って学習できるように編んだものである。目録法については第 1 章から第11章で、件名法については第12章から第13章で、分類法については第14章から第30章で取り扱う。

　なお、図書館情報学の専門用語ではいわゆる目録法のことを「記述目録法」といい、また件名法と分類法を併せて「主題目録法」という。これにならい、本書では「第Ⅰ部　記述目録法」「第Ⅱ部　主題目録法」とし、最後に「第Ⅲ部　NDC 類別総合演習」を設けて三部構成とした。第Ⅰ部、第Ⅱ部だけでも、情報資源組織法の基礎は一通り学習できるが、さらに第Ⅲ部に進み、実在する出版物を素材にした演習問題を通じて学習を深めて頂きたい。

　目録法に関しては、『日本目録規則』（NCR）1987年版改訂 3 版をもとに解説しており、できればこれを手元に用意して学習することが望ましい。ただし、使用できない場合に備え、本文の解説のみですべての演習が解答可能である。

ii

はじめに

　件名法の演習には、『基本件名標目表』（BSH）第 4 版を、分類法の演習には、『日本十進分類法』（NDC）新訂10版を参照することが望ましいが、これらのツールが使用できない環境下での学習に備え、巻末に BSH、NDC の抜粋を付録として掲載した。

　件名法については、付録の「BSH 抜粋」および本文第12章〜第13章の解説を参照することで、①演習問題12〜13の全問題、②演習問題20〜29の冒頭から数問、③演習問題30の 1 〜10問目までが解答可能である。なお、解答するために別途 BSH の参照が必要な問題には、設問番号の前に ＊ を付した。

　分類法の演習問題は、NDC の相関索引の参照が必要な演習問題14−2を除き、付録の「NDC 抜粋」および本文第14章以降を参照することで、すべての問題の解答が可能である。分類法の解説は NDC 新訂10版に基づいており、演習問題も NDC 新訂10版の使用を想定しているが、新訂 9 版でもほぼ同様の演習が可能である。

　このように、本書はツールが手元にない環境でも学習が行えることを念頭に構成しているため、授業後の自宅学習や、通信教育で学習する場合、あるいは独習者にも適したテキストとなっている。

　また、これまで類書で取り上げられることが少なく、一般的な「和書の記述」の中に埋もれていた「和古書の記述」を独立した章として取り上げた（第 9 章）。図書館を通じて歴史的な地域資料（郷土資料）が保存・活用されていくうえでの一助になることを願う。

　最後になるが、本書の編集にあたりミネルヴァ書房編集部の水野安奈氏には企画から校正まで、多年にわたって言葉に尽くせないほどの御尽力を賜った。原稿が進まない中、辛抱強く、細やかに編者の希望に応えて下さったおかげで作業を完遂させることができた。そして、仕上げを渡辺麻莉子氏が引き継いで下さり本書は世に出ることができる。お二人に深く感謝申し上げる次第である。

2016年 8 月

編著者代表　竹之内禎

情報資源組織演習

——情報メディアへのアクセスの仕組みをつくる——

目　　次

はじめに

第Ⅰ部　記述目録編

第1章　目録とは…………………………………………………………… 3

- ① 目録の種類　3
- ② 本書における目録作成の方針　4
- ③ 目録記入に記録されるもの　5
- ④ 目録記入の基本型　7
- ⑤ 目録記入作成の共通原則　9
  - ◆演習問題1　11

第2章　和書の記述…………………………………………………………13

- ① 単行書の定義　13
- ② 単発的に刊行される図書の記述　17
  - ◆演習問題2-1　33
  - ◆演習問題2-2　35
- ③ シリーズものの図書の記述　37
  - ◆演習問題2-3　40
- ④ 分冊ものの図書の記述　42
  - ◆演習問題2-4　45
- ⑤ 構成部分を持つ図書の記述　47
  - ◆演習問題2-5　52
- ⑥ 単行書の集合と構成部分　54

第3章　洋書の記述…………………………………………………………62

- ① 洋書の目録記入作成の原則　62
- ② 各書誌的事項の記述　64
  - ◆演習問題3　68
  - コラム3.1　『英米目録規則第2版』（AACR 2）　69

目　次

コラム3.2　『資源の記述とアクセス』（Resource Description and Access：RDA）の刊行　71

第4章　地図資料の記述 ··· 72

1　地図資料の定義　72

2　記述の方法　72

　◆演習問題4　78

第5章　録音資料の記述 ··· 79

1　録音資料の定義　79

2　記述の方法　79

　◆演習問題5　86

第6章　映像資料の記述 ··· 87

1　映像資料の定義　87

2　記述の方法　87

　◆演習問題6　93

第7章　電子資料の記述 ··· 94

1　電子資料の定義　94

2　記述の方法　94

　◆演習問題7　100

第8章　継続資料の記述 ··· 101

1　継続資料の定義　101

2　記述の方法　101

　◆演習問題8　112

第9章　和古書の記述 ··· 113

1　和古書の定義　113

2　記述の方法　113

vii

◆演習問題9　126

第10章　標目 ……………………………………………………………… 127

1　標目総則　127

2　タイトル標目　129

3　著者標目　130

4　件名標目　134

5　分類標目　135

6　片かな表記法　135

　◆演習問題10　138

コラム10　恐怖！心霊が書いた本の標目と『悪魔の聖書』　138

第11章　コンピュータ利用による目録作成 ……………………………… 139

1　目録作業の集中化　139

2　目録作業の共同化　144

3　ネットワーク情報資源の組織化　147

　◆演習問題11　152

コラム11.1　Webを通じた目録データの外部提供　152

コラム11.2　図書館のウェブサイトを視覚障害者にも使いやすく　153

第Ⅱ部　主題目録編

第12章　件名法（1）——BSHの基本構造 ………………………………… 157

1　標目、件名、件名標目　157

2　『基本件名標目表』を用いた件名標目の付与　157

3　BSHの階層構造と件名標目の選定　158

4　件名標目となるもの　160

　◆演習問題12-1　161

5　細目の種類と使い方　162

　◆演習問題12-2　166

viii

目　次

第13章　件名法（2）——BSH の応用 ……………………………………… 168

 1　国名標目表　168

 2　地名の位置　168

  ◆演習問題13-1　171

 3　件名規程　171

  ◆演習問題13-2　177

第14章　分類法の基礎（1）——NDC の概要 ……………………………… 179

 1　NDC の構成　179

 2　NDC 本表の構造　180

 3　NDC の見方　183

 4　補助表　185

 5　相関索引　187

  ◆演習問題14-1　187

  ◆演習問題14-2　188

 コラム14.1　どう読む？　分類記号　188

 コラム14.2　1門の本はどこですか？　189

第15章　分類法の基礎（2）——形式区分 ………………………………… 190

 1　形式区分の概要　190

 2　形式区分の使用法　191

  ◆演習問題15　194

 コラム15.1　分類さんは生物学が苦手：植物篇　195

 コラム15.2　分類さんは生物学が苦手：動物篇　195

第16章　分類法の基礎（3）——地理区分と海洋区分 ………………… 196

 1　地理区分の概要　196

 2　地理区分の使用法　203

 3　海洋区分の概要　205

ix

④ 海洋区分の使用法　205

　　◆演習問題16　206

　コラム16.1　世界平和と分類法　207

　コラム16.2　二つの中国の分類法　207

第17章　分類法の基礎（4）──言語区分 ………………………………… 208

① 言語区分の概要　208

② 言語区分の使用法　208

　　◆演習問題17　211

　コラム17.1　『悪魔の辞典』はあくまでも文学　212

　コラム17.2　ムーミンはフィンランド文学じゃないの？　212

第18章　分類規程 ……………………………………………………………… 214

① 主題の観点　214

② 主題と形式概念の区別　215

③ 原著作とその関連著作　215

④ 複数主題　216

⑤ 主題と主題との関連　217

⑥ 新主題　218

　　◆演習問題18　219

　コラム18.1　ギリシア神話を知っていますか　220

　コラム18.2　太古の昔、怪獣は実在した！？　220

第19章　図書記号と別置記号 ………………………………………………… 222

① 図書記号　222

② 日本著者記号表　223

③ 別置記号　225

　　◆演習問題19　226

目　次

第Ⅲ部　NDC 類別総合演習

第20章　NDC・０類（総記）の分類法⋯⋯⋯⋯⋯⋯⋯⋯⋯⋯⋯⋯⋯⋯ 229

[1]　０類の全体構成　229

[2]　総記のなかの総記：知識の全体　229

[3]　図書館．図書館情報学と読書　230

[4]　図書．書誌学　231

[5]　百科事典　231

[6]　一般論文集　232

[7]　逐次刊行物　232

[8]　団体：学会，協会，会議　232

[9]　ジャーナリズム．新聞　233

[10]　叢書．全集．選集　233

[11]　貴重書．郷土資料．その他の特別コレクション　233

　　◆演習問題20　233

コラム20.1　分類のススメ　235

コラム20.2　博物館とオリンピック　235

第21章　NDC・１類（哲学・心理学・宗教）の分類法⋯⋯⋯⋯⋯⋯ 236

[1]　１類の全体構成　236

[2]　哲学　236

[3]　心理学　237

[4]　倫理学．道徳　238

[5]　宗教　238

　　◆演習問題21　239

コラム21.1　思想家たちの饗宴　241

コラム21.2　占いとオカルト　241

xi

第22章　NDC・2類（歴史・伝記・地理）の分類法······················242

　　1　2類の全体構成　242

　　2　歴史　243

　　3　伝記　244

　　4　地理. 地誌. 紀行　245

　　5　海洋　245

　　　◆演習問題22　245

　　コラム22.1　分類法の日本地図　247

　　コラム22.2　戦争と平和　247

第23章　NDC・3類（社会科学）の分類法·····························248

　　1　3類の全体構成　248

　　2　「社会科学」と「社会」　249

　　3　外国の行政と法律　249

　　4　経済と商業　250

　　5　総合的な統計と個別テーマの統計　250

　　6　社会学と関連諸学　251

　　7　個別の社会問題　252

　　8　教育　253

　　9　民俗学と民族学　253

　　10　国防. 軍事　254

　　　◆演習問題23　254

　　コラム23.1　噂の分類法　256

　　コラム23.2　犯罪のゆくえ　256

第24章　NDC・4類（自然科学・医学・薬学）の分類法·············257

　　1　4類の全体構成　257

　　2　自然科学一般　257

　　3　自然科学の各分野　258

　　　　　　　　　　　　　　　　　　　　　　　　　　　　　目　　次

　　　④　医学と薬学　259

　　　　　◆演習問題24　260

　　　コラム24　嫌われ者たちと人気者たち　261

第25章　NDC・5類（技術・工学・生活科学）の分類法 ⋯⋯⋯⋯ 262

　　　①　5類の全体構成　262

　　　②　技術・工学一般　262

　　　③　第二次産業の生産諸技術　263

　　　④　家政学. 生活科学　265

　　　　　◆演習問題25　266

　　　コラム25.1　インターネットの分類は？　267

　　　コラム25.2　地球温暖化は環境破壊なのか？　267

第26章　NDC・6類（産業）の分類法 ⋯⋯⋯⋯⋯⋯⋯⋯⋯⋯⋯ 268

　　　①　6類の全体構成　268

　　　②　農林水産業　269

　　　③　商業. 運輸. 通信事業　271

　　　　　◆演習問題26　272

　　　コラム26　おいしい食卓の分類法　273

第27章　NDC・7類（芸術・スポーツ）の分類法 ⋯⋯⋯⋯⋯⋯⋯ 274

　　　①　7類の全体構成　274

　　　②　芸術　275

　　　③　スポーツ　276

　　　④　諸芸. 娯楽　276

　　　　　◆演習問題27　277

　　　コラム27.1　『仮面ライダー昆虫記』　278

　　　コラム27.2　ヨーガとピラティスの間に　278

xiii

第28章　NDC・8類（言語）の分類法 ……………………………………… 279

    1　8類の全体構成　279

    2　言語全般　279

    3　個々の言語・言語群　280

      ◆演習問題28　284

    コラム28　暗号とロゼッタストーンの解読　285

第29章　NDC・9類（文学）の分類法 ……………………………………… 286

    1　9類の全体構成　286

    2　文学全般　286

    3　各言語の文学　287

    4　作家研究と作品研究　290

      ◆演習問題29　291

    コラム29.1　分類の耐えられない重さ　293

    コラム29.2　『奥の細道』は俳句じゃないの？　293

第30章　総合演習 …………………………………………………………… 294

      ◆演習問題30-1　294

      ◆演習問題30-2　294

    コラム30.1　二界説はゴカイ説？　301

    コラム30.2　地域資料分類はどう分類する？　301

基本件名標目表（BSH）第4版　音順標目表　抜粋　302

日本十進分類法（NDC）新訂10版　細目表　抜粋　326

索引

第Ⅰ部　記述目録編

第1章	目録とは

　本章では、「目録」の概要について説明する。**目録**とは、英語で catalog ／ catalogue と表記するとおり、**図書館が所蔵する情報資源のカタログ**である。実際に情報資源を検索する際には、目録を構成する1件1件のデータが検索対象となる。この目録を構成する1件1件の資料のデータ（1枚のカードに書かれている資料についての情報）を**目録記入**（entry）という。逆に言えば、目録記入を集積し、**情報資源を検索する手がかりを備えたデータの集合体**が目録である。

1　目録の種類

　目録には、1）冊子目録、2）カード目録、3）コンピュータ目録がある。

　1）冊子目録は、冊子形態の目録である。現在では、商用のものはほとんど作成されておらず、作成されるのは、公共図書館が独自に収集した**地域資料に関する目録を提供する場合**や、大学図書館が大学関係者から寄贈された資料をもとに**特殊文庫を設ける場合**に限られる。

　2）カード目録は、縦7.5cm、横12.5cm の目録カードに、書名や著者名、出版年などの書誌的事項、検索のための見出し語、所在記号などを記録し、一定の順序で専用のカードボックスに配列したものである。カード目録は1990年代までは多くの図書館で利用されていた。

　3）コンピュータ目録は、タイトルや著者名などの書誌的事項を機械可読形式で蓄積し、コンピュータを用いて検索や検索結果の閲覧ができるようにした目録のことである。この中でも通信回線を通じて接続する方式のものを**オンライン閲覧目録**（Online Public Access Catalog：OPAC）という。コンピュータ目録

第 I 部　記述目録編

の中には貸出中や予約件数などを表示する機能を備えたものもある。

　現在では、新しくコレクションに加える資料は、カード目録よりもコンピュータ目録を作成する図書館の方が多くなっている。過去のカード目録の情報は順次コンピュータ目録に移行されている。

②　本書における目録作成の方針

　以下では、『日本目録規則』1987年版改訂3版（Nippon Cataloging Rules：NCR）を使用して説明を行うが、予め本書の基本方針を四点ほど示しておく。

　一点目として、目録作成はカード目録を想定して行う。前述のように現在では、コンピュータ目録が中心となってきている。しかし、図書館によっては予算や労力上の理由から、過去に作成された膨大な目録データのすべてを電子化できているわけではなく、併用していることも多い。また、カード目録のデータを電子化する作業そのものが司書の業務として求められる場合もある。したがって、目録法を習得する際には、カード目録とコンピュータ目録の両方を理解する必要がある。コンピュータ目録と言っても、ルールはカード目録の考え方と同じである。目録作成のルールブックであるNCRも、カード目録の作成を想定して編集されている。カード目録とコンピュータ目録では、記録の媒体は異なるが、適用する規則は同じであり、記録の基本方針もほとんど変わらない。カード目録の作成方法を学習することによって、カード目録とコンピュータ目録の両方について理解することができる。なお、コンピュータ目録の作成に関しては、第11章で改めて説明する。

　二点目として、本書の説明は、原則として**本則**による。目録を構成する目録記入の作成、つまり目録カードを書くに際して、NCRでは本則に加えて**任意規定**と**別法**を用意している。任意規定は、本則を適用する個々の図書館が内規によって本則をさらに展開するためのもので、多数の資料を所蔵する図書館や、特殊なコレクションを持つ図書館で適用している場合が多い。別法は文字通り別の規則のことで、図書館によっては別法によって目録を作成しているところ

4

もあるが、本書では、特に必要と思われる場合を除き、目録作成の大本の規則である本則を用いる。

　三点目として、目録記入の記述の精粗については、標準の書誌的事項を記述する第2水準を用いる。記述にはこの他、必須の項目のみを記述する第1水準と、NCRで規定するすべての書誌的事項を記述する第3水準がある。多くの公共図書館では第2水準を採用しているため、本書でもそれにならった。

　四点目として、本書では**改行式**を用いる。目録記入の作成には、図1.1のように二通りの方法がある。一つは、いくつかの**書誌的事項に関しては改行して記録する「改行式」**、もう一つは、**すべての書誌的事項を続けて記録する「追い込み式」**である。改行式は、追い込み式の一部の「.␣—␣」（ピリオド・スペース・ダッシュ・スペース）を、「.␣—␣」を記録せずに改行したものである。スペースは、実際の目録記入では空白になるが、本書では「␣」の記号を使用して表す。本書では見やすさと明確さを重視して、原則として改行式を用いる。具体的な改行箇所は、各章で説明する。

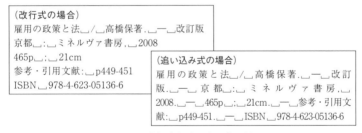

図1.1　改行式と追い込み式の例

③　目録記入に記録されるもの

　すべての情報資源に関して、目録記入には、**書誌記述**、**標目**、**標目指示**、**所在記号**の四種が記録される。図1.2は図書についての例示である。

　書誌記述は、ある資料を他の資料と区別するためのもので、資料の形態、内容、成り立ちなどを示したものである。言ってみれば資料の戸籍簿に当たる。

第Ⅰ部　記述目録編

私たちが転居しても戸籍簿が変わらないように（何という名で、いつ、どこで、誰の下に、何番目の子として生まれたか）、書誌記述の部分は、どこの図書館で所蔵しているものでも変わらない。書誌記述は次の8つの書誌的事項の項目群からなる。

1）タイトルと責任表示に関する事項（タイトル、著者名など）
2）版に関する事項（版）
3）資料の特性に関する事項（図書では使用しない）
4）出版・頒布等に関する事項（出版地、出版者、出版年）
5）形態に関する事項（ページ数、大きさなど）
6）シリーズに関する事項（シリーズ名、シリーズの巻号など）
7）注記に関する事項
8）標準番号（ISBNなど）、入手条件に関する事項

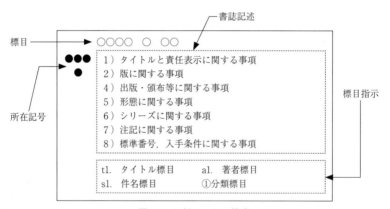

図1.2　目録カードの構成

なお、以下では一般的な「記述する」という語と区別するため、できるだけ書誌記述という表現を用いるが、煩雑になる場合や、章題、節題等では、NCR同様に記述と略す場合があることを予め記しておく。

標目は、カードの上部に記載されるもので、図書を検索する手がかりになるものである。タイトルを検索する手がかりになる**タイトル標目**、著者を検索す

る手がかりになる**著者標目**、件名を検索する手がかりになる**件名標目**、分類記号を検索する手がかりになる**分類標目**がある。件名標目と分類標目は、資料の主題（中心として論じられているテーマ）を表すもので、件名標目は言葉によって、分類標目は記号によって表現される。

標目指示は、これらの標目を書誌記述の下にまとめて指示した（表した）ものである。これによって、その図書にはどのような検索の手がかりが与えられているのかが分かる。逆に言うと、この標目指示の数だけ、それぞれの標目を記載したカードが作成されることになる。

所在記号は、図書館資料の配架場所を示す記号で、請求記号ともいう。書誌記述が戸籍簿であるのに対し、その図書館での現住所を示すものである。通常、分類記号と図書記号からなる。分類記号は、資料の主題を表し、大まかな配架場所を示す。図書記号は、配架場所をさらに限定するためのもので、著者名の一文字目を片かなで示したり、著者名の冒頭のローマ字を使用した著者記号を使ったりする。

④ 目録記入の基本型

ここで、図書の目録記入のもっとも基本的な型と、その実例を挙げる。図1.3の基本型は以後の学習の前提となるものなので、1）～8）までの項目名と、その順序、つなぎの**区切り記号**については、できるだけ暗記することが望ましい。繰り返しNCRを用いて確認することを勧める。なお、以下では書誌記述と標目指示のみ表示する。

各項目をつなぐ区切り記号は、スペース（空白）と記号を組み合わせた特定の文字列によって、次に続く項目の内容を指示する。したがって、「**区切り記号＋次の項目**」という形で、一体として意味をなしている。なお、NCRでは、目録記入における全角、半角等のスペースは、それぞれの図書館において定めるものとしている。

1）～8）のうち、2）、6）、7）、8）については、記録すべき内容がない

第Ⅰ部　記述目録編

```
《書誌記述の部分》
   1) タイトル␣/␣責任表示.␣—␣2) 版表示 （改行）
   4) 出版地␣:␣出版者,␣出版年 （改行）
   5) ページ数␣;␣大きさ.␣—␣6) シリーズ情報 （改行）
   7) 注記 （改行）
   8) 標準番号
                                （1行アキ）
《標目指示の部分》
   t1.␣タイトル標目␣a1.␣著者標目␣s1.␣件名標目␣①分類標目
```

図1.3　目録記入の基本型

場合もある。その場合には、その項目を飛ばして記録することになる。その際、
2）と6）については、**区切り記号「.␣—␣」も書かないことに注意が必要**
である。

　以下、図1.4に基本型に従って記述された目録記入の例を挙げる。次いで、
図1.5と図1.6によく使われる応用型について2パターンを挙げる。

```
雇用の政策と法␣/␣高橋保著.␣—␣改訂版
京都␣:␣ミネルヴァ書房,␣2008
465p␣;␣21cm
ISBN␣978-4-623-05136-6

t1.␣コヨウ␣ノ␣セイサク␣ト␣ホウ␣a1.␣タカハシ,␣タモ
ツ␣s1.␣雇用政策␣①366.21
```

注：著者は1人、ページ付は1種、注記はない場合
図1.4　基本型の目録記入

```
エンタテインメント法への招待␣/␣道垣内正人,␣森下哲朗編著
京都␣:␣ミネルヴァ書房,␣2011          ┗—コンマ
10,␣241p␣;␣20cm  「,」で区切って最後に小文字の「p」
ISBN␣978-4-623-05981-2

t1.␣エンタテインメントホウ␣エノ␣ショウタイ␣a1.␣ドウ
ガウチ,␣マサト␣a2.␣モリシタ,␣テツオ␣s1.␣著作権—日
本␣①021.2
```

注：著者が2人で、複数のページ付がある場合
図1.5　応用型の目録記入（1）

8

第 1 章　目録とは

```
医療・福祉マネジメント␣:␣福祉社会開発に向けて␣/␣近藤克則
著.␣—␣改訂版　　　　　本シリーズ名　　シリーズ巻号
京都␣:␣ミネルヴァ書房.␣2012
10,␣215p␣;␣22cm.␣—␣(Minerva 福祉専門職セミナー␣;␣17)
付:␣索引 ◄── 注記
ISBN␣978-4-623-06329-1

t1.␣イリョウ␣フクシ␣マネジメント␣t2.␣フクシ␣シャカイ␣カ
イハツ␣ニ␣ムケテ␣a1.␣コンドウ,␣カツノリ␣s1.␣介護福祉␣①
369
```

注：シリーズものの 1 冊で巻があり、注記がある場合

図1.6　応用型の目録記入（2）

　書誌記述を構成する 1）～ 8）の詳しい記録方法については、第 2 章のそれ
ぞれの節で説明する。標目指示を構成するタイトル標目、著者標目、件名標目、
分類標目の詳しい表記方法については、第10章のそれぞれの節で解説する。

5　目録記入作成の共通原則

　本節では、図書館の多様な情報資源の目録記入作成に共通する原則について
説明する。必要に応じて NCR の該当番号を【　】に入れて付した。

5.1　記述の情報源【1.0.3】

　目録記入の作成は、資料のどこかを見て、あるいは、資料以外の何かを見て
記述していくことになる。記述の際に、よりどころとする情報源の優先順位は、
以下のとおりである。

①資料本体（カセット、カートリッジ等を含む）

②付属文字資料

③資料本体と分離可能な容器（箱等）、カバーなど

④その資料以外の情報源

資料種別ごとの記述の情報源については、各章に示した。

9

第Ⅰ部　記述目録編

5.2　記述の精粗【1.0.5】

　NCRでは記述の精粗について、必須（第1水準）、標準（第2水準）、詳細（第3水準）の3つの記述の仕方を用意している。②で説明したように、一般に公共図書館や大学図書館では第2水準を用いているところが多いが、それぞれ図書館の規模や方針に応じて採用すればよい。本書では第2水準に従って説明する。

5.3　転記の原則【1.0.6.1～1.0.6.5】

　タイトルと責任表示、版、出版・頒布等、シリーズに関する事項では、原則として情報源に表示されているままに記録する。

　漢字は、所定の情報源に使用されている字体で記録する。旧字体で表示されているものは、そのままの字体で記録し、楷書体以外は楷書体に、変体がなは平がなに改める。数字と記号等も、原則としてそのまま記録する。ただし、タイトルと責任表示以外の書誌的事項においては、数量や順序を示す数字はアラビア数字とする。ローマ字も原則としてそのまま記録するが、大文字の使用法はその言語の慣行に従う。大文字使用法については第3章で詳しく説明する。

　　　例）會社法提要 ／ 服部榮三著　⇒　「會」「榮」をそのまま記録

　　　　　二十一世紀の高齢者福祉　⇒　漢数字の「二十一」をそのまま記録

　　　　　マザーグース・コレクション100　⇒　「100」をそのまま記録

　　　　　ベイシック経営学Q&A　⇒　「Q&A」をそのまま記録

　　　　　＜語り＞と出会う　⇒　「＜」「＞」をそのまま記録

　　　　　第Ⅱ版　⇒　「Ⅱ」をアラビア数字に変えて「第2版」と記録

　　　　　前付ivページ，本文234ページ　⇒　「iv」をアラビア数字に変えて

　　　　　　　　　　　　　　　　　　　　　　　「4,␣234p」と記録

5.4　区切り記号【1.0.6.7】

　書誌記述には、前述の③で説明した8つの書誌的事項を記録する。NCRでは各書誌的事項を判別するために、それぞれの書誌的事項の前に、国際標準書誌記述（International Standard Bibliographic Description：ISBD）にもとづく「区切

り記号」を用いている。ISBD は書誌情報の国際的な標準化と互換性の確保のために制定されたもので、言語が異なっても同一の区切り記号によってその後に記録される書誌的事項を判別できる。表1.1に、主な記号を掲げる。

表1.1　主な区切り記号と読み方

記　号	読み方	記　号	読み方
-	ハイフン	⎵:⎵	スペース・コロン・スペース
.⎵	ピリオド・スペース	⎵/⎵	スペース・スラッシュ（斜線）・スペース
,⎵	コンマ・スペース	⎵;⎵	スペース・セミコロン・スペース
⎵（　）⎵	スペース・丸がっこ・スペース	.⎵—⎵	ピリオド・スペース・ダッシュ・スペース

　区切り記号の前後には「⎵」（スペース）を置く。ただし、「,⎵」（コンマ）や「.⎵」（ピリオド）では後ろにのみ置き、「⎵（　）⎵」（丸がっこ）や「⎵［　］⎵」（角がっこ）の前後に他の区切り記号の「⎵」がある場合は、「⎵」は1つとする。また改行式の場合、行末、もしくは改行して行頭に「.⎵—⎵」がかかった時は、これを省略する。具体的な使用法については、各章で解説する。

◆演習問題1　次の手がかりから作成される目録記入の例を書写しなさい。

1．『あなたを悩ませる「つらい！」人間関係から自由になる本』
上村光典著。版表示は初版。出版者はソフトバンククリエイティブ（所在地は東京）。出版年は2012年。ページ数は、本文の最終ページが255ページ。縦の大きさ19cm。参考文献が254ページから255ページにかけて掲載されている。ISBN は978-4-7973-7086-7。
〔内容は、心理カウンセラー・メンタル＆コミュニケーションコーチが教える精神衛生法〕

【目録記入の例】
あなたを悩ませる「つらい！」人間関係から自由になる本⎵/⎵上村光典著
初版
東京⎵:⎵ソフトバンククリエイティブ,⎵2012

第 I 部　記述目録編

255p␣;␣19cm

参考文献:␣p254-255

ISBN␣978-4-7973-7086-7

t1.␣アナタ␣オ␣ナヤマセル␣ツライ␣ニンゲン␣カンケイ␣カラ␣ジユウ␣ニ␣ナル␣ホン␣a1.␣ウエムラ,␣ミツノリ␣s1.␣精神衛生␣s2.␣ストレス␣①498.39

2.『クララは歩かなくてはいけないの？―少女小説にみる死と障害と治癒―』ロイス・キース著、藤田真利子訳。出版者は明石書店（所在地は東京）。出版年は2003年。ページ数は、本文の最終ページが325ページ。縦の大きさが20cm。原著のタイトルは「Take up thy bed and walk」。参考文献が313ページから320ページにかけて掲載されている。ISBN は978-4-7503-1716-8。
〔内容は、児童文学の研究書の翻訳〕

【目録記入の例】
クララは歩かなくてはいけないの？␣:␣少女小説にみる死と障害と治癒␣/␣ロイス・キース著␣;␣藤田真利子訳
東京␣:␣明石書店,␣2003
325p␣;␣20cm
原タイトル:␣Take up thy bed and walk
参考文献:␣p313-320
ISBN␣978-4-7503-1716-8

t1.␣クララ␣ワ␣アルカナクテワ␣イケナイノ␣t2.␣ショウジョ␣ショウセツ␣ニ␣ミル␣シ␣ト␣ショウガイ␣ト␣チユ␣a1.␣キース,␣ロイス␣a2.␣フジタ,␣マリコ␣s1.␣児童文学␣s2.␣生と死␣s3.␣病気␣s4.␣女性（文学上）␣①909.3

12

第2章	和書の記述

　本章では、図書館資料の中でももっとも多い図書の書誌記述の手順を解説する。図書の中でも、ここでは**単行書**、つまり、**固有のタイトルを持つ単独に刊行された図書**を対象に説明する。NCR では、図書の書誌記述については和書と洋書の両方を対象にしているが、本章では和書に限定して解説し、洋書については第3章で解説する。

　和書の書誌記述は、日本の図書館の情報資源すべての記述の基本である。本書でも、第4章以降の図書以外の資料の説明では、和書の書誌記述の方法を習得していることを前提としている。

１　単行書の定義

1.1　単行書の範囲【2.0.2.1】

　単行書とは固有のタイトルを持ち単独に刊行された図書であるが、ハードカバーの図書や、その図書だけで刊行が完結するいわゆる「単発もの」の図書だけを指すのではない。図書の大きさも関係はなく、文庫本も〇〇文庫という集合体から一旦離れて見てみると、固有のタイトルを持ち単独に刊行されたものであるため単行書に当たる。具体的には次にあげるものを含む。

・タイトルが、本体と部分の名称（例えば「〇〇編」）からなるもの。本体部分の名称は複数の図書で共通する。

　　例）経済数学　線形代数編

　　　　経済数学　微分積分編

・形態的に2冊以上からなるが、その各冊に固有のタイトルのないもの

13

第Ⅰ部　記述目録編

　　例）経済史学説　上巻・下巻
・本体と形態的に独立しているが固有のタイトルのない付録・補遺などからな
　るもの
　　例）横浜市史稿　附図
・セットものの一部をなしているもの。セットものとは、各図書の固有のタイ
　トルのほかに、その図書を含むグループ全体に共通する総合タイトルがあり、
　ある時点で刊行が完結することが予定されているものをいう。
　　例）乳児保育（『新・保育講座』14）
・シリーズの一部をなしているもの。シリーズとは、各図書の固有のタイトル
　のほかに、その図書を含むグループ全体に共通する総合タイトルがあり、全
　体として終期を予定せず、継続的に刊行されるものをいう。
　　例）戦後日本政党政治史論（『Minerva 人文・社会科学叢書』174）

1.2　記述のパターン

　単行書の書誌記述は、図2.1に示すように、大きく分けて4つのパターンが
ある（厳密には、たとえばシリーズものの中にも「分冊もの」や「構成部分をもつも
の」もあるが、煩雑になるため、ここでは省略した）。
・単発的に刊行されるもの
　「○○文庫」「○○シリーズ」のようなグループの中の1冊ではなく、その図
書のみで刊行を完結するものをいう。
・シリーズもの
　前述のように、その図書を含むグループ全体に共通する総合タイトルがある
ものをいう。NCR ではセットものもシリーズものと同様に扱っている。
・分冊もの
　単行書が、「上、下」や「1、2、3」など形態的に2冊以上に分かれてい
るもので、「上」「下」、「1」「2」「3」にそれぞれ固有のタイトルのないもの
をいう。
・構成部分を持つもの

14

第2章　和書の記述

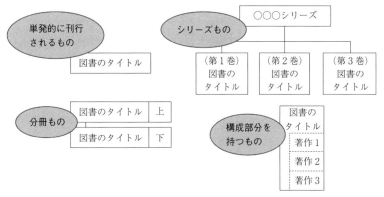

図2.1　記述のパターン

単行書の中に固有のタイトルを持つ複数の著作が含まれているものをいう。複数の文学作品や複数の論文を収録した図書がこれに当たる。

1.3　記述すべき書誌的事項と記述の情報源【2.0.3, 2.0.4, 2.1.1.1E】

　図書本体を物理的に構成する各部分の名称を、図2.2に示す。図書の記述の際は、記述の手がかりとして、このような図書の各部分を参照する。

　参照する情報源としてもっとも優先すべきは、図書本体、つまり、①標題紙（標題紙裏を含む）、②奥付、③背、④表紙である。次いで、図書本体のそれ以外の部分、図書本体と分離可能なカバーや箱等、最後にその図書以外の情報源である。このうち NCR では①～④の優先順位を特に定めていない。しかし、①～④に表示されているタイトルが異なる時は、共通するタイトルがあればそのタイトルを、なければ、①を最優先とし、以下②、③、④の順に選定することが定められていることからすると、①の優先順位は高いと判断できる。

第Ⅰ部　記述目録編

図2.2　図書の構成

　1.2で述べた4つのパターンに共通する、記述すべき書誌的事項とその記録順序、参照する情報源は、以下のとおりである（*は改行箇所）。

記述すべき書誌的事項とその記録順序	参照する情報源
1）タイトルと責任表示	①標題紙（標題紙裏を含む）、②奥付、③背、④表紙
2）版	1）と同じ
3）資料の特性	（使用しない）
*4）出版・頒布等	1）と同じ
*5）形態	その図書から
6）シリーズ	その図書から
*7）注記	どこからでもよい
*8）ISBN、入手条件	どこからでもよい

以下では、4つのパターンごとに、書誌的事項の順に記述方法を説明する。

2 単発的に刊行される図書の記述

　単発的に刊行される図書の書誌記述は、他のパターンを含む目録記入作成の基本になる。本節では、単発的に刊行される図書を対象に、まず、書誌記述の原型について説明し、その後、それらの事項で触れられなかったさまざまなケースについて補足する。

　図2.3は、ある和書Aの標題紙と奥付を示したものである。

図2.3　単発的に刊行される図書の例

2.1　タイトルと責任表示に関する事項【2.1】

　本タイトル␣:␣タイトル関連情報␣/␣責任表示

(1)本タイトル【2.1.1】

　本タイトルとは、それによって、ある図書が他の図書と区別される固有の名

17

第Ⅰ部　記述目録編

称で、たいていは標題紙の上部にもっとも大きな文字で表示されている。図書
の記述はこの本タイトルから始める。

　本タイトルの上部または前方に、読者を想定した語（「実用」「入門」「○○の
ための」）や、図書の体様とか成り立ちを示す語（「図解」「解説」「図説」「年表」）、
および出版者名が示されていることがある。これらを**タイトル先行事項**という。
一般に、上記のような場合は、本タイトルの一部として記録する。これらは、
小さな文字や2行書きで表示されている場合もあるが、すべて同じ大きさの文
字で記録する。

　　例）大学で学ぶ西洋史　⇒　大学で学ぶ西洋史
　　　　^図_説聖書の世界　⇒　図説聖書の世界

　また、「新訂」「改訂」などがタイトルの前や上部に表示されていることがあ
るが、これは版に関する事項であるため、後述する版表示の位置に記録する。

　なお、第4章〜第7章のその他の資料では、本タイトルのあとに資料種別を
記録するが、図書では使用しない。

⑵タイトル関連情報【2.1.4】

　タイトル関連情報とは、本タイトルに結びついた形で表示され、本タイトル
に関連して説明したり補完したりしている語句を指す。サブタイトル（副書
名）や、本タイトルには含まれないと判断されるタイトル先行事項を含む。情
報源における表示の位置は本タイトルの後に続くものが多いが、中には本タイ
トルの上部に表示されているものもある。タイトル関連情報は、本タイトルの
後に「␣:␣」を置いて記録する。2以上のタイトル関連情報がある時は、情
報源の表示の順に記録する。

⑶責任表示【2.1.5】

　著作の知的もしくは芸術的創造に責任を有するか、これに寄与するところが
ある個人または団体に関する表示を**責任表示**という。責任表示の範囲は、著者
や編纂者など直接的な著作者のほか、間接的な原作者、編者、訳者、脚色者な

18

ども含む。監修者、校閲者、スポンサーとしての団体名が情報源に表示されているときは、これも含める。

　情報源に責任表示はないが、タイトル中に著者名等が表示されているときは、これを責任表示として記録する。個人名についている学位、役職名などの肩書き、団体名についている法人組織名（株式会社、公益社団法人など）は省略する。

　責任表示の前には「␣/␣」を置く。責任表示には、著者等の役割を表す語を付して記録する。役割の種類には、「著」「共著」「編」「共編」「編著」「作」「文」「絵」「画」「校訂」「解説」「原作」「原著」「選」「脚本」「写真」「撮影」などがあるが、表2.1のように簡潔な形で記録するのが一般的である。図書によっては、これらの語が氏名の前に表示されている場合もあるが、責任表示では後ろに付けて記録する。情報源に役割を表す語がなく、他からの情報によって分かる場合には、「著」「編」などを「␣[　]␣」（角がっこ）に入れて補記する。

　　例）アジア主義は何を語るのか␣/␣松浦正孝編著

　　　　アーサー卿の犯罪␣/␣ワイルド␣[著]␣;␣福田恒存,␣福田逸訳

　情報源に2人（2団体）以上が表示され、それぞれが異なる役割を果たしている時には、その役割ごとに別個の責任表示とし、「␣;␣」で区切って記録する。

　　例）環境の経済計算␣/␣C.␣シュターマー編著␣;␣良永康平訳

　一つの役割の責任表示に記録する個人名や団体名の数が2人（2団体）までの時は、「,␣」で区切って記録する。「,」の前にスペースは置かない。3人

表2.1　役割の種類を示す語としてよく使われるもの

元の形	記録する形
○○著　著○○　著者○○　など	○○著
○○編　編○○　編集○○　編者○○　○○へん　など	○○編
○○訳　訳○○　翻訳○○　訳者○○　○○やく　など	○○訳
○○共著　共著○○　共著者○○　など	○○共著
○○編著　編著○○　編著者○○　など	○○編著

第Ⅰ部　記述目録編

（3団体）以上のときは、主なもの、もしくは最初の名称のみ記録し、他は「␣［ほか］␣」と補記して省略する。いずれも記録順序は情報源上の表示の順による。

　　　例）15のテーマで学ぶ中世ヨーロッパ史␣/␣堀越宏一,␣甚野尚志編著
　　　　　よくわかる学校心理学␣/␣水野治久␣［ほか］␣編著

［記録してみよう］

　以上の説明をもとに、Ａの本タイトルから責任表示までを記録してみよう。Ａにはタイトル関連情報がある。タイトル関連情報の前には、「␣:␣」を置く。責任表示はタイトルの後、タイトル関連情報がある場合はその後に記録する。責任表示の前には「␣/␣」を置く。著者の役割は、表示されているままに「著」とする。

> **危機管理学総論␣:␣理論から実践的対応へ␣/␣大泉光一著**

2.2　版に関する事項【2.2】

> **本タイトル␣/␣責任表示.␣—␣版表示**

　版とは、出版者が刊行物を出版するときに用いる印刷の原版のことである。**刷**とは、同一原版を用いて一工程で一度に印刷したものである。同一出版者が同一原版を用いて1回目に刷ったものが「第1版第1刷」、2回目に刷ったものが「第1版第2刷」、n回目に刷ったものが「第1版第n刷」となる。図書によっては、その後、内容を改め加筆することがある。印刷の原版も新しく作り直さなければならず、作り直した版は「第2版」となる。印刷の原版をn回作り変えれば、その版は「第n版」となる。ただし、版は作り変えても同じ原版で印刷すれば、内容は変わらない。「第2版第1刷」と「第2版第10刷」の内容は同じである。

第 2 章　和書の記述

　図書の書誌情報において重要なのは、その図書がいつの原版で作られたものかということである。したがって、原則として版については記録するが、刷については記録しない。版表示は、責任表示の後に「.␣—␣」を置いて記録する。

　版表示には、序数と「版」が結びついた形（例えば「第 3 版」）と、「初」「新」「改訂」「増補」などの語と「版」が結びついた形（例えば「増補版」）がある。数字が漢字で表されている場合は、**アラビア数字に改めて**記録する。また、印刷原版やマスター（デジタル印刷機対応用の最初の版）は同じであるが、外装の異なる「新装版」「豪華版」「普及版」「限定版」「私家版」「縮刷版」という表示がある場合もある。これも版表示として記録する。版表示の中には語句を修飾したり、目立たせたりするため、「[　　]」に入れたり四角で囲んでいるものもあるが、こうした記号等は省略する。

　ただし、「版」とあっても、版に関する事項としないものもある。例えば「講談社版」「筑摩書房版」など、出版者名に「版」を付したものがある。また、岩波新書の「青版」「新赤版」などのように、内容や装丁が根本的に異なる「版」としての位置づけではなく、新書シリーズの装丁の名称として出版者が作ったと思われるような場合もある。これらは版表示としては記録しない。

　一方で、図書によっては、明らかに「初版」「第 1 版」であるにもかかわらず、「初版」や「第 1 版」と明確に表記されていないものもある。このように版表示が明記されていない場合、版表示は記録しない。

　なお、本書は本則に従う方針を取るため「初版」「第 1 版」も原則記録する形で解説するが、図書館によっては別法を採用し、「初版」「第 1 版」については記録せず「改訂版」「第 2 版」以降を記録するという方針を取っている館もある。

[記録してみよう]

　以上の説明をもとに、A の版に関する事項を記録してみよう。版表示は、責任表示に続けて記録する。版表示の前には「.␣—␣」を置く。ただし、版表示の記録が改行して行頭から始まる場合は、「.␣—␣」は省略する。A で

21

第Ⅰ部　記述目録編

は奥付に「初版」と表示があるのでこれを記録する。

危機管理学総論␣:␣理論から実践的対応へ␣/␣大泉光
一著.␣—␣**初版**

2.3　出版・頒布等に関する事項【2.4】

出版地␣:␣出版者,␣出版年

(1)出版地、頒布地【2.4.1】

　出版地、頒布地とは、出版者（もしくは頒布者）が出版活動を行った住所、もしくは所在地である。情報源に２以上の出版地があるときは、顕著なもの、最初のものの順で、一つだけ記録する。一般には、最初に表示されている出版地を記録することが多い。出版地と頒布地の二つの表示があるときは、出版地のみ記録する。出版地の表示がないときは、頒布地を記録する。

　日本の出版地では、出版者が所在している市町村名のみを記録する。ただし、同名の市町村名がある場合は、識別のために都道府県名を「␣（　）」（丸がっこ）に入れて付記する。市名の「市」は記録しないが、「町」「村」は記録する。東京都23区は「東京」とのみ記録する。

　　例）伊達␣（北海道）　　　伊達␣（福島県）

　　　　池田町␣（北海道）　　池田町␣（福井県）

(2)出版者、頒布者【2.4.2】

　出版者とは、図書の出版、頒布、公開、発行等について責任がある個人もしくは団体をさす。大部分は、奥付に「発行」または「発行所」として記載されている出版社や団体の名称で、発行人の名称や印刷所ではない。個人が出版した私家版の場合は個人名が出版者になる。**頒布者**とは、発売や配布する者のことである。

　２以上の出版者の表示があるときは、顕著なもの、最初のものの順で、一つ

第2章 和書の記述

だけ記録する。出版者と頒布者の二つの表示があるときは、出版者名のみ記録する。出版者名に付されている法人組織名は省略する。

(3)出版年、頒布年【2.4.3】

　出版年とは、その図書の属する版が最初に刊行された年をいう。現物の刊行された年ではない。出版年は西暦紀年をアラビア数字で記録し、「年」は省略する。出版年の表示がないときは、頒布年を記録する。

　　例）第1版　第1刷　1998年刊行　⇒　1998
　　　　第2版　第1刷　2000年刊行　⇒　2000
　　　　第2版　第2刷　2002年刊行　⇒　2000

┌─────────┐
│ 記録してみよう │
└─────────┘

　以上の説明をもとに、Aの出版・頒布等に関する事項を記録してみよう。出版・頒布等に関する事項は、改行して記録する。出版者の前には「␣:␣」を、出版年の前には「,␣」を置く。Aの出版地は「京都」、出版者は「ミネルヴァ書房」、出版年は「2006」である。

> 危機管理学総論␣:␣理論から実践的対応へ␣/␣大泉光
> 一著,␣―␣初版
> **京都␣:␣ミネルヴァ書房,␣2006**

2.4　形態に関する事項【2.5】

　ページ数,␣図版数␣;␣大きさ

(1)ページ数、図版数【2.5.1】

　本文のページ数と、図版がある場合は、図版のページ数、または枚数を記録する。ここでいう図版とは、**本文の一連のページ付には含まれないものである。**本文のページ付の前もしくは後にまとめて収録されていることが多く、本文と

23

第Ⅰ部　記述目録編

は別の紙質の紙に印刷されていることもある。ページ数や枚数は、印刷された
ページ付の最終数を**アラビア数字**で記録し、それぞれ「p」「枚」を付加する。
「p」の後に「．」は置かない。

　図書に前付ページや後付ページなどがあって、ページ付が2種類以上に分か
れている場合は、各ページ付を「,␣」で区切って記録する。前付ページや後
付ページはローマ数字が用いられている場合が多いが、いずれも原則として**ア
ラビア数字に直して**記録する。NCRの別法では、ローマ数字のまま記録するこ
とを認めており、現在ではこの別法を取る館も徐々に増えてきているが、本書
では本則に従って解説する。ページ付が煩雑にわたるときは、「1冊」と記録
する。一般に、ページ付が4種類以上になると「1冊」と記録することが多い。

　　例）8,␣337,␣16p,␣図版15枚

⑵大きさ【2.5.3】

　図書の外形（縦）の高さをセンチメートルの単位で、端数を**切り上げて**記録
する。

　　例）高さ21.3cmの場合　⇒　22cm

┌─────────┐
│ 記録してみよう │
└─────────┘

　以上の説明をもとに、Aの形態に関する事項を記録してみよう。形態に関
する事項は改行して記録する。ページ数の後に大きさを記録する。大きさの前
には「␣;␣」を置く。Aのページ付は2種で、図版はない。前付ページの
「ix」はアラビア数字に直し、大きさ21.0cmはそのまま「21cm」と記録する。

┌────────────────────────────────┐
│　危機管理学総論␣:␣理論から実践的対応へ␣/␣大泉光　│
│一著.␣—␣初版　　　　　　　　　　　　　　　　　　　│
│京都␣:␣ミネルヴァ書房,␣2006　　　　　　　　　　　│
│**9,␣252p␣;␣21cm**　　　　　　　　　　　　　　　│
└〜〜〜〜〜〜〜〜〜〜〜〜〜〜〜〜〜〜〜〜〜〜〜〜┘

2.5 ISBN に関する事項【2.8.1】

```
ISBN␣978-4-○○○-○○○○○-○
```

ISBN（International Standard Book Number）とは国際標準図書番号のことで、図書識別用の固有の番号である。目録上ではそれぞれの図書館の記述の水準（精粗）の違いや、誤記などによって、同一図書であっても、はっきりそのように断定することが難しい場合がある。しかし、ISBN では、同一図書であれば同一番号であるため、確実に同定識別ができる。

従来は、国番号、出版者記号、書名記号、チェックデジットの10桁の数字からなっていたが、2007年から冒頭に978を付し、13桁に改訂された。記録は、13桁または10桁の数字を、ハイフンを入れたままで記録する。

なお、わが国の ISBN の導入は1981年であるため、それ以前に出版された図書に ISBN は付されていない。また1981年以降でも自費出版や個人で印刷・出版した私家版などには ISBN がないものもある。その場合は記録しない。

記録してみよう

以上の説明をもとに、A の ISBN を記録してみよう。ISBN は改行して記録する。NCR には明記されておらず、また各図書館の現状もさまざまであるが、「ISBN」の語の後にスペースを入れて記録すると利用者は読みやすい。スペースを入れるのは英文タイプライターの慣習によるものと推定されるが、NCR、ISBD の資料[1] とも説明箇所では実際にスペースを入れていることからして、本書ではスペースを入れて記録することとする。この ISBN の記録によって、書誌記述の原型が完成する。

1）下記2点を参照した。IFLA. ISBD（G）: General International Standard Bibliographic Description, 2004 Revision, p. 29. http://www.ifla.org/files/assets/cataloguing/isbd/isbd-g_2004. pdf,（参照2016-05-10).; IFLA. ISBD（M）: International Standard Bibliographic Description for Monographic Publications, p. 57. http://www.ifla.org/files/assets/cataloguing/isbd/isbd -m_2002.pdf,（参照2016-05-10).

第Ⅰ部　記述目録編

```
危機管理学総論␣:␣理論から実践的対応へ␣/␣大泉光
一著.␣―␣初版
京都␣:␣ミネルヴァ書房,␣2006
9,␣252p␣;␣21cm
ISBN␣4-623-04744-X


                    ○
```

2.6　さまざまなケースの記述

　以上が、単発的に刊行された図書の書誌記述の原型である。しかし実際には、タイトルにしても大きさにしても、これ以外のさまざまなケースがある。以下では、さまざまなケースについて、各書誌的事項の順に記録方法を説明する。

(1)本タイトルが煩雑な場合

①本タイトルが、本体と各部の名称（部編など）からなるとき【2.1.1.1ウ)】

> 共通タイトル.␣従属タイトル

　本体部分を**共通タイトル**といい、各部名称を**従属タイトル**という。共通タイトルと従属タイトルとの間に巻次、回次、年次等は含まれない。以下の例では、「経済数学」が共通タイトル、「線形代数編」「微分積分編」が従属タイトルである。従属タイトルの前には「.␣」を置く。

　　例）経済数学.␣線形代数編
　　　　経済数学.␣微分積分編

②本タイトルに別タイトルがあるとき【2.1.1.1C】

> 1番目のタイトル,␣あるいは,␣2番目のタイトル

　本タイトルが二つのタイトルからなり、間を「あるいは」「または」「一名」

第2章　和書の記述

等でつないだものがある。これは、ある時期には「あるいは〇〇〇」のように言い表されていたものである。この2番目のタイトルを**別タイトル**と言い、本タイトルの一部として記録する。

　　例）ジュリエット物語あるいは悪徳の栄え

　　　⇒　ジュリエット物語,␣あるいは,␣悪徳の栄え

③本タイトルにルビ（ふりがな）があるとき【2.1.1.2A】

ルビが付されている語␣(ルビ)␣

　ルビはそれが付されている語の直後に「␣(　)␣」に入れて付記する。

　　例）映画じかけの倫理学　⇒　映画␣(シネマ)␣じかけの倫理学␣(エチカ)

④図書全体の総合タイトルがなく、図書の内容をなす各著作のタイトルと、著作全体に共通する責任表示が1つ表示されているとき【2.1.1.2.D】

タイトル1␣;␣タイトル2␣/␣責任表示

　各著作のタイトルを表示されている順に列記して本タイトルとし、最後に責任表示を記録する。2つ目以降のタイトルの前には「␣;␣」を置く。ただし、これは表示されている著作の間に「・」（中点）がない場合で、「・」がある場合は表示のままに「・」で区切って記録する。

　　例）羅生門␣;␣杜子春␣/␣芥川龍之介著

⑤図書全体の総合タイトルがなく、図書の内容をなす各著作のタイトルと、それぞれの責任表示が表示されているとき【2.1.1.2D】

タイトル1␣/␣1の責任表示.␣タイトル2␣/␣2の責任表示

　各著作のタイトルの後に、それぞれの責任表示を記録する。2つ目以降の著作の前に「.␣」を置く。

第Ⅰ部　記述目録編

　　例）土佐日記␣/␣紀貫之著␣;␣池田弥三郎訳.␣蜻蛉日記␣/␣藤原道綱
　　　　母著␣;␣室生犀星訳

⑥本タイトルに別言語のタイトルがあるとき【2.1.3.1】

（注記の位置に記録する）

　本タイトルの別言語および別の文字のタイトルを**並列タイトル**という。第2
水準の記述では、並列タイトルは注記の位置に記録する。これについては⑤
で説明する。

⑵著者名の表示が情報源によって異なる場合【2.1.5.2A】

　責任表示は、所定の情報源のうち、もっとも適切な表示を選んで記録する。
外国人名の場合、標題紙には原綴で、奥付にはかなで表示してあることがある
が、一般には、かなの表示を選択し、原綴は注記することが多い。

⑶版表示が煩雑な場合
①刷次の表示中に改訂、増補などの表示があるとき【2.2.1.1C】

本タイトル␣/␣責任表示.␣—␣付加的版表示

　先に、刷は記録しないと説明したが、一つだけ例外がある。印刷の原版は何
度も刷を重ねると、傷んでくる。そこで、内容は変えず、印刷の原版だけを新
しく作り直すことがある。刷次の表示中に改訂、増補などの表示があれば、こ
れを**付加的版表示**として記録する。数十年間、刊行され続けるロングセラーに
見られる。

　　例）零の発見␣:␣数学の生い立ち␣/␣吉田洋一著.␣—␣第22刷改版

②特定の版のみに関係する責任表示があるとき【2.2.2】

第2章　和書の記述

> 本タイトル␣/␣責任表示.␣—␣版表示␣/␣その版のみの責任表示

　特定の版のみに関わる著者や編者がいる場合は、版表示に続けて関係した著者や編者を記録する。責任表示の前には「␣/␣」を置く。

　　例）内科書␣/␣呉健，坂本恒雄著.␣—␣改訂第41版␣/␣沖中重雄編著

③順序を表わす版表示と外装についての版表示の両方があるとき【2.2.3】

> .␣—␣版表示,␣外装についての版表示

　一つの版グループ中に特定版に関する付加的版表示がある場合は、情報源の表示のまま、「,␣」で区切って記録する。

　　例）大辞林␣/␣松村明編.␣—␣第2版,␣新装版

　また、数は少ないが、順序を表す版表示が情報源に2つ表示されている場合がある。標題紙や奥付などに「改訂版」や「新版」と表示され、かつ奥付の出版年の後に「初版第1刷発行」と表示されているような場合である。この「初版」は付加的版表示に当たるものであるが、これは改訂版の最初の原版（初版）で1回目に印刷したものという意である。実質は「改訂版第1刷」と変わらないため、実際にはこうした表示は記述の対象としない館が多い。

(4)出版に関する事項の表示がない場合

①出版地の表示がないとき【2.4.1.2C】

> ［出版地］␣:␣出版者,␣出版年

　出版地が図書に表示されていない場合は、調査もしくは推定による出版地を「［　］」に入れて補記する。出版地も頒布地も不明の場合は、「［出版地不明］」と補記する。

　　例）［京都］␣:␣ミネルヴァ書房,␣1952

29

第Ⅰ部　記述目録編

②出版者の表示がないとき【2.4.2.2C, 2.4.2.2D】

> 出版地␣:␣頒布者␣(発売),␣出版年

　出版者の表示はないが、頒布者の表示があり、頒布者が出版者に代わるものであるときは、頒布者に「␣(発売)」と付記して記録する。出版者も頒布者も表示されていないときは、「[出版者不明]」と補記する。

　　例）京都␣:␣ミネルヴァ書房␣(発売),␣2015

③出版年の表示がないとき【2.4.3.1A, 2.4.3.1B, 2.4.3.2D】

> 出版地␣:␣出版者,␣頒布年または著作権表示年または印刷年など

　出版年の表示がないときは頒布年を、頒布年の表示がないときは著作権表示年を、著作権表示年がないときは印刷年を記録する。頒布年と印刷年の後ろにはそれぞれ「発売」「印刷」などの役割を示す語を、著作権表示年の前には著作権を示す「c」を付加する。これらの表示がないときは、序文やあとがきなどに表示された年に「序」「あとがき」の語を付し、「[　]」に入れて記録する。

　上記のいずれの表示もないか不明のときは、本文の内容などによって、その図書のおおよその出版年代を推定し、これを「[　]」に入れて記録する。例えば、本文に「ソチオリンピック後に訪問した際」というような記述があれば、ソチオリンピックの開催は2014年であるから、その図書は少なくとも2014年以降に出版されたと推定できる。この場合の記録は、[2014] [2014？] [201-]などとなる。「[出版年不明]」とはしない。

　　例）京都␣:␣ミネルヴァ書房,␣c1978
　　　　京都␣:␣ミネルヴァ書房,␣[1982序]
　　　　京都␣:␣ミネルヴァ書房,␣[1998]

⑸形態がさまざまな場合や挿図・付属資料がある場合
①縦長本、横長本、枡形本のとき【2.5.3.2C, 2.5.3.2B】

第2章　和書の記述

> ページ数␣;␣縦×横 cm

　図書の高さ（縦）が横幅の2倍以上ある**縦長本**や、横幅が高さより長い**横長本**、および高さと横幅がほぼ同じ**枡形本**の場合は、縦と横の長さを「×」で結んで記録する。「×」の前後にスペースは置かない。

　　　例）高さ35cm、横13cm の縦長本の場合　⇒　35×13cm

　　　　　高さ22cm、横35cm の横長本の場合　⇒　22×35cm

　　　　　高さ21cm、横21cm の枡形本の場合　⇒　21×21cm

　このほか、実際にはほとんど見られないが、高さが10cm 以下の豆本と呼ばれるものは、センチメートルの単位で小数点以下1桁まで端数を切り上げて記録する。

　　　例）高さ9.53cm の本の場合　⇒　9.6cm

②挿図等があるとき【2.5.2】

> ページ数␣:␣挿図␣（〇図）␣;␣大きさ

　挿図、肖像、地図等がある場合は記録する。「挿図」とは、図書の本文を説明・補足するために、**本文のページ中に組み込まれた絵・図**などを指す。絵・図が、著者やその図書の内容に関わりのある人物の写真や絵画などの場合や、内容に関わる地域の位置や地理的分布状況を示したものの場合には、それぞれ「肖像」「地図」という語を用いてもよい。挿図などの前には「␣:␣」を置き、必要がある時は図数を数えて付記する。挿図等はページ数の後、大きさの前に記録する。

　　　例）176p␣:␣挿図␣（22図）,␣肖像␣（3図）,␣地図␣（6図）␣;␣23cm

③付属資料があるとき【2.5.4.1，2.5.4.2】

> ページ数␣;␣大きさ␣+␣付属資料

31

第 I 部　記述目録編

　付属資料とは、図書と同時に刊行され、その図書と共に利用することが想定
されているもので、別個の物理的形態を持つ。記録は、大きさの後に「␣+
␣」を付して、付属資料の特性を示す語句、つまり資料種別や特定資料種別な
どの語句（第4章～第7章参照）を記録する。付属資料が印刷体の場合は「別
冊」という語や、付属資料の固有の名称を記録する。必要に応じて数量、大き
さ等を付記する。

　　例）125p␣;␣22cm␣+␣録音ディスク1枚␣(12cm)
　　　　10,␣287p␣;␣23cm␣+␣別冊␣(56p␣;␣20cm)

第 2 章　和書の記述

◆演習問題 2 − 1　以下の情報源から、書誌記述を作成しなさい。
1.

標題紙　　　　　　　203ページ　　18.8 × 12.8cm
　　　　　　　　　　　　　　　奥付

〈参考情報〉
【ノマド（nomad）】遊牧民，放浪者を意味する。転じて現在ではカフェテリアなど通常のオフィス以外の場所で仕事を行う「ノマドワーク」などを指す用語としても用いられている。

2.

標題紙　　　　xiii, 210, xxxii ページ　　21.1 × 14.8cm
　　　　　　　　　　　　奥付

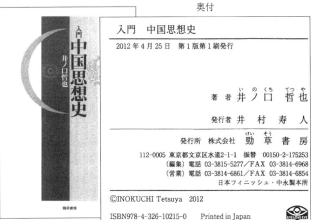

33

第Ⅰ部　記述目録編

3.

標題紙抜粋

〈海賊版〉の思想

18世紀英国の永久コピーライト闘争

山田奨治

viii, 229, 16ページ　　19.5 × 13.4cm

奥付

〈海賊版〉の思想

18世紀英国の永久コピーライト闘争

2007年12月 7 日　印刷
2007年12月19日　発行

発行所　株式会社みすず書房
〒113-0033　東京都文京区本郷 5 丁目32-21
電話 03-3814-0131（営業）03-3815-9181（編集）
http://www.msz.co.jp

本文印刷所　中央精版印刷
扉・表紙・カバー印刷所　栗田印刷
製本所　誠製本

© Yamada Shoji 2007
Printed in Japan
ISBN 978-4-622-07345-1
［かいぞくばんのしそう］

4.

標題紙抜粋　　　　　220ページ　　18.8 × 12.9cm

身体を動かすことから始める自分磨き

ボディー
バランス・
コミュニケーション

監修※宗 由貴
山崎博通・治部眞里・保江邦夫

奥付

ボディーバランス・コミュニケーション
2009年 4 月30日　第 1 刷発行
2010年 8 月20日　第 3 刷発行

発行所　㈱海鳴社　http://www.kaimeisha.com/
〒101-0065　東京都千代田区西神田 2 - 4 - 6
E メール：kaimei@d8.dion.ne.jp
電話 03-3262-1967　ファックス：03-3234-3643

発行人：辻　信行
組　版：海鳴社
印刷・製本：モリモト印刷

出版社コード：1097
ISBN 978-4-87525-256-6

JPCA
本書は日本出版著作権協会（JPCA）が委託管理する著作物です。本書の無断複写などは著作権法上での例外を除き禁じられています。複写（コピー）・複製、その他著作物の利用については事前に日本出版著作権協会（電話 03-3812-9424, e-mail:info@e-jpca.com）の許諾を得てください。

© 2009 in Japan by Kaimeisha

第2章　和書の記述

◆ 演習問題2－2　以下の情報源から、書誌記述を作成しなさい。

1.

標題紙　　　　　　　背

292ページ　　18.8 × 12.9cm

奥付

メディアと異界　遠くにあるもの
「心眼」と「存在の奥行」を取り戻すための「情報学」

発　行———2008年6月10日 第一版第一刷発行
著　者———仲田 誠
発行者———戸田三根
発行所———砂書房
　　〒113-0033 東京都文京区本郷3-13-5
　　TEL.03-3814-6251　FAX.03-3814-6285
装　丁———図案舎
印刷・製本———株式会社 招研社

Printed in Japan ⓒ Makoto Nakada
乱丁・落丁本はお取り替えいたします。
ISBN 978-4-901894-63-0

標題紙：メディアと異界　遠くにあるもの　「心眼」と「存在の奥行」を取り戻すための「情報学」　仲田 誠

2.

標題紙

viii, 248ページ　　21.7 × 15.7cm

奥付

知識資源のメタデータ
谷口祥一　緑川信之
勁草書房

知識資源のメタデータ
2007年5月10日　第1版第1刷発行

著　者　谷口祥一
　　　　緑川信之
発行者　井村寿人
発行所　株式会社 勁草書房
112-0005 東京都文京区水道 2-1-1　振替 00150-2-175253
（編集）電話 03-3815-5277／FAX 03-3814-6968
（営業）電話 03-3814-6861／FAX 03-3814-6854
堀内印刷所・牧製本
ⓒTANIGUCHI Shoichi, MIDORIKAWA Nobuyuki　2007
ISBN978-4-326-00031-9　Printed in Japan

第Ⅰ部　記述目録編

3.

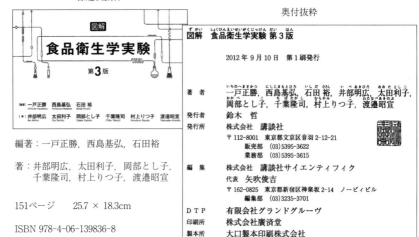

標題紙抜粋

奥付抜粋

編著：一戸正勝，西島基弘，石田裕
著：井部明広，太田利子，岡部とし子，
　　千葉隆司，村上りつ子，渡邉昭宣

151ページ　25.7 × 18.3cm

ISBN 978-4-06-139836-8

図解　食品衛生学実験 第3版

2012年9月10日　第1刷発行

著　者　　一戸正勝，西島基弘，石田裕，井部明広，太田利子，
　　　　　岡部とし子，千葉隆司，村上りつ子，渡邉昭宣
発行者　　鈴木哲
発行所　　株式会社　講談社
　　　　　〒112-8001　東京都文京区音羽2-12-21
　　　　　販売部　（03）5395-3622
　　　　　業務部　（03）5395-3615
編　集　　株式会社講談社サイエンティフィク
　　　　　代表　矢吹俊吉
　　　　　〒162-0825　東京都新宿区神楽坂2-14　ノービィビル
　　　　　編集部　（03）3235-3701
ＤＴＰ　　有限会社グランドグルーヴ
印刷所　　株式会社廣済堂
製本所　　大口製本印刷株式会社

4.

標題紙

xi, 393, 65ページ　　図版20ページ
18.8 × 12.9cm

奥付

柑橘類の文化誌　歴史と人との関わり

発　行　　2010年9月23日　第1刷発行
　　　　　2010年12月18日　第2刷発行
著　者　　ピエール・ラスロー
訳　者　　寺町朋子
発行者　　平野智政
発行所　　株式会社　一灯舎
　　　　　〒170-0002　東京都豊島区巣鴨1-24-11 OPTビル3F
　　　　　Tel：03-5981-2071 / Fax：03-5981-2072
発売元　　株式会社　オーム社
　　　　　〒101-8460　東京都千代田区神田錦町3-1
　　　　　Tel：03-3233-0641（代表）/ Fax：03-3233-3440
印刷所　　シナノ書籍印刷株式会社
　　　　　〈検印省略〉許可なしに転載，複製することを禁じます．
　　　　　乱丁本，落丁本はお取り替えします．

ISBN978-4-903532-60-8 C0040　　http://www.ittosha.co.jp
© 株式会社 一灯舎
Printed in Japan

〈注〉
翻訳書の原タイトルの扱いや，情報源によって責任表示が異なる場合，情報源に頒布者・発売者の表示がある場合の記録方法については，この後5で学習する．ここでは著者は「ピエール・ラスロー」を選択し，原タイトルや発売者については5を学習した後で追記するとよい．

第2章 和書の記述

③ シリーズものの図書の記述

シリーズものの図書の書誌記述は、これまでの記述に、いくつかの書誌的事項を加えるものである。NCR では、①1.2で説明したように、セットものもシリーズものと同様に扱う。

図2.4は、ある和書 B の標題紙と奥付を示したものである。B は『叢書・働くということ』という全8巻のセットものの1冊である。

B

標題紙抜粋

第**6**巻
若者の働きかた
小杉礼子［編著］

vi, 232ページ　　21.7×15.5cm

シリーズの監修者：橘木俊詔，佐藤博樹

奥付

叢書・働くということ⑥
若者の働きかた

2009年8月20日　初版第1刷発行　　　　検印廃止

定価はカバーに
表示しています

編著者　小　杉　礼　子
発行者　杉　田　啓　三
印刷者　坂　本　喜　杏

発行所　株式会社　ミネルヴァ書房
607-8494　京都市山科区日ノ岡堤谷町1
電話 (075)581-5191 (代表)
振替口座・01020-0-8076

© 小杉礼子ほか, 2009　　冨山房インターナショナル・蕎文堂
ISBN 978-4-623-05269-1
Printed in Japan

図2.4　シリーズものの図書の例

3.1　これまでの復習

これまでに学習した知識をもとに、本タイトルから ISBN までを記述してみよう。本タイトルは「若者の働きかた」である。責任表示は編著者が1人で、版表示がある。出版に関する事項と形態に関する事項を記録し、最後に ISBN を記録する。

37

第Ⅰ部　記述目録編

> 若者の働きかた␣/␣小杉礼子編著 .␣─␣初版
> 京都␣:␣ミネルヴァ書房 ,␣2009
> 6,␣232p␣;␣22cm
> ISBN␣978-4-623-05269-1

Ｂは、以上にシリーズに関する情報を追加すればよい。

3.2　シリーズに関する事項

> .␣─␣(本シリーズ名␣/␣シリーズに関する責任表示␣;␣シリーズ番号.␣下位シリーズの書誌的事項)

⑴本シリーズ名【2.6.1】

　本シリーズ名とは、所定の情報源に表示されているシリーズに共通する固有の名称である。「Minerva 人文・社会科学叢書」「新・保育講座」「講座日本の社会と農業」などがこれに当たる。

⑵シリーズに関する責任表示【2.6.4】

　シリーズには、シリーズ全体の編集に責任を持つか、これに寄与する個人や団体がいる場合がある。これらの個人や団体を、シリーズに関する責任表示として本シリーズ名の後に記録する。記録する人数（団体数）は、②2.1⑶と同様に、2人（2団体）までは記録し、3人（3団体）以上のときは、主なもの、もしくは最初の名称のみ記録し、他は「␣[ほか]␣」と補記して省略する。

　　例）（講座・図書館情報学␣/␣山本順一監修）

⑶シリーズ番号【2.6.6】

　シリーズに付されている番号は、図書に表示されている形で記録する。ただし、○や（　）で括られた数字は簡略な形に改め、数字は原則として**アラビア数字**を用いる。シリーズ番号前の「第」、後の「巻」「集」等は記録する。

　　例）①　⇒　1　　　(5)　⇒　5　　　第七巻　⇒　第7巻

第2章　和書の記述

⑷下位シリーズの書誌的事項【2.6.7】

　シリーズによっては、本シリーズの中に小単位のシリーズがあるものがある。このようなシリーズを**下位シリーズ**という。記録は、上位レベルの本シリーズに関する事項を先に記録し、その後に下位シリーズに関する事項を記録する。下位シリーズ名の前には「.␣」を置く。

　先に2 2.2で取り上げた岩波新書の「新赤版」は、さまざまな解釈が考えられるが[2]、例えば下位シリーズ名と判断した場合は次のように記録する。

　例）（岩波新書.␣新赤版␣;␣1489）

記録してみよう

　以上の説明をもとに、Bのシリーズに関する事項を記録してみよう。シリーズに関する事項は、形態に関する事項に続けて記録する。シリーズに関する事項の前には「.␣—␣」を置き、全体を「（　）」に入れる。シリーズの記録が、改行して行頭から始まる場合は、「.␣—␣」は省略する。Bにはシリーズ全体の監修者が2人おり、シリーズ番号は「第6巻」である。責任表示の前に「␣/␣」を置き、シリーズ番号の前には「␣;␣」を置く。これでシリーズものの図書の書誌記述が完成する。

　若者の働きかた␣/␣小杉礼子編著 .␣—␣初版
　京都␣:␣ミネルヴァ書房,␣2009
　6,␣232p␣;␣22cm.␣—␣**(叢書・働くということ␣/␣橘**
　木俊詔,␣佐藤博樹監修␣;␣第6巻)
　ISBN␣978-4-623-05269-1

　　　　　　　　　　　○

2）この他、本シリーズ名の一部（岩波新書新赤版）、岩波新書を共通タイトルとした時の従属タイトル（岩波新書.␣新赤版）、シリーズ名関連情報（岩波新書␣:␣新赤版）、シリーズ番号の一部（新赤版1489）とすることが考えられる。それぞれの図書館にとって、もっとも適切と考えられる方法を採用すればよい。ただし、シリーズ名関連情報は第2水準では記録しない。

第Ⅰ部　記述目録編

◆ 演習問題2-3　以下の情報源から、書誌記述を作成しなさい。

1.　　　　　標題紙　　　　　　　153ページ　　18.2 × 12.8cm
　　　　　　　　　　　　　　　　　　背
　　　　　　　　　　　　　　　　　　奥付

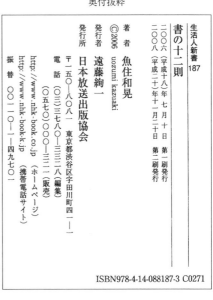

2.　　　　　　　　　　　　　　　228ページ　　17.2 × 11.3cm
　　　　　　標題紙　　　　　　　　奥付抜粋

第 2 章　和書の記述

3.

標題紙

174ページ　　18.8 × 12.8cm

わかる!　図書館情報学シリーズ ❶

電子書籍と
電子ジャーナル

日本図書館情報学会研究委員会 編

勉誠出版

奥付

わかる!　図書館情報学シリーズ第1巻
電子書籍と電子ジャーナル

2014 年 11 月 25 日　初版発行

編　者　**日本図書館情報学会研究委員会**
発行者　池嶋洋次
発行所　勉誠出版株式会社
　　　　〒 101-0051　東京都千代田区神田神保町 3-10-2
　　　　TEL：(03)5215-9021(代)　FAX：(03)5215-9025
〈出版詳細情報〉http://bensei.jp

編　集　岡田林太郎・大橋裕和
営　業　山田智久・青木紀子

印刷・製本　シナノパブリッシングプレス
装丁　萩原睦(志岐デザイン事務所)
© Japan Society of Library and Information Science 2014, Printed in Japan.
ISBN978-4-585-20501-2　C1300

4.

標題紙

111ページ　　18.3cm × 12.8cm

\ その手があったか! /

めまいを治す
63のワザ+α

発言小町 + 医師
の知恵　　のアドバイス

にわファミリークリニック 院長 丹羽 潔
読売新聞 大手小町編集部

保健同人社

奥付

これ効き!シリーズ
その手があったか!
めまいを治す 63 のワザ+α

2010 年 12 月 25 日　初版発行

著　者　　丹羽　潔／大手小町編集部
発行者　　吉田行雄
発行所　　株式会社　保健同人社
　　　　　〒 102-8155　東京都千代田区一番町 4-4
　　　　　電話　03-3234-6111 (代)
　　　　　ホームページ　http://www.hokendohjin.co.jp
　　　　　振替　00140-6-195185
印刷所　　株式会社　双文社印刷

ISBN 978-4-8327-0435-0　　許可なく転載・複製を禁じます。乱丁・落丁本はお取り替えいたします。

〈注〉
情報源によって責任表示が異なる場合は、記録しなかった責任表示とその情報源を注記する。注記についてはこの後 5 で学習するため、学習した後で追記するとよい。

41

第Ⅰ部　記述目録編

④　分冊ものの図書の記述

　単行書の中には、形態的に2冊以上からなるが1冊ごとに固有のタイトルの
ないものもある。上下巻2冊組みの図書や、長編小説に見られるような複数巻
に分かれている図書である。NCRでは、このような場合は、上下巻を合わせ
たり、複数巻を合わせたりして、一つの書誌的記録を作成することを原則とし
ている。上巻だけ、または下巻だけという物理単位を対象とした記録を作成す
るのは、別法としている。

　図2.5は、ある図書CとDの標題紙と奥付を示したものである。CとDは
「オードリー・ヘップバーン物語」の「上」と「下」である。それぞれ「集英社
文庫」の一部で、「上」と「下」に固有のタイトルはない。

4.1　これまでの復習

　これまでに学習した知識をもとに、各書誌的事項を記述してみよう。やや乱
暴な表現になるが、ページ数の多い分厚い図書を、便宜的に2冊に分割したと
考えると理解しやすい。もともとは1冊の図書であったと考えれば、CとDで
は、本タイトル、責任表示、版表示、出版地、出版者、出版年、シリーズ名、
大きさは共通する。ただし、出版年は、このあと説明するように数年にわたる
場合もある。

　以下では、まず、共通する書誌的事項を記録してみよう。本タイトルは
「オードリー・ヘップバーン物語」で、タイトル関連情報はない。責任表示で
は著者の役割を示す語「著」を「␣[　]」で補記する。出版年は2冊とも2001
年である。大きさと本シリーズ名も共通である。

```
オードリー・ヘップバーン物語␣/␣バリー・パリス␣
[著]␣;␣永井淳訳
東京␣:␣集英社,␣2001
　␣;␣16cm.␣—␣(集英社文庫␣;␣　　　　　)
```

42

第 2 章 和書の記述

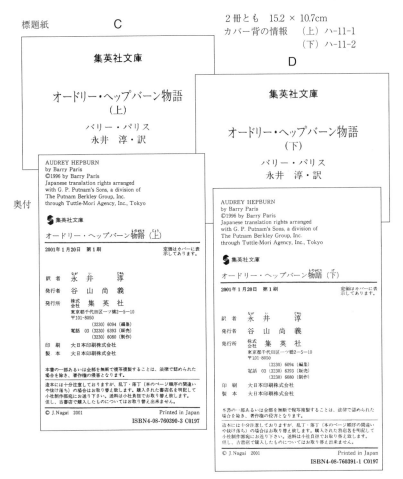

図2.5 分冊ものの図書の例

これに、共通しなかったページ数、シリーズ番号、ISBN を加えればよい。

4.2 共通しない書誌的事項の記録

分冊の図書では、次の点がこれまでの記録方法と異なる。

第Ⅰ部　記述目録編

⑴出版年【2.4.3.2B】

　分冊ものの図書を同時に出版することは、組数が多くなるほど難しい。長大な翻訳ものの図書では、数年にわたって刊行されるものもある。このように出版年が2年以上にわたるときは、刊行開始年と終了年を「–」（ハイフン）でつないで記録する。「–」の前後にスペースは置かない。刊行中のときは、開始年のみを記録する。分冊の図書すべてが同年の刊行である場合は、その年（単一年）を記録する。

　　例）2009-2014　　　2015-

⑵ページ数【2.5.1.2E】

　記述対象とする図書が2冊以上からなるときは、冊数のみを記録する。

⑶シリーズ番号【2.6.6.2A】

　2以上の巻号が連続する時は、最初と最後の巻号を「–」でつないで記録する。「–」の前後にスペースは置かない。連続していない時は「,␣」で区切って列記するか、「○○○［ほか］」とする。

　　例）第13巻–第14巻　　　1,␣3-4

⑷ISBN

　2つ以上のISBNを記録するときは、巻次の若い順から縦に記録し、末尾に巻次を「␣(　)」に入れて付記する。

　　例）ISBN␣978-4-04-100318-3␣（上）
　　　　ISBN␣978-4-04-100292-6␣（下）

┌─────────────┐
│ 記録してみよう │
└─────────────┘

　以上の説明をもとに、空いている書誌的事項をうめてみよう。ページ数は「2冊」と記録する。シリーズ番号はそれぞれ「ハ-11-1」と「ハ-11-2」である。なお、C、Dとも奥付に原タイトルが記載してあるが、原タイトルは注記に記録するためここでは省略し、次の⑤で解説する。

44

第2章　和書の記述

　ISBNは2点を記録する。これらの記録によって、注記事項を除き分冊もの
の図書の書誌記述が完成する。

```
オードリー・ヘップバーン物語␣/␣バリー・パリス␣
［著］␣;␣永井淳訳
東京␣:␣集英社,␣2001
2冊␣;␣16cm.␣—␣(集英社文庫␣;␣ハ-11-1—ハ-11-2)
ISBN␣4-08-760-390-3␣(上)
ISBN␣4-08-760-391-1␣(下)

　　　　　○
```

◆演習問題2-4　以下の情報源から、書誌記述を作成しなさい。

1.

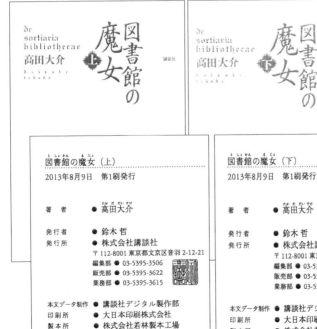

第Ⅰ部　記述目録編

2.

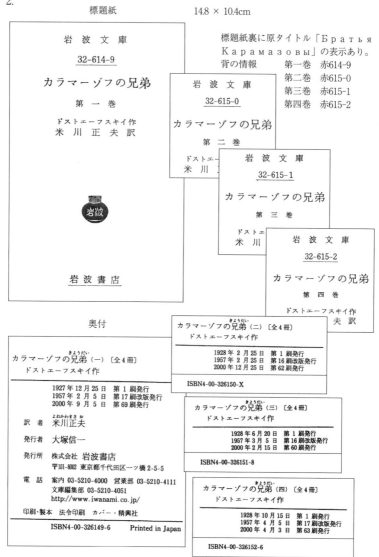

〈注〉
第1巻から第4巻まですべてに付加的版表示がある。第1巻と第4巻は第17刷改版であるが、第2巻と第3巻は第16刷改版である。ここでは第1巻の第17刷改版を記録し、記録しなかった付加的版表示は注記する。注記についてはこの後5で学習する。また、シリーズ番号は、標題紙と背の情報を組み合わせ、「赤32-614-9」のようにする。

5 構成部分を持つ図書の記述

本節では、一冊の図書が複数の著作から構成されている図書の書誌記述について解説する。NCRでは、構成部分の内容は**注記に内容細目**として記録するとしている。本節では合わせて、注記に関するその他のさまざまな事項についても説明する。注記は、すべての記述のパターンにおいて必要に応じて記録するものであるが、説明の煩雑さを避けるため、ここでまとめて説明する。

図2.6は、ある和書Eの標題紙と奥付を示したものである。Eは「MINERVA教職講座」というセットものの1冊で、「高等教育論」「世界の高等教育」「(プレ）FD&SD活動の研究開発」という三つの著作から構成されている。

E

標題紙抜粋

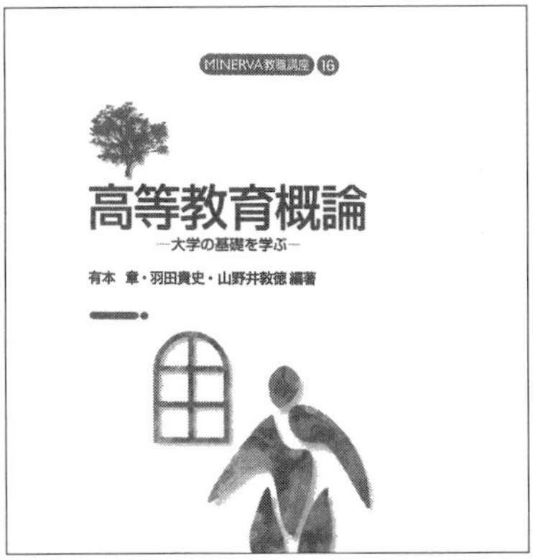

シリーズの監修者：山崎英則，片上宗二

奥付

MINERVA 教職講座⑯
高等教育概論
――大学の基礎を学ぶ――

2005年5月10日　初版第1刷発行　　検印廃止

定価はカバーに
表示しています

編著者　有 本 章
羽 田 貴 史
山 野 井 敦 徳
発行者　杉 田 啓 三
印刷者　坂 本 嘉 廣

発行所　株式会社 ミネルヴァ書房
607-8494 京都市山科区日ノ岡堤谷町1
電話代表 (075)581-5191番
振替口座 01020-0-8076番

©有本，羽田，山野井ほか，2005　　内外印刷・新生製本

ISBN 4-623-04082-8
Printed in Japan

vii，263ページ
21.1 × 15.0cm
高等教育関連年表：p.255-257

高等教育論　有本章ほか著　p.1-146
世界の高等教育　江原武一ほか著　p.148-222
(プレ）FD&SD活動の研究開発　有本章ほか著　p.224-254

図2.6　構成部分を持つ図書の例

第 I 部　記述目録編

5.1　これまでの復習

　これまでに学習した知識をもとに、本タイトルから ISBN までを記述してみよう。本タイトルは「高等教育概論」で、タイトル関連情報がある。責任表示は編著者が 3 人であるため、最初の 1 人のみ記録し、他は「␣[ほか]␣」と補記して省略する。版表示は「初版」と記録する。出版に関する事項を記録し、形態に関する事項に続けてシリーズに関する事項を記録する。本シリーズ名「MINERVA 教職講座」の「MINERVA」は最初の文字のみ大文字とし、最後に ISBN を記録する。大文字使用法については後述する。

> 高等教育概論␣:␣大学の基礎を学ぶ␣/␣有本章␣[ほか]␣
> 編著.␣—␣初版
> 京都␣:␣ミネルヴァ書房,␣2005
> 7,␣263p␣;␣22cm.␣—␣(Minerva 教職講座␣/␣山崎英則,␣片上宗二監修␣;␣16)
> ISBN␣4-623-04082-8

　Eは、以上に、構成部分についてと、年表が含まれていることを記録すればよい。これらは両方とも注記の位置に記録する。以下、注記に関する事項について解説するが、構成部分に関する記録は、内容に関する注記として最後に取り上げる。

5.2　注記に関する事項

> 導入語:␣注記の内容　　もしくは　　注記の内容のみ

⑴注記とするものの範囲【2.7.1, 2.7.2】

　注記とは、各書誌的事項の記述をより詳細に表現したり、限定したりすることが必要なときに記録するものである。注記には、タイトルからシリーズに関する事項までの、ある特定の事項に関する注記と、これらに属さない全体に関わる注記の二種類がある。記録の順序としては、全体に関わる注記を先に記録する。特定の事項に関する注記が複数ある場合は、記述の記録順序（タイトル、

48

第 2 章　和書の記述

責任表示、版表示…の順）にしたがって記録する。

⑵全体に関わる注記【2.7.3.0】

　書誌的事項の誤記や誤植を正しい形に訂正して記録したときは、もとの誤った形を最初に注記する。

　　　例）タイトルは「目録規則」が正しい場合

　　　　⇒　表紙のタイトル＿（誤植）＿:＿目録規測

　　　　出版年は1978年が正しい場合　⇒　標題紙の出版年＿（誤植）＿:＿1987

⑶特定事項に関する注記

①タイトルに関する注記【2.7.3.1】

　日本語のタイトルと外国語のタイトルが併記してある場合は、記録しなかった別言語のタイトルを、「○○語のタイトル:＿…」として注記する。翻訳書の場合は、「原タイトル:＿…」として注記する。ローマ字、キリル文字等、外国の文字の大文字使用法はその言語の慣習に従う。たとえば英語の場合は、初頭語の最初の文字と固有名詞の最初の文字を大文字とする。

　　　例）英語のタイトルが併記してある場合　⇒　英語のタイトル:＿Hello baby!

　　　　4 の翻訳書「オードリー・ヘップバーン物語」の場合

　　　　　　　　　　　　　　　⇒　原タイトル:＿Audrey Hepburn

②責任表示に関する注記【2.7.3.2,　2.1.5.1E 任意規定】

　情報源によって責任表示が異なる場合は、記録しなかった責任表示とその情報源を注記する。例えば、 2 2.6⑵で説明したように、標題紙の責任表示は原綴で、奥付はかなで表示してあるとき、かなを選択して記録した場合は、原綴を注記する。

　　　例）標題紙の責任表示は「Janos H. Fendler 著」とあり

　また、任意規定ではあるが、責任表示に「＿［ほか］＿」として記録しなかった著者等も、必要に応じて記録するとよい。

49

第Ⅰ部　記述目録編

　　例）その他の編著者：␣羽田貴史,␣山野井敦徳

③版および書誌的来歴に関する注記【2.7.3.3】

　その図書とその図書の他の版、または他の図書との関係を説明する必要があるときは注記する。この時、引用した図書は「「　」」（かぎかっこ）に入れる。

　　例）「社会事業従事者」␣（ミネルヴァ書房　1968年刊）␣の改題増補

④出版・頒布に関する注記【2.7.3.4】

　頒布者、発売者等は必要があれば注記する。

　　例）発売：␣筑摩書房

⑤形態に関する注記【2.7.3.5】

　ページ数、挿図、肖像、地図、大きさ、印刷・複写の種類、装丁などについて説明する必要のあるときは注記する。

　　例）左右同一ページ付　　○○○○の肖像あり　　謄写版　　箱入

⑥シリーズに関する注記【2.7.3.6】

　複製本の原本の属していたシリーズ名について説明する必要があるときは注記する。

　　例）芸艸会叢書　第2編␣（芸艸会昭和6年刊）␣の複製

　また、シリーズに関する事項に記録しなかったシリーズ名やシリーズ番号等がある場合は記録する。

　　例）もう一種類のシリーズ番号：␣う20-6―う20-7

⑦内容に関する注記【2.7.3.7】

　図書の構成部分である各著作の内容（内容細目）を示す場合は、「内容：␣」と記録し、続けてそれぞれのタイトルと責任表示を列記する。タイトルと責任表示の記録の仕方は、②2.6(1)⑤で説明した記録の方法と同様である。2つ目

第2章　和書の記述

以降の著作の前には「.␣」を置く。複数の著者の著作を収録した全集・論文集や、個人全集では、できるだけ内容細目を注記することが望まれる。利用者があらかじめ内容を把握でき、求める図書を的確に探すことができる。

このほか、その図書に書誌、年譜、年表、付録、解説などが含まれているときは、内容細目の後に改行して注記する。

例）内容：␣古代の女性文学␣/␣後藤祥子編著.␣平安の女性文学␣/␣今関敏子編著.␣中世の女性文学␣/␣宮川葉子編著.␣近世の女性文学␣/␣平舘英子編著

　　参考書誌：␣p318-335

記録してみよう

以上の説明をもとに、Ｅの注記に関する事項を記録してみよう。注記はISBNの前に記録する。「注記」という語は記録せず、注記する事項を一項目ずつ改行して記録する。Ｅの注記の数は3点で、その他の編著者、内容細目、年表がある。内容細目の責任表示は、順に、「有本章␣[ほか]␣著」「江原武一␣[ほか]␣著」「有本章␣[ほか]␣著」である。この注記に関する事項の記録によって、構成部分を持つ図書の書誌記述が完成する。

高等教育概論␣:␣大学の基礎を学ぶ␣/␣有本章␣[ほか]␣編著.␣―␣初版
京都␣:␣ミネルヴァ書房,␣2005
7,␣263p␣;␣22cm.␣―␣(Minerva 教職講座␣/␣山崎英則,␣片上宗二監修␣;␣16)
その他の編著者:␣羽田貴史,␣山野井敦徳
内容:␣高等教育論␣/␣有本章␣[ほか]␣著.␣世界の高等教育␣/␣江原武一␣[ほか]␣著.␣(プレ)FD&SD 活動の研究開発␣/␣有本章␣[ほか]␣著
高等教育関連年表:␣p255-257
ISBN␣4-623-04082-8

○

第Ⅰ部　記述目録編

◆ 演習問題2−5　以下の情報源から、書誌記述を作成しなさい。

1.

x, 349, 2ページ　　21.6 × 15.4cm

標題紙

貨幣の
地域史
中世から近世へ

鈴木公雄 編

岩波書店

奥付

貨幣の地域史——中世から近世へ

2007年11月29日　第1刷発行

編　者　鈴木公雄
すず　き　きみ　お

発行者　山口昭男

発行所　株式会社 岩波書店
〒101-8002 東京都千代田区一ツ橋2-5-5
電話案内 03-5210-4000
http://www.iwanami.co.jp/

印刷・三陽社　カバー・半七印刷　製本・三水舎

ⓒ鈴木登美子 2007
ISBN 978-4-00-022479-6　　Printed in Japan

目次
東アジア貨幣史の中の中世後期日本　黒田明伸著
出土銭貨からみた中世貨幣流通　櫻木晋一著
貨幣流通からみた一六世紀の京都　田中浩司著
一五世紀末から一七世紀初頭における貨幣の地域性　千枝大志著
統一政権の誕生と貨幣　本多博之著
貨幣の地域性と近世的統合　安国良一著
無縁・呪縛・貨幣　安冨歩著
銭貨のダイナミズム　桜井英治著

52

第 2 章　和書の記述

2.

標題紙

376ページ　14.8 × 10.4cm
雑誌初出の本文を底本とし、平凡社版「江戸川乱歩全集」第 1 巻-第 8 巻（昭和 6 - 7 年）と校合したもの
背の情報　緑181 - 1

奥付

```
岩 波 文 庫
  31-181-1
江戸川乱歩短篇集
  千 葉 俊 二 編
```

```
岩 波 書 店
```

江戸川乱歩　短篇集
（えどがわらんぽ　たんぺんしゅう）

2008 年 8 月 19 日　第 1 刷発行
2009 年 10 月 15 日　第 3 刷発行

編　者　千葉俊二（ちばしゅんじ）
発行者　山口昭男
発行所　株式会社　岩波書店
　　　　〒101-8002　東京都千代田区一ツ橋 2-5-5
　　　　案内 03-5210-4000　販売部 03-5210-4111
　　　　文庫編集部 03-5210-4051
　　　　http://www.iwanami.co.jp/
印刷・三陽社　カバー・精興社　製本・桂川製本
ISBN 978-4-00-311811-5　Printed in Japan

目次
二銭銅貨　D坂の殺人事件　心理試験　白昼夢屋根裏の散歩者　人間椅子　火星の運河　お勢登場　鏡地獄　木馬は廻る　押絵と旅する男　目羅博士の不思議な犯罪

53

第Ⅰ部　記述目録編

3.

標題紙抜粋

234ページ
21.8 × 15.8cm
索引付き

THE VIABILITY OF FUNDAMENTAL INFORMATICS
Bridging Open and Closed Systems Using Neocybernetics

基礎情報学のヴァイアビリティ
ネオ・サイバネティクスによる開放系と閉鎖系の架橋

西垣 通/河島茂生/西川アサキ/大井奈美——［編］

奥付

基礎情報学のヴァイアビリティ
ネオ・サイバネティクスによる開放系と閉鎖系の架橋

2014年9月5日　初 版

［検印廃止］

編 者　　西垣　通・河島茂生
　　　　　西川アサキ・大井奈美
発行所　一般財団法人　東京大学出版会
　　　　代表者 渡辺　浩
　　　　153-0041　東京都目黒区駒場 4-5-29
　　　　http://www.utp.or.jp/
　　　　電話 03-6407-1069　Fax 03-6407-1991
　　　　振替 00160-6-59964
印刷所　株式会社平文社
製本所　誠製本株式会社

© 2014 Toru Nishigaki *et al.*
ISBN 978-4-13-050184-2　Printed in Japan

目次
基礎情報学のヴァイアビリティ　西垣通著
基礎情報学の情報システムデザインへの応用
に向けた試論　ドミニク・チェン著
階層と浸透の間で　西川アサキ著
創発するネットコミュニケーション　河島茂
生著
「HACSモデル」による職業体験型テーマパー
ク・アクティビティの考察　辻本篤著
情報的世界観と基礎情報学　大黒岳彦著
情報伝達という擬制と主体としての生命　西
田洋平著
ネオ・サイバネティックな創発　ブルース・
クラーク，マーク・ハンセン著　大井奈美訳
暫定的閉鎖系についての一考察　西垣通著

⑥　単行書の集合と構成部分

　本節では、単行書の集合を対象に記述する方法と、単行書の構成部分を対象
に記述する方法について解説する。記述の情報源については本章①1.3と同様
であるため省略する。

6.1　書誌の階層構造

　二つの記述方法を説明する前に、書誌階層という概念について説明しておく。
前節までの学習から、図書には、シリーズという上位のレベル（階層）や、構
成部分という下位のレベル（階層）を持つものがあることが分かった。このよ

54

うな上位と下位の階層関係のことを**書誌階層構造**という。前節の和書Eを参考に、具体的にみてみよう。

　図2.7はE『高等教育概論』の階層関係を示したものである。『高等教育概論』は、「MINERVA 教職講座」という全17冊のセットものの「16」で、内容は「高等教育論」「世界の高等教育」「(プレ) FD&SD 活動の研究開発」の三部から構成されている。「1　新しい教育の基礎理論」から「17　生涯学習社会」までは、「MINERVA 教職講座」の下で同じ階層にあり、「高等教育論」から「(プレ) FD&SD 活動の研究開発」までは、「16 高等教育概論」の下で同じ階層にある。このような同一の書誌レベル（階層）に属する固有のタイトルから始まる一連の書誌的事項の集合を、**書誌単位**という。図書の書誌単位には、書誌レベルに対応して次の三種類がある。

・単行書誌単位：単行書のレベル（単行レベル）の書誌単位
・集合書誌単位：単行書の集合レベル（集合レベル）の書誌単位
・構成書誌単位：単行書を構成しているレベル（構成レベル）の書誌単位

　1 1.1で説明したように、単行書とはその図書だけで刊行が完結する「単発もの」の図書だけを指すのではない。「16 高等教育概論」も単行書の一つである。図2.7では、中段の「16 高等教育概論」を含む行が単行書誌単位、上段の「MINERVA 教職講座」が集合書誌単位、下段の「高等教育論」を含む行が構成書誌単位に当たる。

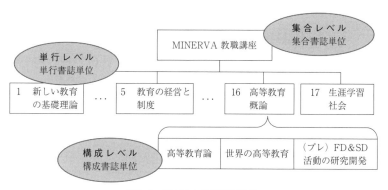

図2.7　和書Eの書誌階層構造

第Ⅰ部　記述目録編

6.2　記述の対象と記録の書誌レベル【2.0.2.1, 2.0.2.2, 2.0.2.3】

　Ｅのような書誌階層を持つ図書では、記述の対象として、単行書、単行書の集合、構成部分の３つの書誌レベルがある。記述の対象に応じて、以下に示す３つの書誌レベルの記録、つまり３通りの記録を作成することができる。

　1）単行レベルの記録

　2）集合レベルの記録

　3）構成レベルの記録

　1）では、単行書誌単位を記述の本体とする書誌的記録を作成する。NCRでは、単行書を記述の対象とすることを原則としている。具体的には、単行書の固有のタイトルから始まる一連の書誌的事項を記述する。これは5で学習した方法である。図2.7を見ながら再確認すると、「高等教育概論」を単行書誌単位の本タイトルとして記録し、「MINERVA 教職講座」を集合書誌単位としてシリーズに関する事項に記録し、「高等教育論」「世界の高等教育」「（プレ）FD&SD 活動の研究開発」を構成書誌単位として内容細目に記録する方法である。

　2）では、集合書誌単位を記述の本体とする書誌的記録を作成する。具体的には、シリーズものやセットものに共通する総合タイトルを本タイトルとし、そこから始まる一連の書誌的記録を作成する。図2.7では、セットもの全体に共通する総合タイトルは「MINERVA 教職講座」であるので、これを本タイトルとする一連の書誌的事項を記述する。

　3）では、構成書誌単位を記述の本体とする書誌的記録を作成する。具体的には、構成部分の固有のタイトルを本タイトルとし、そこから始まる一連の書誌的記録を作成する。図2.7では、構成部分のタイトルは「高等教育論」「世界の高等教育」「（プレ）FD&SD 活動の研究開発」であるので、各著作を本タイトルとする一連の書誌的事項を記述する。

　以下では2）と3）について具体的に説明する。

6.3 単行書の集合（集合レベル）の記述 【2.0.2.4】

集合レベルの記述では、シリーズやセットものなど、上位レベルのある単行書を、上位の書誌単位のものから順次記録する方法をとる。この記述の様式を、**多段階記述様式**という。

ここでは、まず、Eの集合書誌単位（「MINERVA 教職講座」）の書誌的事項を記録し、次に、各単行書誌単位（「1　新しい教育の基礎理論」から「17 生涯学習社会」まで）の書誌的事項を記録する。

(1)集合書誌単位の書誌的事項の記録

Eの集合書誌単位の書誌的事項を整理すると次のようになる。

・本タイトル：Minerva 教職講座
・責任表示：山崎英則,␣片上宗二監修
・版に関する事項：セットもの全体の版表示はない。
・出版に関する事項：出版地はすべて京都、出版者はすべてミネルヴァ書房、出版年は2001年から2005年までである。
・形態に関する事項：全部で17冊刊行され、大きさはすべて22cm である。
・ISBN：セットもの全体の標準番号はない。

［記録してみよう］

多段階記述様式では追い込み式で記述されることも多いので、以下では追い込み式で記録する。次に続く別の書誌的事項の前、ここでは出版に関する事項と形態に関する事項の前には、「.␣―␣」を置く。

> Minerva 教職講座␣/␣山崎英則,␣片上宗二監修.␣―␣京都␣:␣ミネルヴァ書房,␣2001-2005.␣―␣17冊␣;␣22cm

第Ⅰ部　記述目録編

⑵単行書誌単位の書誌的事項の記録

　続いて、各単行書誌単位の書誌的事項を、巻次の若い順から記録する。各巻次の記録では、それぞれ改行する。単行書誌単位の書誌的事項が上記の集合書誌単位の内容と同一であるものについては、その事項の記録は省略する。ここでは、「16」の記述を説明する。「16」の書誌的事項を再度整理すると、次のようになる。

- ・タイトル：高等教育概論␣:␣大学の基礎を学ぶ
- ・責任表示：有本章␣[ほか]␣編著
- ・版に関する事項：初版
- ・出版に関する事項：出版地、出版者は集合書誌単位と同一で、出版年は2005年である。
- ・形態に関する事項：ページ数は、7,␣263ページで、大きさは集合書誌単位と同一である。
- ・注記に関する事項：その他の編著者、内容細目、高等教育関連年表がある。
- ・ISBN：4-623-04082-8

記録してみよう

　以上の説明をもとに、記録してみよう。出版地、出版者、大きさは集合書誌単位と同一であるので、記録は省略する。次に続く別の書誌的事項の前、ここでは版に関する事項、出版に関する事項（出版年）、形態に関する事項（ページ数）、各注記に関する事項、ISBN の前には「.␣—␣」を置く。これで、単行書の集合の書誌記述が完成する。

Minerva 教職講座␣/␣山崎英則,␣片上宗二監修.␣—␣京都␣:␣ミネルヴァ書房,␣2001-2005.␣—␣17 冊␣;␣22cm
16:␣高等教育概論␣:␣大学の基礎を学ぶ␣/␣有本章␣[ほか]␣編著.␣—␣初版.␣—␣2005.␣—␣7,␣263p.␣—␣その他の編著者:␣羽田貴史,␣山野井敦徳.␣—␣内容:␣高等教育論␣/␣有本章␣[ほか]␣著.␣世界の高等教育␣

第2章　和書の記述

```
／␣江原武一␣[ほか]␣著.␣（プレ）FD&SD 活動の研究
開発␣／␣有本章␣[ほか]␣著.␣―␣高等教育関連年
表：␣p255-257.␣―␣ISBN␣4-623-04082-8
　　　　　　　　　　○
```

　なお、集合レベルの記述では、複数の単行書誌単位の書誌的事項を順に記録するため、実際にはカードは複数枚にわたることになる。通常は、中央下の穴に糸を通して括り、カードの右上に連番を記載する。例えば、カードが2枚にわたるときには、1枚目のカードの右上には「1／2」、2枚目には「2／2」と記載する。1枚目のカードの記述の最下段には「（次のカードに続く）」と記載し、2枚目のカードの最上段には本タイトルのみ記載する。

6.4　構成部分（構成レベル）の記述【2.0.2.5】

　構成レベルの記述では、図書を構成する著作を記述の対象として記録する。この記述の様式を、**分出記録様式**という。分出記録様式は、個人全集や複数の著者の著作を収録した図書などにおいて、著作ごとの独立した記述を作成するときに用いられる。これによって、各著作を標目とすることができ、利用者は各著作も検索できるようになる。特定主題の文献を調査する際には、図書と合わせて各著作も検索対象とすることができ、蔵書全体を網羅した調査ができる。

　ただし、前述した単行書誌単位を記述の本体とする書誌的記録を作成する方法でも、内容細目に各著作名を記録し、それを標目とすることによって、各著作も合わせて検索対象にすることはできる。重要なのは、どの記述方法をとっても、利用者が資料を的確に不足なく検索できる条件を整えることである。

　Eは3つの著作から成り立っていた。以下では、このうち「高等教育論」を記述の対象として説明する。まず、「高等教育論」の書誌的事項を記録し、次に、上位レベルの書誌的事項を低いレベルのものから順に記録する。なお、構成書誌単位は、図書の一部であり、それ自体独立した物理的な体裁を持っていないため、記述においてはどのレベルであっても、大きさは記録しない。

第Ⅰ部　記述目録編

(1)構成書誌単位の書誌的事項の記録

　Eの構成書誌単位の書誌的事項を整理すると次のようになる。

　・本タイトル：高等教育論

　・責任表示：有本章␣[ほか]␣著

　・ページ数：この著作のページ数はp.1-146であるので、該当のページ付は
　　「p1-146」となる。「p」のあとにピリオドは置かず、「−」の前後にスペー
　　スは置かない。ただし、ページ数は、単行書誌単位のp.1-146に当たるも
　　のであるため、次の(2)単行書誌単位の書誌的事項に記録する。

[記録してみよう]

　ここまでの説明から、まず本タイトルと責任表示を記録してみよう。

> **高等教育論␣/␣有本章␣[ほか]␣著**

(2)単行書誌単位の書誌的事項の記録

　次に、構成書誌単位を収載している上位レベルの書誌的事項を記録する。(1)
の記述に続けて、単行書誌単位の書誌的事項全体を「（　　）」に入れて記録す
る。「（　　）」の前には「.␣—␣」を置く。ここでは単行書誌単位である「高
等教育概論」について、次の書誌的事項を記録する。

　・タイトル：高等教育概論␣:␣大学の基礎を学ぶ

　・責任表示：有本章␣[ほか]␣編著

　・版に関する事項：初版

　・出版に関する事項：出版地は京都、出版者はミネルヴァ書房、出版年は
　　2005年である。

[記録してみよう]

　ここまでを記録してみよう。記述は追い込み式とし、次に続く別の書誌的事

第 2 章　和書の記述

項の前には「.␣—␣」を置く。

> 高等教育論␣/␣有本章␣[ほか]␣著.␣—␣(高等教育概論␣:␣大学の基礎を学ぶ␣/␣有本章␣[ほか]␣編著.␣—␣初版.␣—␣京都␣:␣ミネルヴァ書房,␣2005.␣—␣p1-146)

(3)集合書誌単位の書誌的事項の記録

　上記の単行書誌単位が、シリーズまたはセットものの1冊である場合には、さらに集合書誌単位の書誌的事項を記録する。記録は、上記の「(　)」の中に、さらに「(　)」に入れて行う。つまり、分出記録様式とは、その構成書誌単位が単行書誌単位のどの部分に当たり、その単行書誌単位が集合書誌単位のどの巻次に当たるかを順に記録するものである。ここでは、Eの集合書誌単位である「MINERVA 教職講座」について、次の書誌的事項を記録する。

・タイトル：Minerva 教職講座
・責任表示：山崎英則,␣片山宗二監修
・巻次：16

［記録してみよう］

　以上の説明をもとに、集合書誌単位を記録してみよう。これで、構成レベルの書誌記述が完成する。

> 高等教育論␣/␣有本章␣[ほか]␣著.␣—␣(高等教育概論␣:␣大学の基礎を学ぶ␣/␣有本章␣[ほか]␣編著.␣—␣初版.␣—␣京都␣:␣ミネルヴァ書房,␣2005.␣—␣p1-146.␣—␣(Minerva 教職講座␣/␣山崎英則,␣片上宗二監修␣;␣16))
>
> ○

第3章	洋書の記述

　洋書とは、日本語、中国語、韓国（朝鮮）語以外の、主として西欧の言語が用いられている図書をいう。ここでは英語で書かれた図書に限定して解説する。

　NCR では、和書・洋書ともに記述の対象としているが、洋書に関する説明は十分ではない。公共図書館でも県立図書館クラスの規模の大きい図書館や、大学図書館および専門図書館など洋書の所蔵数の多い図書館では、洋書の記述には『英米目録規則第2版』（Anglo-American Cataloging Rules, Second edition : AACR2)[1] を用いるところが多い。しかし、AACR2 は、目録記入の作成の原則を基本記入方式[2] に置いているため、NCR の基本とする記述ユニット方式[3] とは根本的に異なる。記述方法の細部も異なっており、ここで AACR2 に基づいて洋書の記述方法の説明を行うことは、読者に混乱を与えかねない。そこで本書では、原則として洋書も NCR に基づき解説する。

1　洋書の目録記入作成の原則

　記述の情報源、転記の原則、区切り記号、記述の対象と記録の書誌レベルは、和書の場合と同様である。ただし、一般に英語で書かれた図書に奥付はなく、

1）AACR2 は2010年『資源の記述とアクセス（Resource Description and Access : RDA)』に改訂された。しかし、2016年現在、わが国で洋書の整理に RDA を適用しているのは国立国会図書館のみと思われる。本書では、一部 AACR2 の規定に準拠して記録する。
2）書誌記述に第一義的な標目（通常は著者）をあらかじめ付した基本記入を作成し、これをもとに目録を作成する方法。
3）書誌記述を標目と切り離して完結させた記述ユニットに、必要な標目を付して目録を作成する方法。

第3章　洋書の記述

記述の対象とする情報は標題紙裏に表示されているものが多い。このほか注意すべき点は、大文字の使用法と略語の使用である。

1.1　大文字の使用法【2.0.6.3】

文字の使用に関しては、転記の原則によるが、大文字の使用法、およびISBD区切り記号以外の句読点の使用法は、その言語の慣行に従う。英語で書かれた図書では、情報源の文字がすべて大文字、または小文字であっても、大文字で記録するのは次の文字のみである。

・各書誌的事項（ただしタイトル関連情報を除く）の初頭語の最初の文字

例えば、本タイトルが冠詞から始まる場合は、冠詞の最初の文字は大文字とするが、次の文字以降はすべて小文字とする。

例）THE STORY OF LIBRARIES　⇒　The story of libraries

・固有名詞の最初の文字

固有名詞には個人名や団体名がある。複数の語から成る固有名詞は、各語の語頭の文字を大文字とする。

例）taro suzuki　⇒　Taro Suzuki

NATIONAL DIET LIBRARY　⇒　National Diet Library

1.2　略語の使用【2.0.6.1A】

洋書では、タイトルと責任表示に関する事項以外ではその言語と一致した所定の略語を使用する。タイトルと責任表示では、注記も含めていかなる場合でも略語化しない。

例）タイトルの場合 World Health Organization　⇒　× WHO

責任表示の場合　John Fitzgerald Kennedy　⇒　× John F. Kennedy

NCRでは、付録2に略語表が用意されている。この表にないものは、別に略語使用の典拠となるもの（例えばAACR2）に記載がない限り、そのまま完全形で記述する。序数詞とアメリカ合衆国の州名の略語については後述する。

表3.1は、NCRの付2.1一般略語（欧文）から、英語に関してよく使用する略

63

第Ⅰ部　記述目録編

語を抜粋し、その意味を付したものである。

表3.1　一般略語（抜粋）

語	略　語	意　味	語	略　語	意　味
edition editions	ed. eds.	編	series	ser.	シリーズ
et alii	et al. *	ほか	sine loco	s.l. *	出版地不明
illustration illustrations	ill.	図版	sine nomine	s.n. *	出版者不明
number numbers	no.	号	supplement	suppl.	補遺
page pages	p	ページ	vol. volume	v.	巻
revised	rev.	改訂（版）	volumes		

注：*を付した略語は、英語だけでなくローマ字を用いる言語すべてに使用する。

　図3.1は、ある洋書 F の標題紙と標題紙裏を示したものである。以下では、洋書の単行書の記述について、特に注意を要する点にしぼって解説する。なお、書誌記述の方式に関しては、洋書では、**本タイトルから出版年まで改行せずに追い込み式で記録する**のが慣例である。本書でもそれに倣って記録する。

② 各書誌的事項の記述

2.1　タイトルと責任表示に関する事項

⑴タイトル関連情報【2.0.6.3】

　タイトル関連情報の初頭語の最初の文字は、固有名詞を除いて小文字とする。

⑵責任表示【2.1.5.2E】

　責任表示は、標題紙（裏を含む）に表示されている通りに記録する。個人名についている学位や役職名などの肩書き（Dr., Prof.）、および団体名についている法人組織名（Incorporated、Limited、Company）やその略語（Inc., Ltd., Co.）は省略する。3人（3団体）以上が表示されている場合は、和書と同様に、主な

第3章　洋書の記述

F

図3.1　洋書の例[4]

もの、もしくは最初の名称一つを記録し、他は「␣[et al.]␣」と補記して省略する。

なお、この「et al.」や後述する「s.l.」「s.n.」では「.」（ピリオド）が付いているが、英語の記述方法の慣行に従い、その後ろにスペースは取らない。

著者等の役割を表す語は、表示されているとおりに、**責任表示の前**に記録する。著者等の役割を表す語や句には、「by」（著）、「edited by」「compiled by」（編）、「selected by」（選）、「translated by」（訳）、「revised by」（改訂）などがある。これらの語の最初の文字は小文字とする。

和書の記録では、「著」「編」「訳」など、役割を表す語が情報源に表示されていない場合でも、他からの情報によって分かるときには、それらを表す語を「␣[　]␣」に入れて補記した。しかし、洋書では、慣例として情報源に役割を表す語があれば付し、ない場合は付さない。ただし、ない場合でも著作のタ

---

[4] Ishikawa, Akira ; Tsujimoto, Atsushi, eds. Creative marketing for new product and new business development, c2008, World Scientific.

第 I 部　記述目録編

イトルと責任表示の個人または団体との関係が明確でなく、説明する必要がある場合は、役割を表す語句を責任表示の前に「␣[　]␣」で補記して記録する。

記録してみよう

　以上の説明をもとに、タイトルから責任表示までを記録してみよう。タイトルは、初頭語の最初の文字「C」のみを大文字とする。責任表示は 2 人を順に記録する。著者等の役割を表す語は「Editors」となっているが、最初の文字は小文字にして、責任表示の前に記録する。

> Creative marketing for new product and new business development ␣/ ␣editors Akira Ishikawa, ␣Atsushi Tsujimoto

2.2　版に関する事項

　表3.1で示した一般略語を使用し、序数詞に関しては AACR 2 の規定を典拠として語の代わりにアラビア数字を用いる。

　　例）revised edition　⇒　rev. ed.　　First edition　⇒　　1 st ed.

　なお、「ed.」のように略語で終わる場合、末尾の「.」（ピリオド）と次に続く区切り記号としての「.」（例えば「.␣—␣」の「.」）とが重なる時は、略語を示す「.」は省略する。

2.3　出版・頒布等に関する事項

(1)出版地【2.4.1.2B，2.4.1.2C】

　識別上必要があるときは、国名やアメリカ合衆国の州名を、次のように記録する。情報源に国名や州名が表示されている場合は、「␣(　)␣」に入れて付記する。情報源に国名や州名がなく、調査や推定により判別した場合は、「␣[　]␣」に入れて補記する。州名は、NCR の付2.2アメリカ合衆国の州名等の略語（略語 1 と略語 2 のどちらか）を用いる。ここでは略語 1 を使用した。

第3章　洋書の記述

例）Cambridge, United Kingdom　⇒　Cambridge␣（U.K.）␣

　　Cambridge, Massachusetts　⇒　Cambridge␣（Mass.␣）␣

　　Cambridge（表示はないが推定可能）　⇒　Cambridge␣［Mass.␣］␣

なお、出版地不明の場合は、「［s.l.］」と補記する。

(2)出版者【2.4.2.2B, 2.4.2.2C】

　出版者は、識別が可能な範囲で、もっとも簡潔な形で記録する。「Published by」「and Sons」「Company」「Co.」「Incorporated」「Inc.」「Limited」「Ltd.」などは省略する。「Press」は固有名詞の一部であるため省略しない。

　　例）Bobbs-Merill Company　⇒　Bobbs-Merill

　　　　Chapman ＆ Hall Ltd.　⇒　Chapman ＆ Hall

　なお、出版者不明の場合は、「［s.n.］」と補記する。

記録してみよう

　以上の説明をもとに、版に関する事項以降を記録してみよう。Ｆに版表示はない。責任表示に続けて、出版に関する事項までを追い込み式で記録する。出版地は「Singapore」である。出版年には著作権表示年の「c」を付す。形態に関する事項以降は、改行して記録する。書誌的来歴に関する注記を記録し、最後に ISBN を記録して、洋書の基本的な書誌記述が完成する。

Creative marketing for new product and new business development ␣/ ␣editors Akira Ishikawa, ␣Atsushi Tsujimoto. ␣—␣Singapore ␣: ␣World Scientific, ␣c2008
16, ␣320p␣ ; ␣24cm
Originally published in Japan in 2006 by Japan Productivity Center for Socio-Economic Development
Translation by Raj Mahtani
ISBN␣978-981-277-218-3

○

第Ⅰ部　記述目録編

◆演習問題3　以下の情報源から、書誌記述を作成しなさい。

1.　標題紙なし

表紙

INFORMATION
ETHICS
THE FUTURE OF THE HUMANITIES

TORU NISHIGAKI AND
TADASHI TAKENOUCHI, EDITORS

iii, 269p　21.0 × 14.8cm

ISBN 978-4-86476-054-6

【内容】
「多文化時代における情報社会の人間像」をテーマに開催された2010年12月の国際会議をまとめたもの。

2.[5)]

奥付抜粋

Copyright © 2012 by Toru Nishigaki, Rafael Capurro, Lucas
D. Introna, Johannes J. Britz,
Wolfgang Hofkirchner, Fumio Shimpo, and Tadashi
Takenouchi
This book has been published with the aid of a grant from
the Uehiro Foundation on Ethics and Education

Published by V2 Solution Publisher
Showa-ku Nagato-cho 4-40
Nagoya City, 466-0848, Japan
Tel: 052-799-7391
Fax: 052-799-7984

All rights reserved

First Edition

標題紙

Value Shift

*Why Companies Must Merge
Social and Financial Imperatives
to Achieve Superior Performance*

Lynn Sharp Paine

McGraw-Hill
New York　Chicago　San Francisco
Lisbon　London　Madrid　Mexico City　Milan
New Delhi　San Juan　Seoul　Singapore
Sydney　Toronto

標題紙裏

The McGraw-Hill Companies

Copyright ©2003 by Lynn Sharp Paine. All rights reserved. Printed in the
United States of America. Except as permitted under the United States
Copyright Act of 1976, no part of this publication may be reproduced or
distributed in any form or by any means, or stored in a data base or retrieval
system, without the prior written permission of the author.

1 2 3 4 5 6 7 8 9 0 AGM/AGM 0 9 8 7 6 5 4 3 2

ISBN 0-07-138239-9

This book is printed on recycled, acid-free paper containing a
minimum of 50% recycled de-inked fiber.

xv, 302p　23.6 × 15.9cm

【内容】
企業経営者の観点から、企業倫理のあり方を実例を挙げながら説き、課題解決のヒントを示している。

5)　Lynn Sharp Paine. Value shift, c2003, McGraw-Hill.

第 3 章　洋書の記述

3.

標題紙抜粋　　　　　viii, 306p　　24.5 × 17.5cm

Medicine and Sport Science

Vol. 46

標題紙裏抜粋

Medicine and Sport Science

Founder and Editor from 1969 to 1984: E. Jokl[†], Lexington, Ky.

Series Editors

Prof. Jacques R. Poortmans

Chimie Physiologique – ISEPK

J. Borms　Brussels

Université Libre de Bruxelles

M. Hebbelinck　Brussels

28 Av. P. Heger

A.P. Hills　Brisbane

B–1000 Brussels

E-Mail: jrpoortm@ulb.ac.be

Principles of Exercise Biochemistry

3rd, revised edition

Library of Congress Cataloging-in-Publication Data

Principles of exercise biochemistry / volume editor, J.R. Poortmans. – 3rd rev. ed.
　　p. ; cm. – (Medicine and sport science, ISSN 0254–5020 ; v. 46)
　　Includes bibliographical references and indexes.
　　ISBN 3–8055–7607–2 (hard cover)
　　1. Exercise–Physiological aspects. 2. Muscles–Metabolism. 3. Biochemistry. I.
Poortmans, J. R. II. Series.
　　[DNLM: 1. Exercise. 2. Biochemistry. 3. Muscles–metabolism. WE 103 P957 2003]
　QP301.P75 2003
　612′.044–dc2

2003054694

Volume Editor

J.R. Poortmans　Brussels

© Copyright 2004 by S. Karger AG, P.O. Box, CH–4009 Basel (Switzerland)
www.karger.com
Printed in Switzerland on acid-free paper by Reinhardt Druck, Basel
ISSN 0254–5020
ISBN 3–8055–7607–2

51 figures and 19 tables, 2004

【内容】
運動の生化学の詳細なレビューをまとめたもの。

■□コラム 3.1 □■

『英米目録規則第 2 版』（AACR 2）

　AACR2 は、1978年に刊行され、以後数回の改訂が行われている。2002年改訂版
の「記述」は、全13章からなり、『日本目録規則』1987年版（NCR87）の構成と、博
物資料（第10章）、点字資料（第11章）を除いて、ほぼ同じである。AACR2 も NCR87

第Ⅰ部　記述目録編

も紙媒体資料だけでなく、多種多様なコンテンツを想定していることが分かる。大きな違いは、目録作成に当たり、前者が「基本記入方式」を、後者が「記述ユニット方式」を取ることである。以下に、本章の記述を例として両者の主な異同について整理してみた。

		NCR87	AACR2
目録作成の方法		記述ユニット方式	基本記入方式 （通常、著者を標目とする）
大文字使用法		当該言語の慣行に従う	当該言語の慣行に従う
略語の使用		付録 2 および AACR2 の規定に典拠 　例）chapter→ch.（章） 　　　copyright→c（著作権）	付録 B「略語」の規定を使用 　例）chapter→ch.（章） 　　　copyright→c（著作権）
タイトルと責任表示	同一役割の責任表示に記録する個人や団体の数	2 人（2 団体）まで記録	3 人（3 団体）まで記録
	上記以上の数の場合	情報源に 3 人（3 団体）以上が表示されている場合は、最初の名称一つを記録し、他は［et al.］と補記して省略	情報源に 4 人（4 団体）以上が表示されている場合は、最初の名称のみ記録し、省略符号「...」に続けて［et al.］と補記して省略
版	版表示	一般略語を使用。序数詞に関しては AACR2 の規定を典拠として語の代わりにアラビア数字を使用	一般略語を使用。序数詞に関しては AACR2 の規定により語の代わりにアラビア数字を使用
出版	出版地の識別が必要な場合	国名、州名を付記、または補記。アメリカ合衆国の州名等は付録 2 の略語を使用 　例）Cambridge␣(Mass.␣)	国名、州名、地方名を付記。アメリカ合衆国の州名等は付録 B の略語を使用。規定の情報源に国名、州名が表示されている場合は「,␣」に続けて記録 　例）Cambridge,␣Mass.
	出版者や頒布者に 2 箇所以上の出版地がある場合	顕著なもの、最初のものの順で一つのみ記録	最初に表示されている地名を常に記録
	出版地、出版者が不明の場合	［s.l.］［s.n.］	［s.l.］［s.n.］
	出版年、頒布年が不明の場合	著作権表示年を記録 　例）c1976 その表示もない時は印刷年を記録 　例）1967 printing	著作権表示年を記録 　例）c1976 その表示もない時は印刷年を記録 　例）1967 printing
形態	ページの表記	ローマ数字はアラビア数字に直す	ローマ数字はそのままで

第 3 章　洋書の記述

　ここで、演習問題 3 の 2 の書誌記述を AACR2 によって作成してみる。出版地は標題紙に表示されている最初の地名を記録する。出版年は標題紙・標題紙裏にも表示がないため著作権表示年を記録する。

Paine, Lynn Sharp.

␣␣Value shift␣:␣why companies must merge social and financial imperative to achieve superior performance␣/␣Lynn Sharp Paine.␣—␣New York␣:␣ McGraw-Hill,␣c2003.

␣␣ xv,␣302 p.␣;␣24 cm.

　ISBN 0-07-138239-9

注：『英米目録規則第 2 版日本語版』（1995, 696p.）では、NCR で用いられている「記録」を「記載」、「著作権表示年」を「著作権登録年」と表現しているが、本コラムでは NCR の表現に合わせた。

■□コラム 3.2 □■

『資源の記述とアクセス』（Resource Description and Access：RDA）の刊行

　2010 年 RDA が刊行された。RDA は、図書館利用者が多様な図書館情報資源を容易に「発見」「確認」「識別」「選択」「入手」「明言」「理解」できることを目指している。

　では、図書館利用者が求める利便性とは何だろう。今日、日本の大学図書館・類縁機関では、和資料の記録には『日本目録規則』1987 年版（NCR87）を、洋資料には『英米目録規則第 2 版』（AACR2）を使用するのが一般的である。これらに基づいた目録作業を行っていたとしても、図書館利用者が図書館情報資源にアクセスする際、極端な不都合が頻繁にあったとは考えにくい。つまり、現在でもコンピュータ環境下の目録作業に NCR87 と AACR2 がまったくそぐわないとは思われない。

　RDA は 2015 年現在、英国図書館、米国議会図書館、ケンブリッジ大学ほか各国国立図書館・大学図書館で採用されている。日本では洋資料などの記録のための目録規則として、国立国会図書館のみが 2013 年 4 月から採用している。同館では、RDA と同じく略語やラテン語を採用していないが、責任表示の肩書や所属を記録しない点では RDA とは異なる。今のところ、2017 年をめどに NCR への RDA の採用が検討されているようだが、早急に導入しなくても個々の図書館ではそれほど不都合はないと思われる。AACR 2 の理解をさらに深めながら RDA を導入した各国の動き、進展そして導入後の諸問題について時間をかけて検証し、見極める必要があるだろう。

第4章	地図資料の記述

① 地図資料の定義

　地図資料とは、地球やその他の天体等の表面の様子を一定の割合で縮小して示す**地図**だけではない。地質等の情報を図面で表現したダイアグラムや、地形等の断面図、海から見たときの景色図である対景図、人工衛星や航空機からの観測によって作成されるリモート・センシング図に加え、これらを立体的に表現した模型、地球儀、天球儀などの資料を含む。

　なお、冊子体の**地図帳**は、地図資料としてではなく、第2章（および第3章）で取り上げた図書資料として扱う。

② 記述の方法

2.1　記述すべき書誌的事項と記述の情報源【4.0.3, 4.0.4】

　地図資料の記述に際しては、以下の情報源を、この優先順位で参照する。

　ア）**題字欄**、またはそれにかわるもの

　イ）その地図資料のア）以外の部分

　ウ）その地図資料に付属する**解説書、袋**等

　エ）その資料以外の情報源

　地図資料において記述すべき書誌的事項とその記録順序、および参照する情報源は、次のとおりである（＊は改行箇所）。

第4章　地図資料の記述

記述すべき書誌的事項とその記録順序	参照する情報源
1）タイトルと責任表示（資料種別を含む）	題字欄、またはそれにかわるもの
2）版	1）と同じ
＊3）数値データ（資料の特性）	1）と同じ
＊4）出版・頒布等	1）と同じ
＊5）形態	その地図資料から
6）シリーズ	その地図資料から
＊7）注記	どこからでもよい
＊8）標準番号、入手条件	どこからでもよい

　図書と異なるのは、資料の特性として、縮尺表示などの数値データを記録する点である。

　図4.1は、ある地図資料Gの題字欄、ホルダーおよび付属資料を示したものである。以下では、上記の書誌的事項の順に、地図資料の記述の方法を解説する。ただし、図書の書誌的記述の方法と同様である場合は、解説を省略する。

図4.1　地図資料の例

第Ⅰ部　記述目録編

2.2　タイトルと責任表示に関する事項【4.1】

> **本タイトル␣[地図資料]␣:␣タイトル関連情報␣/␣責任表示**

　地図資料の場合、本タイトルとするものの中には、総称的な語や地名のみのものや、縮尺表示など識別上必要な数や文字と不可分なものがある。

　　例）地図新編

　　　　東京

　　　　1/50000道路地図

　資料中のどこにもタイトルの表示がないときは、他の適切な情報源による本タイトルか、目録担当者が決定した簡潔で説明的な本タイトルを、「［　　］」（角がっこ）に入れて補記する。

　　　例）［房総半島土地利用図］　　　［苫小牧航空写真］

　資料種別は任意事項であるが、他の資料種との区別を表すため、本タイトルの直後に「␣[地図資料]」と記録する。タイトル関連情報がある場合は、その後に「␣:␣」で区切って記録する。

　地図資料の責任表示にみられる役割を示す語句には、「著」や「編」などのほかに、「作成」、「製作」、「作図」、「調査」、「測量」、「撮影」などがある。ただし、地図資料には明確な責任表示のない資料も少なくない。その場合は記録せず、他の情報源から得たとしても、注記するにとどめる。

2.3　数値データに関する事項（資料の特性に関する事項）【4.3】

　地図資料では、資料の特性に関する事項にあたるものとして、対象とする地図の縮尺に関する数値データを、「1:○」のように記録する。「:」（コロン）の前後にスペースは置かない。「○」にあたる数値に桁区切り（,）は不要である。

　　　例）1:50000　　　1:25000　　　1:5000

　縮尺がすでに本タイトルやタイトル関連情報の一部として記録されている場合でも、数値データとしても記録する。資料によっては「1/○」や「○万分の1」などと表示されていることもあるが、その場合も「1:○」と記録する。

第4章　地図資料の記述

縮尺表示が図示または語句によるときや、特定の条件のもとに限定されているときは、必要に応じてそれを付記する。

例）1:36000または1寸1町

縮尺表示がなく、他の情報源から得た場合は「[　]」に入れて補記する。縮尺を決定できない場合は「[縮尺決定不能]」、縮尺によらない描き方の地図資料の場合は「[縮尺表示なし]」と記録する。

なお、数値データに関する事項として他に、投影法表示と経緯度・分点表示がある。投影法表示は、資料に表示されているときに限って、以下のように記録する。経緯度・分点表示は任意規定である。

例）␣;␣斜軸正積方位図法　投影中心 40° N,␣90° E

[記録してみよう]

ここまでの説明をもとに、Gの「数値データに関する事項」までを記録してみよう。本タイトルは題字欄を参照する。資料種別の「[地図資料]」の前には「␣」（スペース）を置く。責任表示と版に関して記録する内容はない。数値データは、改行して記録する。

> 港北・都筑区␣[地図資料]
> 1:14000

2.4　形態に関する事項【4.5】

特定資料種別と数量␣:␣その他の形態的細目␣;␣大きさ

(1)特定資料種別と資料の数量【4.5.1】

特定資料種別とは、資料種別の中の「どのような資料か」を示す語である。ここでは「どのような地図資料か」を示す語を、次の8つの中から選択し、数量とセットにして記録する。

地図　　ダイアグラム　　断面図　　対景図　　リモート・センシング図

75

第Ⅰ部　記述目録編

地球儀　　　天球儀　　　模型

数量はアラビア数字とし、単位として、平面的な資料には「枚」を、立体的な資料には「基」を付ける。

例）地図2枚　　　模型6基　　　地球儀1基

(2)その他の形態的細目【4.5.2】（＝作成方法、彩色、材質）

特定資料種別と数量の後に「␣:␣」を置き、その地図資料の作成方法、彩色、紙以外の特殊な材質等の形態的特徴を記録する。

例）地図2枚␣:␣石版,␣3色刷　　　　　地図1枚␣:␣4色刷

模型6基␣:␣プラスティック製　　　地球儀1基␣:␣木製

(3)大きさ【4.5.3】

大きさとは、地図そのものではなく、地図の記録媒体である紙やプラスティック等の大きさである。その地図資料に応じて以下の形で記録する。単位はセンチメートルとし、端数は切り上げる。

・一枚もの：縦、横の長さをこの順で「×」（乗号）で結ぶ。「×」の前後にスペースは置かない。

例）34×45cm

・立体的なもの：縦、横の長さと高さをこの順で「×」で結ぶ。

・2点以上の部分からなる大きさの異なる資料

：最小のものと最大のものを「-」（ハイフン）で結ぶ。

例）34×45-42×72cm

・畳もの：拡げた形の縦、横の長さを「×」で結び、折りたたんだ時の外形の高さを「␣（　）」（丸がっこ）に入れて付記する。

例）74×101cm␣(折りたたみ27cm)

・地球儀等：直径を記録する。

第 4 章　地図資料の記述

記録してみよう

　ここまでの説明をもとに、Ｇの「シリーズに関する事項」までを記録してみ
よう。まずは「出版・頒布等に関する事項」を記録する。記録方法は図書と同
じである。その後に改行して、「形態に関する事項」を記録する。Ｇは畳もの
の地図である。センチメートル未満の端数は切り上げる。さらにＧには付属資
料があるので、大きさの後にこれを記録する。最後に「シリーズに関する事
項」を記録する。

```
港北・都筑区␣［地図資料］
1:14000
東京␣:␣昭文社,␣2004
地 図 1 枚␣:␣多 色 刷␣;␣63×89cm␣(折 り た た み
24cm)␣+␣町 名 索 引・公 共 施 設 一 覧 お よ び 索 引␣
(16p␣;␣21cm).␣—␣(横浜市区分地図␣;␣9)
```

2.5　注記に関する事項【4.7】

　意図されている対象者や内容の程度が表示されているときは、内容に関する
注記として、注記の最後に簡潔に記録する。地図の裏面に重要な事項が表示さ
れているときも、内容に関する注記として記録する。

　　例）裏面:␣首都圏交通図

記録してみよう

　以上の説明をもとにＧの注記を記録してみよう。Ｇはホルダー入であるため、
ここではそれを形態に関する注記として記録することにする。またホルダーに
表示されているように、Ｇの内容は信号機・交差点名・一方通行などの「ドラ
イブ情報」に特化している。ここではそれを内容に関する注記として記録する。
最後に ISBN を記録し、地図資料の書誌記述が完成する。

77

第Ⅰ部　記述目録編

```
港北・都筑区␣[地図資料]
1:14000
東京␣:␣昭文社,␣2004
地図1枚␣;␣多色刷␣;␣63×89cm␣(折りたたみ
24cm)␣+␣町名索引・公共施設一覧および索引␣
(16p␣;␣21cm).␣—␣(横浜市区分地図␣;␣9)
ホルダー入
ドライブ情報
ISBN␣4-398-80149-9

            ○
```

◆演習問題4　以下の情報源から、書誌記述を作成しなさい。

第5章	録音資料の記述

1 録音資料の定義

録音資料とは、**録音ディスク**と**録音カセット**を中心とした、**映像を伴わない音の記録資料**をいう。現在の図書館で扱われている代表的な録音資料は CD である。公共図書館では、クラシック音楽やポピュラー音楽を中心に、民族音楽や自然音、落語、図書の朗読を録音した資料などが収集、提供されている。

2 記述の方法

2.1 記述すべき書誌的事項と記述の情報源【6.0.3, 6.0.4】

録音資料の記述に際しては、情報源として以下を参照する。

ア）レーベル（カセットや CD に貼り付けられているラベル。直接印字されている情報を含む）

イ）**付属文字資料**

ウ）**容器**（スリーブ（ジャケット）、箱等）

エ）その資料以外の情報源

録音資料の中には図書の朗読資料などもあるが、録音されている音声ではなく、資料に表示されている文字を情報源とすることに注意が必要である。

録音資料において記述すべき書誌的事項とその記録順序、および参照する情報源とその優先順位は、次のとおりである（*は改行箇所）。

第Ⅰ部　記述目録編

記述すべき書誌的事項とその記録順序	参照する情報源とその優先順位
1）タイトルと責任表示（資料種別を含む）	レーベル
2）版	①レーベル、②付属文字資料、③容器
3）資料の特性	（使用しない）
＊4）発行・頒布等	2）と同じ
＊5）形態	その資料のあらゆる部分
6）シリーズ	2）と同じ
＊7）注記	どこからでもよい
＊8）標準番号（代替番号）、入手条件	どこからでもよい

　図5.1は、ある録音資料Hのレーベルと付属文字資料、ケース裏の情報を示したものである。以下では、上記の書誌的事項の順に、録音資料の記述の方法を解説する。

図5.1　録音資料の例[1]

1）写真協力：株式会社ワーナーミュージック・ジャパン。

第5章　録音資料の記述

2.2　タイトルと責任表示に関する事項【6.1】

本タイトル␣[録音資料]␣:␣タイトル関連情報␣/␣責任表示

⑴本タイトル、資料種別【6.1.1，6.1.2】

　録音資料では、レーベルに表示されているタイトルが外国語の場合も多い。その場合はそれを本タイトルとし、容器や付属文字資料に表示されている日本語タイトルは注記する（ただし、実際には本タイトルも日本語で記録している図書館も多い）。

　資料種別は任意事項であるが、他の資料種との区別を表すため、本タイトルの直後に、「␣[録音資料]」と記録する。

　資料全体に対するタイトルがなく、資料の内容を示す2以上のタイトルが示されているときは、それらを表示の順のまま、「␣;␣」（セミコロン）で区切りながら列記する。その場合、資料種別は最初のタイトルの直後に記述する。

　　例）レクイエム␣[録音資料]␣;␣詩篇␣;␣響紋

⑵タイトル関連情報【6.1.4，（5.1.4）】

　タイトル関連情報がある場合は、「␣:␣」（コロン）で区切って記録する。音楽作品の場合は、NCR第5章の楽譜の記録方法に従って、**演奏手段、調、番号、俗称や慣用標題**等の表示は、タイトル関連情報として記録する。ただし、「交響曲」「Symphony」「弦楽四重奏曲」のように、タイトルが楽曲形式や演奏手段の名のみからなる資料の調、番号等は、本タイトルの一部として扱う。

　　例）英雄ポロネーズ␣[録音資料]␣:␣op.␣53
　　　　交響曲第7番ロ短調D.␣759␣[録音資料]␣:␣「未完成」

　録音に使用されたテキストや楽譜の版に関する表示は、タイトル関連情報として記録する。

　　例）Symphony No.␣7 in E major␣[録音資料]␣:␣original version

⑶責任表示【6.1.5】

第Ⅰ部　記述目録編

　録音資料の責任表示には、作品の著者、作詞者、台本作者、作曲者、原作者、改作者、民族学的記録の収録者（録音者）、演奏や演技の監督・指揮に責任を持つ個人、上記の提供者となっている団体や個人、ポピュラー音楽録音のプロデューサー、演奏者・演技者（吹込者）などがある。

　情報源の表示に役割を示す語句がある場合は、責任表示の一部としてそれを記録する。役割を示す語句がない場合は、必要があれば補記する。

　　例）␣/␣夏目漱石␣[著]␣;␣風間杜夫朗読

　責任表示が複数あるときは、情報源上の表示の順序で記録する。ただし、音楽録音資料の場合は、原則として、①作曲者（即興演奏者を含む）、②テキストの著者、③独唱者、独奏者、演技者、朗読者、④合唱団、⑤合唱指揮者、⑥室内楽などのアンサンブル、⑦オーケストラ、⑧指揮者、⑨歌劇などの制作監督、⑩ポピュラー音楽のプロデューサーの順に記録する。「ソプラノ」「アルト」等の声部を含め、演奏手段等の前には「,␣」を置く。

　　例）␣/␣J.␣S.␣バッハ␣;␣アデーレ・シュトルテ,␣ソプラノ␣;␣アンネリース・ブルマイスター,␣アルト【中略】␣;␣ライプツィヒ・ゲヴァントハウス・オーケストラ␣;␣ルードルフ・マウエルスベルガー,␣指揮

2.3　版に関する事項【6.2】

　記録されている音そのものは同一であっても、マスター（原盤）が異なるときは、別の版として扱う。カセットテープで発売された作品がCDで再発売された場合のように、同一内容の別媒体による再発売は、情報源に「版」が表示されていない限り、新しい版とはみなさない。

　「決定版」「決定盤」などは擬似的な版表示である。本タイトルの一部として表示されていない限り、これらは注記するにとどめる。

2.4　発行・頒布等に関する事項【6.4】

　発行・頒布等に関する情報が複数の言語で表示されているときは、①本タイトルと同じ言語、②所定の情報源で最初のもの、③日本語、の優先順位で選択

第5章　録音資料の記述

する。発行年の表示がないときは、「℗」（レコード製作者の権利表示）に続けて表示されている年を、「p」に続けて「p1984」のように記録する。

記録してみよう

　ここまでの説明をもとに、発行年までを記録してみよう。タイトルは、レーベルに表示されているものを最優先とする。資料種別の「［録音資料］」の前には「␣」（スペース）を置く。責任表示として、レーベルには作曲家、オーケストラ、指揮者の表示がある。いずれも役割を示す語句は伴っていない。発行地の表示はないが、調査の結果「東京」であることが判明したため、「［　］」（角がっこ）に入れて補記する。

> Symphony No.␣6␣［録音資料］␣/␣Tchaikovsky␣;␣
> Boston Symphony Orchestra␣;␣Seiji Ozawa
> ［東京］␣:␣Warner Music Japan,␣2000

2.5　形態に関する事項【6.5】

> 特定資料種別と数量␣（再生時間）␣:␣その他の形態的細目␣;␣大きさ

⑴特定資料種別と数量、再生時間【6.5.1】

　最初に、どのような録音資料か（特定資料種別）を示す語と、その数量を記述する。よく用いられるのは、「録音ディスク○枚」「録音カセット○巻」という表現である。数量はアラビア数字で記録し、「枚」または「巻」を付ける。

　その後に再生時間を「␣（　）」（丸がっこ）に入れて記録する。記録は分単位とし、端数すなわち秒は**切り上げる**。全体の再生時間が表示されていなくても、各内容の時間が表示されていれば、その合計を算出して記録する。ただし、資料に表示がないときや、完全でないときは記録しない。

　　例）録音ディスク2枚␣（96分）

　　　　録音カセット1巻␣（62分）

83

第Ⅰ部　記述目録編

(2)その他の形態的細目【6.5.2】(＝音の記録方式、録音チャンネル数など)

「␣:␣」に続けて、再生の際に必要な細目を「,␣」で区切って記録する。主なものは、「音の記録方式」と「録音チャンネル数」である。

・音の記録方式：「**アナログ**」または「**ディジタル**」と記録する。

・録音チャンネル数：録音チャンネル数が１つ（マイク１本で録音したもの）の場合は「**モノラル**」、複数の場合は「**ステレオ**」と記録する。

　　例）␣:␣ディジタル,␣ステレオ

　　　　␣:␣アナログ,␣モノラル

(3)大きさ【6.5.3】

録音資料は再生装置を用いるため、容器の外形寸法ではなく、資料そのものの寸法を記録する。単位はセンチメートルとし、小数点は１桁までとする。

録音ディスクは直径を記録する。一般的な **CD** の**直径は12cm** である。録音カセットは縦と横の長さを記録するが、**標準規格の録音カセットは記録しない。**

「記録してみよう」

以上の説明をもとに、Ｈの「形態に関する事項」と「シリーズに関する事項」を記録してみよう。再生時間の秒は切り上げる。再生時間の後にその他の形態的細目と大きさを記録する。付属資料として解説書があるので、大きさの後に「␣+␣」を付して記録する。シリーズ情報はその後に記録する。

Symphony No.␣6␣[録音資料]␣/␣Tchaikovsky␣;␣
Boston Symphony Orchestra␣;␣Seiji Ozawa
「東京」␣:␣Warner Music Japan,␣2000
録音ディスク1枚␣(46分)␣:␣ディジタル,␣ステレオ␣;␣12cm␣+␣解説書1冊.␣―␣(Warner classics best 100)

第5章　録音資料の記述

2.6　注記に関する事項【6.7】

　本タイトルが外国語のときは、他に日本語タイトルがあれば注記する。責任表示も異なる形があれば注記する。録音年などは版や来歴に関する注記として、「限定盤」などの情報は発行・頒布等に関する注記として記録する。注記は1つずつ改行する。記録の順序は各書誌的事項の記述と同じ順序とする。

　　　例）日本語タイトル:␣魔笛␣:␣全曲

　　　　　NHK交響楽団␣;␣尾高忠明,␣指揮

　　　　　録音:␣1983年11月

　　　　　限定盤

　収録作品の一覧は、内容に関する注記として、注記の最後に記録する。一覧が複数の言語で表示されているときは、本タイトルと同じ言語で記録する。各作品の再生時間はタイトルに続けて「␣（　）」に入れ、責任表示がある場合は「␣/␣」で区切って記録する。

　　　例）内容:␣チャールダーシュ侯爵夫人・メドレー␣(14:17)␣/␣カールマン.␣海のそよ風␣(3:33)␣/␣レオンカヴァルロ.␣愛の喜び【後略】

2.7　標準番号（代替番号）に関する事項【6.8】

　発売会社による発売番号等の代替番号がある場合は、これを記録する。標準番号と発売番号が両方あるときは、両方記録する。

 記録してみよう

　以上の説明をもとにHの注記を記録してみよう。ケース裏に、日本語タイトルと日本語の責任表示がある。音楽録音資料では、録音年が重要な識別要素となることがあるので、これも注記する。最後に、ISBNの代わりに発売番号を記録し、録音資料の書誌記述が完成する。

> Symphony No.␣6␣[録音資料]␣/␣Tchaikovsky␣;␣
> Boston Symphony Orchestra␣;␣Seiji Ozawa
> [東京]␣:␣Warner Music Japan,␣2000

第Ⅰ部　記述目録編

録音ディスク1枚⎵(46分)⎵:⎵ディジタル,⎵ステレオ⎵;⎵12cm⎵+⎵解説書1冊.⎵—⎵(Warner classics best 100)
日本語タイトル:⎵交響曲第6番ロ短調作品74⎵:⎵《悲愴》
ボストン交響楽団⎵;⎵小澤征爾,⎵指揮
録音:⎵1986年4月
WPCS-21018

○

◆演習問題5　以下の情報源から、書誌記述を作成しなさい。

録音ディスク2枚　112分　ステレオ　12cm
発行者：King Record Co. Ltd　　1-2-3　Otowa Bunky-ku　Tokyo 112-0013　Japan
発行年月日：2010年5月12日
解説書　(11ページ　12cm)

第**6**章 ┃ 映像資料の記述

1 映像資料の定義

　映像資料とは、光学投影機器とスクリーン、またはビデオ・デッキとビデオ・モニターなどの**再生装置**を通して、動態あるいは静態の**映像を表出**する資料をいう。図書館で扱う代表的な映像資料は、DVD、Blu-ray やビデオテープである。

　映像資料は図書館利用者から収集・提供の希望が高い資料群である。なお、コンピュータとソフトウェアにより表出される資料は「電子資料」として、また、再生装置を必要としない画像資料は「静止画資料」として、別に取り扱う。

2 記述の方法

2.1　記述すべき書誌的事項と記述の情報源【7.0.3, 7.0.4】

　映像資料の記述に際しては、情報源として以下を参照する。

　ア）**タイトルフレーム**（タイトル、スタッフ、出演者等が表示されている映像画面）

　イ）**ラベル**（カセット、カートリッジなどに直接表示されている情報を含む）

　ウ）**付属資料**（台本、撮影場面一覧表、解説書など）

　エ）**容器**（箱、缶等）

　オ）その資料以外の情報源

　映像資料において記述すべき書誌的事項とその記録順序、および参照する情報源とその優先順位は、次のとおりである（*は改行箇所）。

第Ⅰ部　記述目録編

記述すべき書誌的事項とその記録順序	参照する情報源とその優先順位
1）タイトルと責任表示（資料種別を含む）	①タイトルフレーム、②ラベル、③付属資料、④容器
2）版	1）と同じ
3）資料の特性	（使用しない）
＊4）発行・頒布等	1）と同じ
＊5）形態	その資料のどこからでもよい
6）シリーズ	1）と同じ
＊7）注記	どこからでもよい
＊8）標準番号、入手条件	どこからでもよい

　図6.1は、ある映像資料Ⅰのタイトルフレームとラベル、および容器を示したものである。以下では上記の書誌的事項の順に、映像資料の記述の方法を解説する。

Ⅰ
タイトルフレーム

ラベル

ケース

ビデオディスク1枚　12cm

ケース裏に表示されている情報

本編55分　DVD　カラーステレオ
制作：ドイツ・鉄道ビデオ専門RIOGRANDE-Video
販売元：ビコム株式会社
　　　〒830-0048　久留米市梅満町 15-8
特典映像：懐かしのトラック・スター（8分）
日本語ナレーション入、現地音のみ
ISBN 978-4-89482-889-6

図6.1　映像資料の例

第6章　映像資料の記述

2.2　タイトルと責任表示に関する事項【7.1】

> **本タイトル␣[映像資料]␣:␣タイトル関連情報␣/␣責任表示**

　資料種別の記録は任意事項であるが、映像資料以外に複数の資料種別を持つ図書館では、特に映像資料であることを示すため、本タイトルの直後に、資料種別として「␣[映像資料]」と記録する。サブタイトルなどのタイトル関連情報がある場合は、その後に「␣:␣」で区切って記録する。

　映像資料の場合、責任表示は、直接的な著作者（制作者、監督、演出者、作画者など）と、間接的な著作者（原作者、原案者など）の両方を含む。人名や団体名には、その著作への関与の仕方、役割を示す語句（制作、監督、演出など）を付ける。

2.3　発行・頒布等に関する事項【7.4,1.4】

　映像資料では情報源に発行地と発行年の表示のないものが多い。調査の結果発行地が明らかになった場合は「␣[　]」に入れて補記する。発行年ではなく著作権表示年が表示されている場合は、「c2015」のように「c」を付す（「c」はcopyright＝著作権を意味する）。

記録してみよう

　ここまでの説明をもとに、発行年までを記録してみよう。資料種別の「[映像資料]」の前には「␣」（スペース）を置く。責任表示には役割を示す語（制作）を記録する。「RIOGRANDE」は語頭の「R」のみ大文字とし、他は小文字とする。発行者の表示がないが、販売元（＝頒布者）の表示があるので、販売者に「␣(販売)」と付記する。発行年は情報源に表示はないが、調査の結果2015年であることが判明したため、「[　]」（角がっこ）に入れて補記する。

> 夢のクラシックカー␣[映像資料]␣:␣歴史を飾った
> 世界の名車たち␣/␣Riogrande-Video 制作

第Ⅰ部　記述目録編

久留米␣:␣ビコム␣(販売),␣[2015]

2.4　形態に関する事項【7.5】

特定資料種別と数量␣(再生時間)␣:␣その他の形態的細目␣;␣大きさ

(1)特定資料種別と数量、再生時間【7.5.1】

　どのような映像資料か特定資料種別を示す語と、その数量を記録する。NCRでは「ビデオディスク〇枚」「ビデオカセット〇巻」という表現をよく用いる。数量はアラビア数字で記録し、「巻」または「枚」を付ける。

　その後に再生時間を分単位（端数切り上げ）で、「␣（　）」に入れて記録する。本編と特典映像の時間が別々に表示されている場合は、合計する場合もあるが、「本編〇分」として特典映像は注記に回す方が、利用者に正確な情報が伝えられ好ましい。

　　例）ビデオディスク1枚␣(本編87分)

　　　　ビデオカセット1巻␣(137分)

(2)その他の形態的細目【7.5.2】（＝録画特性、録音特性、色彩など）

　その他の形態的細目として、再生に関わる要件を、「␣:␣」に続けて記録する。具体的には、「映写特性」「録画特性」「録音特性」「色彩」「映写速度」「再生速度」がこれに当たり、これらの細目をこの順序で、「,␣」で区切りながら記録する。該当する細目がない場合は、その項目を飛ばす。ここでは「録画特性」「録音特性」「色彩」のみを取り上げる。

　・録画特性：記録・再生方式として、「DVD」「VHS」「Blu-ray Disc」などを記録する。

　・録音特性：録音チャンネル数が「モノラル」（マイク1本で録音したもの）以外の場合は、「ステレオ」と記録する。

　・色彩：映像に色彩があるときは「カラー」、ないときは「白黒」と記録する。

第 6 章　映像資料の記述

例）␣:␣DVD,␣ステレオ,␣カラー

⑶大きさ【7.5.3】

　ディスクの場合は、直径の寸法をセンチメートルの単位で端数を切り上げて記録する。一般的な DVD の直径は12cm である。VHS カセットは、大きさが工業規格で定められていて明らかなため記録は省略する。

記録してみよう

　以上の説明をもとに I の「形態に関する事項」を記録してみよう。特定資料種別と数量を記録した後に、その他の形態的細目を順に記録する。

> 夢のクラシックカー␣[映像資料]␣:␣歴史を飾った世界の名車たち␣/␣Riogrande-Video 制作
> 久留米␣:␣ビコム␣(販売),␣[2015]
> **ビデオディスク 1 枚␣(本編55分)␣:␣DVD,␣ステレオ,␣カラー␣;␣12cm**

2.5　注記に関する事項【7.7】

　資料の様式、使われている言語、並列タイトル（＝別言語のタイトル）、その資料の版や来歴、内容について説明する必要のあるときは注記する。注記一つごとに改行する。

　　例）テレビドラマ　　　児童劇　　　英語版　　　日本語吹替版
　　　　2009年 9 月 6 日 NHK 放映番組のビデオ録画

記録してみよう

　以上の説明をもとに I の「シリーズに関する事項」と「注記に関する事項」を記録してみよう。I は、ケースによれば、「VICOM THE BEST SELECTION」というシリーズものの一つである。形態に関する事項の後に、この本シリーズ名を記録する。記録は大文字使用法により、初頭語の最初の文字「V」のみ大

第Ⅰ部　記述目録編

文字とする。

　次いで注記に関する事項を順に記録する。ケース裏には、特典映像について
の情報と、「日本語ナレーション入，現地音のみ」という音声に関する表示が
ある。特典映像と音声は、タイトル、責任表示などの特定の書誌的事項には属
さないため、資料全体に関する注記として最初に記録する。また、ケース裏に、
RIOGRANDE-Video はドイツの鉄道ビデオ専門会社であるという説明がある
が、ラベルにドイツ語による原タイトルの表示はなく、英語のタイトル（＝並
列タイトル）があるのみである。そこで、ここでは英語のタイトルを注記する。
最後に ISBN を記録し、映像資料の書誌記述が完成する。

夢のクラシックカー␣[映像資料]␣:␣歴史を飾った
世界の名車たち␣/␣Riogrande-Video 制作
久留米␣:␣ビコム␣（販売),␣[2015]
ビデオディスク1枚␣（本編55分)␣:␣DVD.␣ステレ
オ,␣カラー␣;␣12cm.␣—␣(Vicom the best
selection)
特典映像:␣懐かしのトラック・スター␣（8分)
日本語ナレーション入,現地音のみ
英語のタイトル:␣The dream classic cars
ISBN␣978-4-89482-889-6

○

第6章　映像資料の記述

◆演習問題6　以下の情報源から、書誌記述を作成しなさい。

タイトルフレーム

ラベル

ケース裏

| 価格3,500円(税別) | 45min | 片面・一層 | COLOR | MPEG-2 | YD1-46 | 07・08・10 |

●製作・著作＝ 山と溪谷社 http://www.yamakei.co.jp/
〒107-8410 東京都港区赤坂1-9-13三会堂ビル1階　電話03-6234-1602(営業部)
●制作＝ハチプロダクション　●写真＝渡辺幸雄、内田 修　●Design＝FIS-DESIGN.CO
ⓒ2007 YAMA-KEI Publishers Co., Ltd.　MADE IN JAPAN

DOLBY DIGITAL　2 NTSC　16:9　DVD VIDEO　無許諾レンタル禁止　複製不能

■ このディスクを著作権者に無断で、複製、改変、放送(無線・有線)、インターネット等による公衆送信、公開上映、レンタル(有償・無償を問わず)中古品の売買等の行為を行なうことは法律で一切禁止されています。DVDビデオ専用プレーヤーで再生して下さい。

ISBN978-4-635-91246-4　C0875　¥3500E

93

第7章	電子資料の記述

① 電子資料の定義

　電子資料とは、コンピュータ（その周辺装置を含む）によって利用可能となるデータ、プログラム、または両者の組合せをいう。

　電子資料の利用には、「アクセス」という表現が用いられ、これには**ローカルアクセス**と**リモートアクセス**の二つがある。ローカルアクセスとは、データ、画像、プログラムなどが記録された媒体（キャリア）を直接操作して利用する方法で、これらの資料はパッケージ型の電子資料と呼ばれる。一方、リモートアクセスとは、大規模記憶装置やハードディスクに格納されている資料をネットワークを介して利用する方法で、利用者はキャリアに触れることはない。これらの資料はネットワーク型の電子資料と呼ばれる。本章ではローカルアクセスによる電子資料に限定して解説する。

　なお、電子資料としての継続資料（電子ジャーナル）を記述するときには、本書第8章（NCRの第13章の規定）を合わせて参照してほしい。

② 記述の方法

2.1　記述すべき書誌的事項と記述の情報源【9.0.3, 9.0.4】

　電子資料の記述に際しては、情報源として以下を参照する。電子資料であるため、タイトル画面やその他の内部情報源を参照することが図書との違いである。
　ア）内部情報源
　　　(1)**タイトル画面**（ページソース等のメタデータを含む）

第 7 章　電子資料の記述

　　(2)その他の内部情報源（メニュー、プログラム記述、ヘッダーなど）

イ）外部情報源

　　(1)ラベル

　　(2)付属資料（解説書、ガイドブックなど）

　　(3)容器

ウ）その資料以外の情報源

　電子資料において記述すべき書誌的事項とその記録順序、および参照する情報源とその優先順位は、次のとおりである（*は改行箇所）。

記述すべき書誌的事項とその順序	参照する情報源とその優先順位
1）タイトルと責任表示（資料種別を含む）	①タイトル画面、②その他の内部情報源、③ラベル、④付属資料、⑤容器
2）版	1）と同じ
＊3）資料の特性	どこからでもよい
＊4）出版・頒布等	1）と同じ
＊5）形態	どこからでもよい
6）シリーズ	1）と同じ
＊7）注記	どこからでもよい
＊8）標準番号、入手条件	どこからでもよい

　図7.1は、ある電子資料 J のタイトル画面と、DVD に貼りつけられたラベルを示したものである。以下では、上記の書誌的事項の順に、電子資料の記述の方法を解説する。ただし、図書の書誌的記述の方法と同様である場合は、解説を省略する。

2.2　タイトルと責任表示に関する事項【9.1】

> 本タイトル␣[電子資料]␣:␣タイトル関連情報␣/␣責任表示

　他の資料種との区別を表すため、任意規定ではあるが本タイトルの直後に資料種別の「␣[電子資料]」を記録する。タイトル関連情報がある場合は、「␣[電子資料]」の後に記録する。

95

第Ⅰ部　記述目録編

J

タイトル画面

ラベル

DVD 1 枚　12cm　　説明書（22p，26cm）
ケース裏に表示されている情報
発行元：〒113-0033　東京都文京区本郷5-24-5　株式会社角川学芸出版
発行日：2007年11月30日
CPU Pentium 3 以上のプロセッサ
OS Windows 2000/XP/Vista（日本語版）
メモリ Windows 2000は128MB以上，XPは256MB以上，Vistaは512MB以上
ハードディスク 300MB以上の空き容量
ディスプレイ 解像度1024×768以上，表示色16ビット以上
ISBN 978-4-04-621992-3

図7.1　電子資料の例

　責任表示は、直接的な著作者（製作者、プログラム設計者、プログラマなど）と、間接的な著作者（原作者、原画作成者など）の両方を含む。責任表示の人名や団体名には、その著作への関与の仕方、役割を示す語句を付ける。

記録してみよう

　ここまでの説明をもとに、Jのタイトルと責任表示を記録してみよう。「［電子資料］」の前には「␣」（スペース）を置く。「DVD-ROM 版」は、キャリアの種別を示す語である。後述する版表示ではないため、タイトル関連情報として記録する。
　責任表示については、まず「源氏物語」の作者である紫式部を記録する。情報源に表示はないため、「紫式部著」全体を［　］に入れて記録し、次いで監

第7章　電子資料の記述

修者と編集者を記録する。

> 大島本源氏物語␣␣[電子資料]␣:␣DVD-ROM 版␣/␣
> [紫式部著]␣;␣角田文衞,␣室伏信助監修␣;␣古
> 代學協會・古代學研究所編集

2.3　版に関する事項【9.2】

　通常、序数や他の版との差を示す語（「改訂」や「新」）と、「版」「バージョン」「リリース」などの用語が結びついた形を記録する。外装、キャリア、および印刷やシステムのフォーマット等の違いは、版表示として扱わない。

2.4　電子資料の特性に関する事項【9.3】

　電子資料の特性として、電子的内容を記録する。電子的内容は、一まとまりのデータや一つの特定の名称で識別されるプログラムを一単位として記録する。記録には、図書館の規模や方針に応じて、次の３つのレベルのうちのいずれかの用語を選択する（詳しくは【9.3.1.2】参照）。
・第１レベル：データ、プログラム、データおよびプログラム
・第２レベル：（第１レベルがデータの場合）画像データ、数値データ、地図データ、テキスト・データ、フォント・データ、録音データ
・第３レベル：（第２レベルが数値データの場合）調査データ、統計データ

2.5　形態に関する事項【9.5】

> 特定資料種別と数量␣:␣その他の形態的細目␣;␣大きさ

⑴特定資料種別と資料の数量【9.5.1】

　特定資料種別の記録には、図書館の規模や方針に応じて、次の２つのレベルのうちのいずれかの用語を選択する（詳しくは【9.5.1.1A】参照）。語のあとに、アラビア数字で数量を記録し、（　）内の語を付ける。

第Ⅰ部　記述目録編

・第1レベル：磁気ディスク（個）、磁気テープ（巻）、光ディスク（枚）、IC
　　　　　　カード（枚）など
・第2レベル：（第1レベルが光ディスクの場合）CD-R（枚）、CD-ROM（枚）、
　　　　　　DVD（枚）、MO（枚）など
　　例）磁気ディスク1個　　　　　　磁気テープ4巻　　　　　　DVD2枚

(2)その他の形態的細目【9.5.2】
　電子資料を再生する際に必要な、キャリアの仕様を記録する。項目と単位に
は次のようなものがある。
・総記憶容量：バイト、キロバイト（KB）、メガバイト（MB）、テラバイト（TB）
・記録密度：ビット／インチ、バイト／セクタ
・ディスク面数：面
・トラック数：トラック
・セクタ数：セクタ
　　例）光ディスク1枚␣:␣2048バイト／セクタ

(3)大きさ【9.5.3】
　容器ではなく、キャリアそのものの寸法を、センチメートルの単位で端数を
切り上げて記録する。ただし、単位としてインチの方が慣用されている場合は
それを使用する。
　　例）CD-ROM1枚␣;␣12cm　　　　　　MO1枚␣;␣3.5インチ

┌──────────────┐
│ 記録してみよう │
└──────────────┘
　以上の説明をもとに、Jの形態に関する事項までを記録してみよう。版に関
して記録する内容はない。電子資料の特性に関する事項（電子的内容）は、改
行して記録する。電子的内容の記録と、形態に関する事項のうちの特定資料種
別の記録では、それぞれ第2レベルを選択した。大きさに続けて、付属資料の
説明書（22p、26cm）を記録する。

第 7 章 電子資料の記述

> 大島本源氏物語␣[電子資料]␣:␣DVD-ROM 版␣/␣
> [紫式部著]␣;␣角田文衞␣室伏信助監修␣;␣古
> 代學協會・古代學研究所編集
> **テキスト・データ**
> **東京␣:␣角川学芸出版,␣2007**
> **DVD 1 枚␣;␣12cm␣+␣説明書␣(22p␣;␣26cm)**

2.6 注記に関する事項【9.7】

　特定の書誌的事項に属さない注記として、電子資料の再生に必要な**システム要件**を必ず記録する。2 以上の項目を記録するときには、ハードウェア、オペレーティング・システム、ソフトウェア、周辺装置の種類と特徴の順序でそれぞれ改行して記録する。各項目内に 2 以上の要素がある場合は「+」でつなぐ。「+」の前後に「␣」は置かない。

　　例）システム要件:␣ハードディスク空き容量800MB 以上

　　　　システム要件:␣Windows7+メモリ 2 GB 以上

　　　　システム要件:␣モニター画面640×480以上

（記録してみよう）

　以上の説明をもとに、J の注記に関する事項を記録してみよう。ここでは、システム要件に関する注記がある。注記のあとに ISBN を記録し、電子資料の書誌記述が完成する。

> 大島本源氏物語␣[電子資料]␣:␣DVD-ROM 版␣/␣
> [紫式部著]␣;␣角田文衞␣室伏信助監修␣;␣古
> 代學協會・古代學研究所編集
> テキスト・データ
> 東京␣:␣角川学芸出版,␣2007
> DVD 1 枚␣;␣12cm␣+␣説明書␣(22p␣;␣26cm)
> **システム要件:␣CPU Pentium 3 以上のプロセッサ +**
> **ハードディスク 300MB 以上の空き容量**
> **システム要件:␣OS Windows 2000/XP/Vista␣(日本語**
> **版)+メモリ Windows 2000は128MB 以上，XP は256MB**
> **以上，Vista は512MB 以上**

第Ⅰ部　記述目録編

```
システム要件:␣ディスプレイ　解像度1024×768以
上+表示色16ビット以上
ISBN␣978-4-04-621992-3
                          ○
```

◆演習問題7　以下の情報源から、書誌記述を作成しなさい。

「操作の手引」奥付　　　　　DVD 1 枚　12cm

新版 角川日本地名大辞典 DVD-ROM
2011年10月25日　発行
編集　『角川日本地名大辞典』編纂委員会
発行人　山下直久
発行所　株式会社角川学芸出版
　　　　〒102-0071 東京都千代田区富士見2-13-3
　　　　電話 03-5215-7825(編集)
発売元　株式会社角川グループパブリッシング
　　　　〒102-8177 東京都千代田区富士見2-13-3
　　　　電話 03-3238-8521(営業)
製作協力　旭印刷株式会社
　　　　　株式会社ケイ・ジェイ・システムズ
装丁　鈴木 勉(ベルズ)

©『角川日本地名大辞典』編纂委員会 2011 Japan

「操作の手引」（23ページ、23cm）の表紙タイトル：新版　角川日本地名大辞典 DVD-ROM for Windows

OS：Windows XP（Service Pack 3）/Vista/7
日本語版（32ビット・64ビット両環境に対応）
CPU/メモリ：上記OSが推奨する環境以上
ディスプレイ：800×600以上
ハードディスク：最低11MB以上の空き容量
　（データインストール時は2.5GB以上）
外箱入り
ISBN 978-4-04-621993-0

第8章	継続資料の記述

① 継続資料の定義

　継続資料とは、**完結を予定せずに継続して刊行される資料**のことで、**逐次刊行物**と**更新資料**がある。逐次刊行物は、同一のタイトルのもとに、一般に巻次、年月次を追って、個々の部分（巻号）が継続して刊行される資料である。これには雑誌、新聞、年報、年鑑、会報、紀要などがある。更新資料は、更新により内容に追加、変更はあっても、一つの刊行物としてのまとまりが維持されている資料である。これには加除式資料、更新されるウェブサイトなどがある。

　以下では、継続資料のうちでも、多くの公共図書館で所蔵し、利用も多い逐次刊行物について、中でも日本語による逐次刊行物について、記述の方法を解説する。更新資料に関しては、NCR の第13章の規定を参照してほしい。

② 記述の方法

2.1　記述すべき書誌的事項と記述の情報源【13.0.3, 13.0.4, 13.1.1.1D】

　記述は原則として、**逐次刊行物の全体**を対象とし、継続刊行レベルの書誌的記録、つまり、逐次刊行物の固有のタイトルから始まる一連の書誌的事項を記述する。一号一号を記述の対象とはしない。また、原則としてシリーズ名から始まる集合レベルの記録は作成しない。

　逐次刊行物の**記述の基盤**は初号とする。本タイトルや責任表示の変化などによって、新しい書誌的記録を作成した場合は、変化後の最初の号を記述の基盤とする。初号の情報が不明のときは、入手できた最初の号を記述の基盤とし、

第Ⅰ部　記述目録編

その号の巻次を注記する。

　表紙または標題紙のある逐次刊行物の記述に際しては、情報源として以下を参照する。

　　ア）表紙、標題紙、背、奥付

　　イ）その資料の他の部分

　　ウ）その資料以外の情報源

　表紙または標題紙のある逐次刊行物において、記述すべき書誌的事項とその記録順序、および参照する情報源は、次のとおりである（*は改行箇所）。

記述すべき書誌的事項とその記録順序	参照する情報源
1）タイトルと責任表示	①表紙、②標題紙、③背、④奥付
2）版	1）と同じ
3）順序表示（資料の特性）	その逐次刊行物から
*4）出版・頒布等	1）と同じ
*5）形態	その逐次刊行物から
6）シリーズ	1）と同じ
*7）注記	どこからでもよい
*8）標準番号、入手条件	どこからでもよい

　このうちNCRでは①〜④の優先順位を特に定めていない。しかし、①〜④に表示されている各タイトルが異なる時は、①、②、③、④の順に選定することが定められていることからすると、①の優先順位は高いと判断できる。図書と異なり、①表紙の方が②標題紙より優先順位が高いのは、逐次刊行物では標題紙のないものがあるためと考えられる。また、記述すべき書誌的事項として図書と異なるのは、3）順序表示である。

　図8.1は、ある逐次刊行物Kの表紙の一部と奥付を示したものである。以下では上記の書誌的事項の順に、逐次刊行物の記述の方法を解説する。ただし、図書の書誌的記述の方法と同様である場合は、解説を省略する。

第 8 章　継続資料の記述

K

表紙

明日の世界をつくる
子どもたちの発達と人間自身の…
Hattatsu / 1980
Vol.1, No.1

winter
1

■発　行＝昭和55年1月25日(年4回発行)
■監　修＝岡本 夏木/村井 潤一
■発行人＝秋田 興夫
■発行所＝ミネルヴァ書房

第 1 巻第 1 号は
通巻第 1 号

25.8×17.8cm

年 4 回発行

現在刊行中

奥付

ISSN 0388-3787

発達第 1 巻第 1 号　1980年1月25日　発行
1011—97701—8028

落丁・乱丁本はおとりかえいたします。

発行者＝杉 田 信 夫　　発行所＝株式会社 ミネルヴァ書房
京都市山科区日ノ岡堤谷町 1　〒 607　電話 075—581—5191・振替京都8076
印刷所＝中村印刷株式会社　製本所＝酒本製本所

定価 890 円

図8.1　逐次刊行物の例

2.2　タイトルと責任表示に関する事項【13.1】

⑴本タイトル【13.1.1】

　本タイトルとは、記述対象とする逐次刊行物全体を通じて共通する固有の名称をいう。本タイトルとするものの中には、総称的な語のみのもの、数字や略語のみのもの、団体名・個人名のみのもの、刊行頻度を含むものもある。

　　例）研究報告　　　　AARR　　　　碌山美術館　　　　週刊ダイヤモンド
　本タイトルに重要な変化が生じた場合は、別の新しい書誌的記録を作成する。その場合は、変化前後の記録の双方に本タイトルの変化を注記する。注記については2.5で解説する。重要な変化とは、主として次の場合をいう。

・主要な語の変化、追加または削除、あるいは語順の変化
　　例）音楽文化　⇒　音楽芸術
・本タイトルに含まれる団体名の変化
　これに対して、軽微な変化とは、主として次の場合をいう。判断に迷う場合は、軽微な変化とする。軽微な変化の場合は、新たな書誌的記録は作成せず、変化後のタイトルを注記する。

・助詞、接続詞、接尾語の変化、追加または削除
・逐次刊行物の種別を示す語の類似語への変化、あるいは追加または削除
　　例）日本近代文学館ニュース　⇒　日本近代文学館

第 I 部　記述目録編

・文字種のみの変化

　　例）母のくに　⇒　ははのくに

⑵責任表示【13.1.5】

　責任表示とするものの範囲は、編者を始めとして、翻訳者、原編者、編さん者などを含む。個人編者は原則として記録せず、注記する。責任表示における人名や団体名には、著作への関与のしかた、役割などを示す語句を付す。団体の名称が、内部組織を含めて表示されているときは、内部組織名を省略せず、そのまま記録する。

　責任表示に重要な変化が生じた場合は、別の新しい書誌的記録を作成し、変化前後の書誌的記録の双方に、責任表示の変化を注記する。**重要な変化とみなすのは、本タイトルが総称的な語である場合**に、責任表示が変化したときである。

　　例）研究紀要␣/␣東京教育大学附属坂戸高校研究部␣［編］

　　　　⇒　研究紀要␣/␣筑波大学附属坂戸高等学校研究部␣［編］

　これに対して、軽微な変化の場合は、新たな書誌的記録は作成しない。判断に迷う場合は、軽微な変化とし、変化後の責任表示を注記することができる。軽微な変化とみなすのは、次の2つの場合である。

　・責任表示の表記の微細な変化、追加または削除

　　　例）研究紀要␣/␣新宿区立新宿歴史博物館編

　　　　　⇒　研究紀要␣/␣新宿歴史博物館編

　・本タイトルが総称的な語でない場合の責任表示の変化

2.3　版に関する事項【13.2】

　版表示とするものの範囲には、地方版、特定対象向けの版、本文の言語を表す版、複製を示す版などがある。初版の表示は記録しない。

　　例）日本経済新聞.␣—␣米州版

　　　　米国経済統計.␣—␣英語版

第8章　継続資料の記述

　　キネマ旬報.␣―␣復刻版
　版表示に対象範囲や主題が変わったことを示す変化がある場合は、別の逐次
刊行物とみなして、新しい書誌的記録を作成する。版表示の表現上の変化など
は、新たな書誌的記録は作らず、注記する。

2.4　順序表示に関する事項【13.3】

> 巻次␣(年月次)

⑴記述の意義【13.3.0】
　順序表示は、逐次刊行物の刊行の状態を示すもので、タイトルや責任表示だ
けでなく、この記録によってそれぞれの逐次刊行物が区別されることがある。
記録すべき書誌的事項は、巻次、年月次である。**巻次とは、逐次刊行物の番号
等による順序付けを示すもの**で、「1巻」「1号」「1集」「1輯」「No.1」やこ
れらの組み合わせなどがある。**年月次とは、年月等による順序付けを示すもの**
で、「昭和53年12月」「2009.9」「April 2015」などがある。年月次は、出版年
月日とは異なる。表紙に年月次として「2015.1」と表示してあっても、実際の
出版はその前月（2014年12月）ということも少なくない。
　また、順序表示は、その逐次刊行物の刊行に関する書誌的事項を記録するも
ので、自館の所蔵に関する事項を記録するものではない。所蔵に関する事項は
2.8で解説する。

⑵順序表示とするものの範囲【13.3.1】
　順序表示は、初号（本タイトルや責任表示の変化によって新しい書誌的記録を作成
した場合は、変化後の最初の号）と終号（本タイトルや責任表示の変化によって新しい
書誌的記録を作成した場合は、変化前の最後の号）について記録する。刊行中のも
のは、初号についてのみ記録する。

105

第Ⅰ部　記述目録編

⑶記録の方法【13.3.2, 13.0.4.1】

　巻次、年月次は、**情報源に用いられている表示**のままに記録する。年月次が和歴で表示してあっても、西暦には改めない。巻次の前についている巻次を修飾する語句（「第」）は省略する。

　情報源に巻次、年月次の両方が表示されている場合は、巻次に続けて年月次を「␣（␣）」に入れて記録する。年月次は、「1982」「平成24年」などのように年のみの場合もある。巻次の表示がない場合は年月次のみ記録し、年月次の表示のない場合は出版年、頒布年等を「␣（␣）」に入れて記録する。

　また、巻次、年月次が2言語（文字）以上で表示されている場合は、本タイトルまたは本文の言語と一致するもののみを記録する。

　記録の方法は、刊行の状態によって次の4つがある。

①刊行が完結した場合

　　初号の巻次␣（初号の年月次)-終号の巻次␣（終号の年月次)

　初号の順序表示と終号の順序表示とを「-」（ハイフン）で結んで記録する。「-」の前後にスペースは置かない。

　　例）1巻1号␣（2001年1月)-14巻12号␣（2014年12月)

②現在も刊行中の場合

　　初号の巻次␣（初号の年月次)-

　初号の順序表示のあとに「-」を付して記録する。

　　例）No.1␣（昭和27年4月)-

③2以上の表示方式が使われている場合

　　初号の巻次␣＝␣初号の別方式の巻次␣（初号の年月次)-

第8章　継続資料の記述

表示されている順で記録する。巻号と通号が並存するときは、通号を別方式として記録する。別方式の順序表示の前には「␣=␣」を置く。

　　例）29巻1号␣=␣362号␣（昭和55年1月)–

④順序表示方式に変化があった場合

> 古い表示方式の最初の号の巻次␣（年月次)–古い表示方式の最後の号の巻次␣（年月次)␣;␣新しい表示方式の最初の号の巻次␣（年月次)–

　古い表示方式による最初の号と最後の号を記録し、それに続けて新しい方式の表示を記録する。新しい表示方式の前には「␣;␣」を置く。

　　例）1号␣（昭和40年1月)-60号␣（昭和44年12月)␣;␣6巻1号␣（1970.1)–

2.5　形態に関する事項【13.5】

　資料の数量としては、冊数のみを記録する。刊行中の場合は、数量は空欄として「冊」のみを記録し、刊行完結後に数量を記録する。

┌ 記録してみよう ┐

　以上の説明をもとに、Kの本タイトルから形態に関する事項までを記録してみよう。Kには責任表示は表示されていない。順序表示に関する事項は、版に関する事項に続けて記録する。Kに版表示はないため、ここでは本タイトルに続けて順序表示を記録する。順序表示に関する事項の前には「.␣—␣」を置き、年月次の「（　）」の前には「␣」を置く。Kの巻次は、巻号と通号の2つの表示方式が使われている。巻号としては、表紙には「Vol. 1, No. 1」が、奥付には「第1巻第1号」が表示されているが、本タイトル、本文とも日本語であるため、ここでは「巻号」による表示形式を選択する。出版に関する事項では、Kは現在も刊行中であるため、出版年は初号の出版年に「–」を付して記録する。数量は「冊」のみ記録する。

第 I 部　記述目録編

> 発達.␣―␣1巻1号␣=␣通巻1号␣(1980 Winter)-
> 京都␣:␣ミネルヴァ書房,␣1980-
> 　冊␣;␣26cm

2.6　注記に関する事項【13.7】

(1)特定事項に属さない注記【13.7.3.0】

　逐次刊行物の記述の基盤を初号ではなく、入手できた最初の号とした場合は、基盤とした号の巻次を注記する。

　　例）記述は第3号による

　刊行頻度がタイトルと責任表示に含まれていない場合は、表示されている刊行頻度を注記する。刊行頻度の表示には、「日刊」「隔日刊」「週刊」「旬刊」「半月刊」「月刊」「隔月刊」「季刊」「半年刊」「年刊」「月（年）〇回刊」「〇年刊」「不定期刊」等がある。

　　例）刊行頻度:␣季刊

(2)タイトルに関する注記【13.7.3.1】

　タイトルに関する注記を行う場合、タイトルが総称的な語のときは、必ず責任表示まで記録する。

　日本語と外国語（ローマ字表記の日本語を含む）のタイトルがある場合、日本語のタイトルを本タイトルとするときは、外国語のタイトルを注記する。

　　例）英語のタイトル:␣Pharmaceutical library bulletin

　本タイトルに軽微な変化が生じた場合、説明する必要のあるときは、変化後のタイトルを注記する。

(3)責任表示に関する注記【13.7.3.1A】

　主筆、同人など個人編者が標題紙等に表示されているときは、注記する。

　　例）責任編集:␣〇〇〇〇

　情報源によって責任表示が異なる場合、説明する必要のあるときは、記録し

なかった責任表示とその情報源を注記する。責任表示に軽微な変化が生じた場合、説明する必要のあるときは、変化後の責任表示を注記する。

(4)版および書誌的来歴に関する注記【13.7.3.2B】
　タイトル変遷に関しては、変化前後に対応する書誌的記録の双方に、それぞれ対応する本タイトルと標準番号（ISSN）を次のように注記する。なお、標準番号については2.7で説明する。

①継続の場合１
　本タイトルあるいは責任表示に重大な変化が生じた場合

　　例）⎧Aの記録に　継続後誌:␣タイトル B.␣—␣ISSN␣〇〇〇〇-〇〇〇〇
　　　　⎩Bの記録に　継続前誌:␣タイトル A.␣—␣ISSN␣〇〇〇〇-〇〇〇〇

②継続の場合２
　２以上の逐次刊行物が一つの逐次刊行物に変化し、もとのタイトルを保持していない場合

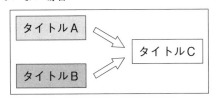

　　例）⎧Aの記録に　継続後誌:␣タイトル C.␣—␣ISSN␣〇〇〇〇-〇〇〇〇
　　　　⎪Bの記録に　継続後誌:␣タイトル C.␣—␣ISSN␣〇〇〇〇-〇〇〇〇
　　　　⎩Cの記録に　継続前誌:␣タイトル A.␣—␣ISSN␣〇〇〇〇-〇〇〇〇
　　　　　　　　　　継続前誌:␣タイトル B.␣—␣ISSN␣〇〇〇〇-〇〇〇〇

第Ⅰ部　記述目録編

③ 吸収の場合

一つの逐次刊行物が、他の一つ以上の逐次刊行物を併合し、もとのタイトルを保持している場合

例）┌Aの記録に　吸収後誌:␣タイトルB.␣—␣ISSN␣〇〇〇〇-〇〇〇〇
　　└Bの記録に　吸収前誌:␣タイトルA.␣—␣ISSN␣〇〇〇〇-〇〇〇〇

④分離の場合

一つの逐次刊行物から、一つ以上の新タイトルを持つ逐次刊行物が分離した場合

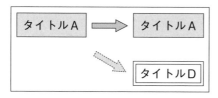

例）┌Aの記録に　派生後誌:␣タイトルD.␣—␣ISSN␣〇〇〇〇-〇〇〇〇
　　└Dの記録に　派生前誌:␣タイトルA.␣—␣ISSN␣〇〇〇〇-〇〇〇〇

(5)出版・頒布等に関する注記【13.7.3.4】

出版地（頒布地）、出版者（頒布者）等に変化が生じた場合、説明する必要があるときは、変化後の出版地（頒布地）、出版者（頒布者）を注記する。

(6)内容に関する注記【13.7.3.7】

目次あるいは索引が、その逐次刊行物に掲載されている場合は注記する。

例）総目次:␣21巻3号,␣34巻3号に収載
　　　10巻1号から29巻4号までの総索引:␣34巻3号に収載

第8章　継続資料の記述

2.7　標準番号に関する事項【13.8】

　記述対象を特定するために、ISSN（International Standard Serial Number）や
ISBN を記録する。ISSN とは国際標準逐次刊行物番号のことで、逐次刊行物
を個別化するために ISSN ネットワークが付与したものである。8桁の番号で、
7桁の数字と1桁のチェックデジットからなる。ISBN のように、それぞれの
数字に意味はない。記録は4桁目と5桁目の数字の間に「-」を入れる。

記録してみよう

　以上の説明をもとに、Kの注記に関する事項と標準番号を記録してみよう。
それぞれ改行して記録する。注記は、特定事項に属さない注記として刊行頻度
がある。タイトルに関する注記としてローマ字表記の「Hattatsu」がある。こ
のような場合は、最初に「別のタイトル:␣」と記録し、続けてローマ字表記
を記録する。最後に標準番号の ISSN を記録して、逐次刊行物の書誌記述が完
成する。

発達.␣―␣1巻1号␣=␣通巻1号␣(1980 Winter)-
京都␣:␣ミネルヴァ書房,␣1980-
　冊␣;␣26cm
刊行頻度:␣年4回刊
別のタイトル:␣Hattatsu
ISSN␣0388-3787

2.8　所蔵事項【13.10】

　これまで解説してきたことに加え、各図書館では自館の所蔵に関する事項を
所蔵順序表示として記録する。所蔵順序表示は、順序表示に関する事項と同じ
方法で記録する。
　所蔵に関する記録は、書誌記述と同一カード上に記録する方法と、所蔵事項
のみを別のカードに記録する方法がある。前者では標準番号の次に改行して記
録する。後者では、本タイトルと責任表示をカードの最上段に記録しておく。

第Ⅰ部　記述目録編

記録してみよう

以上の説明をもとに、Kの所蔵事項を記録してみよう。ここでは初号以降を所蔵していると仮定し、同一カード上に記録する方法をとる。

```
発達.␣—␣1巻1号␣=␣通巻1号␣(1980 Winter)-
京都␣:␣ミネルヴァ書房,␣1980-
　　冊␣;␣26cm
刊行頻度:␣年4回刊
別のタイトル:␣Hattatsu
ISSN␣0388-3787
所蔵:␣1巻1号␣=␣通巻1号␣(1980 Winter)-
　　　　　　　○
```

◆演習問題8　以下の情報源から、書誌記述を作成しなさい。

初号の表紙

年刊
現在刊行中
出版者の変遷　アート・ドキュメンテーション研究会（1号-12号）→アート・ドキュメンテーション学会（13号-）
25.8×17.8cm
ISSN 0917-9739

初号の奥付

```
アート・ドキュメンテーション研究　第1号　1992年3月31日発行
編集・発行　©アート・ドキュメンテーション研究会
　　　　　　〒101　東京都千代田区神田淡路町2-23-2
　　　　　　ルミエールお茶の水505　MTサービス内
委託販売元　日本図書館協会出版事業部
　　　　　　〒154　東京都世田谷区太子堂1-1-10
　　　　　　Tel. 03-3410-6415　Fax. 03-3421-7588
　　　　　　定価2,500円（本体2,427円）振替東京0-9375
```

第9章	和古書の記述

① 和古書の定義

　和古書とは「古文献」とも称し、江戸時代まで（1868年以前）に日本で印刷・出版、または書写された日本語で書かれた図書を指す。また**漢籍**とは、中国人の編著書で漢文によって書かれ、主として1911年の辛亥革命以前に中国または日本で出版された図書をいう。和古書と漢籍を合わせて「和漢古書」ともいう。本章では紙幅の関係上、印刷・出版された和古書に限定して解説する。

② 記述の方法

2.1　記述すべき書誌的事項と記述の情報源【2.0.3.1C（古），2.0.3.2A（古）】

　和古書の記述に際して情報源は以下のものを参照し、次の優先順位とする。
　ア）記述対象本体
　イ）箱・帙等の容器
　ウ）その記述対象以外の情報源
　記述すべき書誌的事項とその記録順序、参照する情報源は、次のとおりである。情報源の選択にあたっては、時代、ジャンル、あるいは造本等の事情をよく考慮する必要がある（*は改行箇所）。

記述すべき書誌的事項とその記録順序	参照する情報源
1）タイトルと責任表示	①巻頭、題簽、表紙 ②目首、自序、自跋、巻末 ③奥付、見返し、扉、版心、著者・編

第Ⅰ部　記述目録編

	者以外の序跋 ④小口書、識語等
2）版	なし
3）資料の特性	（使用しない）
＊4）出版・頒布等	刊記、奥付、見返し、扉、版心、序、跋、識語等
＊5）形態	その記述対象から
6）シリーズ	その記述対象から
＊7）注記	どこからでもよい
＊8）標準番号（ISBN）	（使用しない）

　ただし1）〜6）について、識語や旧蔵者等が書き入れたもの（「後筆」）を情報源とした場合は、その旨を注記する必要がある。前述したもの以外の情報源を参考にして記録した場合もその旨注記する必要がある。

　また、1）タイトルと責任表示では①〜④の情報源があるが、NCRではその優先順位を特に定めてはいない。しかし、後述するように、タイトルでは巻頭以外を情報源とした場合は、その情報源を注記する旨の規定があるところからすると、タイトルに限り巻頭の優先順位は高いと判断できる。

2.2　文字の転記【2.0.6.3.A（古）】

　和古書には、破損その他の理由で判読できない文字は白四角（□）を用いて該当文字数を並べる。字数も不明のときは、「□・・・□」とする。推定した文字については、「⌐[　]⌐」（角がっこ）に入れて補記する。

　　例）□□源氏物語　　　本朝□・・・□図説　　　　蒙⌐[古]⌐襲来絵詞

2.3　用語の説明

　和古書では記述に際して独特の語を用いる。各語とその意味は表9.1のとおりである。

第9章　和古書の記述

表9.1　和古書の記述で用いる語

用語	意味
巻頭(かんとう)	本文（国文学、書誌学では本文を「ほんもん」と呼ぶ）の最初の部分
題簽(だいせん)	表紙に添付してある書名を書いた長方形の紙葉のこと
目首(もくしゅ)	目録（現代の図書でいう目次）の冒頭に記されたタイトルのこと
自序(じじょ)	著者自身が執筆した序文
自跋(じばつ)	著者自身が書いた跋文（あとがき）
巻末(かんまつ)	本文の最後のこと
見返し	表紙の裏のこと
版心(はんしん)	図書の中央部分の折り目にあたる細長い枠の部分
小口書(こぐちがき)	図書の本文上下の切り口が見える部分（天・地）を「小口」といい、そこにタイトル等を旧蔵者が書きこんだもの。
識語(しきご)	旧蔵者もしくは読者が見返しや巻末等に書きくわえた文章
刊記(かんき)	印刷・出版された図書で、本タイトル、出版年、出版地、出版者等が印刷された部分。現代の図書でいう「奥付」にあたる。

図9.1は、ある和古書Lの表紙を示したものである。和古書では各書誌的事項によって参照する情報源が異なるため、それぞれの箇所で該当する情報源を

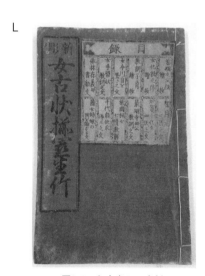

50丁
23.7×14.9cm
半紙本

図9.1　和古書Lの表紙

115

第Ⅰ部　記述目録編

提示する。以下では書誌的事項の順に、和古書の記述の方法を解説する。

2.4　タイトルと責任表示に関する事項

⑴本タイトル【2.1.1.1A（古），2.1.1.2B（古）】

　和古書では、**書誌的巻数は、本タイトルの一部として、本タイトルの後に**「␣」（スペース）に続けてアラビア数字で記録する。欠本の場合は完全に揃った巻数を記録し、続いて現存している記録対象の巻数を「␣（　）」（丸がっこ）に入れ、「存」の字を先頭にして付記する。完全に揃った巻数が不明の場合は、現存巻数のみを「␣（　）」に入れて「存」の字を先頭にして付記する。現存している巻や欠巻の詳細については注記する。

　　例）源氏物語忍草␣5巻

　　　　國史纂論␣5巻␣(存4巻)

　　　　（注記「欠巻:␣巻3」)

　記述対象が1巻または、複数冊にわたっているが特に巻数表示のない場合は、巻数は記録しなくてもよい。

　多巻ものの零本（欠巻が多くて残存部数が少ない本。端本）等の場合は、形態的に独立した特定の部分だけを本タイトルとして採用することができる。例えば「源氏物語」の「桐壷巻」のみを記録する場合は次のようになる。

　　例）源氏物語桐壷巻

　巻次を含めて本タイトルとして記録するときは、巻数をアラビア数字に置き換えることはせずに本タイトルに続けて、情報源に表示されているままに記録する。

　　例）先哲像傳巻之一

　図書の中にどこにもタイトルがなく、目録担当者が決定した簡潔で説明的な本タイトルをつけた場合はその旨を注記する。

　　例）［諸國産物繪圖帳］

　　　　（注記「タイトルは日本博物年表　白井光太郎著　改訂増補版　昭和18による」)

第9章　和古書の記述

⑵責任表示【2.1.5.1C（古），2.1.5.2D（古）】

　責任表示の記録は参照する情報源に従って記録する。責任表示に相当する表示がない場合は、記述対象以外の情報源から得た責任表示を補記し、その情報源を注記することができる。和古書は情報源の表示に役割の種類を示す語句がない場合が多いので、著・編・撰等の適当な語句を「␣[　]␣」に入れて補記する。

記録してみよう

　NCRでは巻頭（かんとう）を重視していると思われるのでそこをみてみるが、図9.2のLの巻頭にはタイトルらしきものはなにも記されていない。次に図9.1の題簽（だいせん）をみるとくずし字で「新彫（しんちょう）女（おんな）古状（こじょう）揃（そろへ）園（その）生（のう）竹（たけ）」と書かれているので、これをタイトルとする。ちなみに「新彫（しんちょう）」は書誌学的にいえば「角書（つのがき）」と呼ばれるもので「書名の上に添えられたもので、冠称（かんしょう）と呼ばれるものの一（ひとつ）」[1]である。冠称も本タイトルのうちに含めて記録する。

　責任表示は巻頭、題簽、表紙のいずれにも書かれていないので、目首（もくしゅ）、自序（じじょ）、自跋（じばつ）、巻末（かんまつ）を見る。Lでは自序に「髙蘭山翁述」とある。「髙蘭山」とは髙井蘭山（らんざん）[2]のことであり、この名は見返しに書かれている。Lは江戸後期の出版であるが、当時知識人は中国風の一文字の姓に憧憬を感じており、自序などにはあえて「髙井」を「髙」のように記す習慣が存在した。NCRでは、責任表示は所定の情報源のうちもっとも適切な表示を選択して記録するとしているため、見返しにある「髙井蘭山」を責任表示とする。役割の種類を示す語は、見返しの「著」を取り、「髙井蘭山著」と記録する。

1）井上宗雄［ほか］編『日本古典籍書誌学辞典』岩波書店，1999，p.400.
2）「国立国会図書館典拠データ検索・提供サービス」（http://id.ndl.go.jp/auth/ndla/）によると、「髙井蘭山」は、他にも「髙井伴寛」「髙井晒我」「髙井思明」など多数の名称を使用していたことがわかる。「伴寛」は蘭山の諱（いみな：本名）、「思明」は字（あざな）、「蘭山」と「晒我」は号（ごう）である。このうち国立国会図書館では「髙井蘭山」を統一標目（複数の名称がある時、そのうちの一つに統一して使用すると決めた名称）としている（第10章参照）。髙井蘭山の著作では、著者標目は統一標目である「髙井蘭山」を選択する。

117

第Ⅰ部　記述目録編

巻頭　　　　　　　　　　　　　自序

見返し

図9.2　和古書Lの巻頭、自序、見返し

新彫女古状揃園生竹＿／＿髙井蘭山著

118

第9章　和古書の記述

2.5　版に関する事項【2.2.1.1D（古）】

　和古書では、その資料に用いられた版木の実際の異同について記録する。ただし、同じ内容の図書であっても他の複数の図書と本文を比べ合わせることにより識別できた場合に限る。和古書は同じ図書であっても、複数の版元から出版されている場合が多く、その際には版木が異なり、細かな相違点が生じることがある。そのことを和古書では「版」と捉えている。資料中の版に関する語句は原則として注記として記録する。Lでは、版木の異同は確認できないので版表示は記録する必要はないと考えられる。

2.6　出版・頒布等に関する事項

(1)出版地【2.4.0.4（古），2.4.1.1D（古），2.4.1.2A（古）】

　出版地・出版者は原則として、記録する出版年に対応するものを記録し、対応しないものは注記する。

　出版地は、所定の情報源に表示されている地名をそのまま記録するが、それが現代の市町村に含まれる場合に識別上必要があるときは、出版時の都市名を「␣[　]」に入れて補記する。また地名の別称が表記されている場合には、当時一般に用いられたものを同様に補記する。出版地が2以上あるときはすべて記録する。ただし、現代の同一の市町村に含まれる2以上の地名は同一出版地として扱い、一つ選択して記録する。なお、下記の「京師」とは都の漢文的表現で、江戸時代では京都を指す。

　　例）江戸

　　　　日本橋␣[江戸]　　（出版時の都市名を補記）

　　　　京師␣[京都]　　　（一般に用いられた都市名を補記）

　　　　大坂␣:␣河内屋喜兵衛␣;␣名古屋␣:␣永楽屋東四郎

(2)出版者【2.4.2.1D（古），2.4.2.2A（古）】

　出版者は出版地ごとに記録する。一つの出版地に2以上の出版者の表示がある場合は、顕著なもの、最後のものの順で代表とする一つを選択して記録し、

第Ⅰ部　記述目録編

他は「␣[ほか]」と補記して省略する。

　　例）京都␣:␣出雲寺文次郎␣[ほか]␣;␣大坂␣:␣河内屋喜兵衛␣[ほか]
　　　　　␣;␣名古屋␣:␣永楽屋東四郎␣;␣江戸␣:␣須原屋茂兵衛␣[ほか]

　出版者は記述対象に表示されている名称をそのまま記録する。個人名のみの場合はそれを記録し、屋号のあるものは屋号に続けて姓名の表示等をそのまま記録する。下記の「皇都（こうと）」も京都を表す漢語的表現である。

　　例）皇都␣[京都]␣:␣伊勢屋額田正三郎
　　　　京都␣:␣勝村治右衛門␣[ほか]

(3)出版年【2.4.3.1C（古），2.4.3.1D（古），2.4.3.2E（古），2.4.3.2F（古）】

　出版年は、刊行された年に「刊」を付して記録する。和古書の場合は、一般の図書と異なり元号を記録し、それに対応する西暦年を「␣[　]」に入れて記録する。刊行年と判明したが、情報源に「刊」の表示がないときは「␣[　]」に入れて記録する。

　　例）文化8␣[1811]␣[刊]

　刊行年とは別に印行年（和古書で、その図書が実際に印刷された年）が判明した場合、「印」という語を付して全体を「␣（　）」に入れて付記する。印行年のみが判明した場合も、「印」という語を付して記録する。情報源に「印」の表示がない場合は「␣[　]」に入れて記録する。刊行年、印行年の判別がつかない場合は年のみを記録する。

　　例）明和6␣[1769]␣[刊]␣（天明5␣[1785]␣[印]）
　　　　慶応3␣[1867]␣[印]
　　　　宝永3␣[1706]

　また干支（えと）で刊行年や印行年が表記されている場合は、可能であれば相当する年に読み替えて記録し、干支による表記は注記することができる。

　　例）天保11␣[1840]
　　　　（注記「刊記には「天保庚子（こうし）」とあり」）

　和古書では出版年および序文、跋文（ばつぶん）等に表示された年がないか、あるいは表

120

第 9 章　和古書の記述

示されている情報が記録するのに適切でない場合は出版年代を推定し、これを「␣[　]」に入れて記録する。干支による表記がある場合は注記する。推定できない場合は、一般の図書とは異なり和古書では「␣[出版年不明]」と記録する。

　例）［元禄頃］
　　　［江戸中期］（注記「甲辰序あり」）

[記録してみよう]

　Lの出版者は、図9.3の刊記には次のように記されている。

日本橋通壱町目（ママ）　　須原屋茂兵衛
通油町　　　　　　　　鶴屋喜左衛門
本石町十軒店　　　　　英　平吉
日本橋通弐丁目　　　　小林新兵衛

図9.3　和古書Lの刊記

　出版地は「日本橋通壱町目」「通油町」「本石町十軒店」「日本橋通弐丁目」と4箇所記載されている。和古書の場合はすべて記録することになっているが、すべて現在の東京都に属する地名であるので、どれか一つを選択して記録する。ここでは「日本橋通壱町目」を選択し、「日本橋通壱町目␣[江戸]」と記録する。
　出版者は、出版地に対応する出版者である「須原屋茂兵衛」を記録する。他の出版者は「␣[ほか]」とする。他の出版者は注記することもできる。
　出版年は刊記に文政壬午とあり、これは文政5年（1822）のことである。こ

121

第Ⅰ部　記述目録編

れが出版年となる。刊行年であると推定できるので「刊」を「␣[␣␣]」に入れて補記する。

> 新彫女古状揃園生竹␣/␣髙井蘭山著
> 日本橋通壱町目␣[江戸]␣:␣須原屋茂兵衛␣[ほか],␣
> 文政5␣[1822]␣[刊]

2.7　形態に関する事項【2.5.1.2，2.5.3.2任意規定（古），2.5.3.2C 任意規定（古）】

　一般の図書は「p」で数えるが、多くの和古書は「丁（ちょう）」で数える。丁はページでは2p分に相当する。大きさはcmの単位で、小数点以下1桁まで端数を切り上げて記録する。大きさは常に「縦×横」で記録し、書型に対応させた語を「␣(　)」に入れて付す。なお、和古書の記述を作成する際には任意規定を用いるのが書誌学的に正しくまた一般的である。そのため本項では任意規定で解説をする。

　書型には、半紙を二つ折りにした大きさの「半紙本（はんしほん）」（半）、現代のB6判サイズの大型本の「大本（おおほん）」（大）、大本の半分の大きさの「中本（ちゅうほん）」（中）、半紙本の半分の大きさの「小本（こほん）」（小）、横長サイズの「横本（よこほん）」（横）などがある。

　[記録してみよう]

　Lは半紙本と呼ばれる大きさなので、（半）と記録する。

> 新彫女古状揃園生竹␣/␣髙井蘭山著
> 日本橋通壱町目␣[江戸]␣:␣須原屋茂兵衛␣[ほか],␣
> 文政5，[1822]，[刊]
> 50丁␣;␣23.7×14.9cm␣(半)

2.8　注記に関する事項【2.7.4（古）】

　注記は基本的に一般の図書と同様であるが、和古書では装丁や旧蔵者・来歴

第9章　和古書の記述

等について詳細に記す必要がある。ここでは一般の図書以外の主な規定をとりあげ、説明する。

⑴特定事項に属さない注記【2.7.4.0（古）】
①記述対象の特徴、性質を示す、書誌学的な立場での通称
　　例）春日版　　古活字版　　宋版　　蒙古刊本
②本文の系統等、その資料の性質を特定できる情報がある場合、説明する必要があるときは注記する。
　　例）原刻本

⑵タイトルに関する注記【2.7.4.1（古）】
　巻頭以外を情報源とした場合は、その情報源を注記で記録する。また、題簽について必要があるときは記録し、その位置や様式等についても記録する。書き題簽（手書きで書いた題簽）はその旨注記する。
　　例）題簽左肩双辺黄紙「新版絵入　花色紙襲詞」␣␣（「新版絵入」は角書）

⑶出版・頒布・製作等に関する注記【2.7.4.4（古）】
①蔵版者（出版する権利を有する者）、蔵版印（蔵版者であることを証明する印）等について説明が必要なときは注記する。見返しや刊記に「蔵版」・「蔵梓」・「梓」等と書かれていることが多い。「梓」とは版木の漢語的な表現で、「蔵梓」・「梓」とは版木を所蔵しているという意になる。
　　例）刊記中に「須原屋茂兵衛」の蔵版印あり
　　　　見返しに魁皇印あり
②広告、蔵版目録（現代でいう出版目録）や、発行印等を情報源とした場合に情報源を記録する。また記述対象とする図書以外からの情報を補記した場合、説明する必要があるときは注記する。
③出版事項の情報源である刊記等を、必要がある場合は記録する。
　　例）刊記に「寛文三稔癸卯」「長尾平兵衛開版」あり

123

第Ⅰ部　記述目録編

④初刷ではなく、印行年が不明であるが、後刷であることが明らかなときは
「後印本」と注記する。

⑤後修本（版木の一部が紛失、あるいは摩滅したためその部分の版木を後から補修し
た図書）のときはその旨注記する。

⑥覆刻本（原本同様に版木を作り刷った図書）の場合はその旨注記する。

⑦干支による表記を記録する。

　　例）壬申序あり

⑧製作、印刷等について説明する必要があるときは注記する。

　　例）銅版　　　　　銅活字版　　　　　拓本

(4)形態に関する注記【2.7.4.5（古）】

①袋綴（本文用紙が二つ折りになっていて、綴じたときに袋になっているところから
名づけられた。漢籍では線装という。和古書ではもっとも多い装丁）以外の装丁に
ついて説明する必要があるときは注記する。

　　例）三つ目綴　　　康熙綴　　　亀甲綴

②虫損等で保存状態がよくないものや補修があるものについて、説明する必
要があるときは注記する。

　　例）虫損あり（裏打ち補修あり）　　　　破損・汚損あり

(5)注・訓点・識語・書き入れ等に関する注記【2.7.4.7（古）】

①和古書には本文を解読・研究した注が付されているものがある。本文上部の
「頭注」、本文中に組み込まれている「割注」などは注記する。

　　例）頭注あり　　　　　割注あり

②本文に付された訓点等（漢文を日本文に読み下す際に、漢文の文字の周囲や欄外に
付ける送りがなや返り点のこと）について説明する必要があるときは、漢字、
片かな、平がなの別とともに注記する。

　　例）付訓あり，⌴右傍:⌴片かな付訓，⌴左傍:⌴平がな付訓

③識語、書き入れ、筆彩について説明する必要があるときは注記する。

124

第9章　和古書の記述

　　例）朱墨の書き入れあり

④付箋、貼りこみ等について説明する必要があるときは注記する。

　　例）宣長自筆付箋多数あり

(6)伝来に関する注記【2.7.4.8（古）】

①記述対象中の印記（蔵書印）について説明する必要があるときは注記する。
　所蔵（使用）者が判明した場合は付記する。最初に「印記:␣」と記録し、
　「「　」」（かぎかっこ）に入れて印文を記録する。文字が使用されていない印
　記は形を記録する。判読できないものは「蔵書印あり」と記録し、複数ある
　場合はその数を記録する。

　　例）印記:␣「林文庫」,␣「北總林氏蔵」␣（2印とも林泰輔）

　　　　だるま形の印あり

　　　　蔵書印3印あり

②旧蔵者やその和古書の伝来が判明した場合、必要があるときは注記する。

　　例）新藤透旧蔵

┌────────────────┐
│ 記録してみよう │
└────────────────┘

　Lでは本タイトルと出版年に関する注記がある。本タイトルでは題簽に関す
るものを注記し、出版年では自序に「文政五壬午年 仲 秋」と干支が書かれて
いるのでこれを注記する。これで和古書の書誌記述が完成する。

┌──┐
│　　新彫女古状揃園生竹␣/␣髙井蘭山著　　　　　　　│
│　　日本橋通壱町目␣[江戸]␣:␣須原屋茂兵衛␣[ほか],␣│
│　　文政5␣[1822]␣[刊]　　　　　　　　　　　　　│
│　　50丁␣;␣23.7×14.9cm␣(半)　　　　　　　　　│
│　　**本タイトルは題簽による**　　　　　　　　　│
│　　**文政五壬午年仲秋自序あり**　　　　　　　　│
│　　　　　　　　　　　　　　　　　　　　　　　│
│　　　　　　　　　　○　　　　　　　　　　　　　│
└──┘

第Ⅰ部　記述目録編

◆演習問題9　以下の情報源から、書誌記述を作成しなさい。

文政8年＝1825年
2丁、23丁、18丁　22.5cm×15.6cm　半紙本

表紙

見返し

巻頭
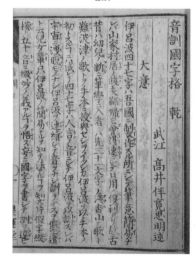

刊記

〈注〉
「音訓國字格」の読みは「おんくんかなづかい」。本章2.4の脚注2を参照のこと。
【内容】日本語の音韻や仮名遣いなどを初学者向けに書いたもの。

第10章	標目

標目とは、図書館の情報資源を検索する手がかりとなるもので、目録カードの上部に記載され、目録カードの配列位置を決定する第一要素となるものである。標目には、タイトル標目、著者標目、件名標目、分類標目の四種がある。

以下では、まず、すべての標目に共通する標目総則について解説し、その後、各標目について解説する。件名標目と分類標目については、本書第Ⅱ部主題目録編でも詳しく解説するので、合わせて参照してほしい。

1 標目総則

1.1 標目の選択と形【21.1, 21.2】

標目の選択は、原則として記述の本体となる書誌レベルの書誌単位を対象とし、必要ならば他の書誌レベルの書誌単位をも対象とする。標目の形は、著者標目と件名標目は統一標目、つまり、著者標目は著者名典拠ファイルに定められた形を、件名標目は件名標目表や件名典拠ファイルに定められた形を用いる。

1.2 標目の表し方【21.3】

タイトル標目、著者標目、および件名標目は、**和資料については片かな**で、**洋資料についてはローマ字**で表す。NCR に規定はないが、片かな表記の際には、語と語の間を空けて書く**分かち書き**を用いる。片かな表記の詳細については**6**で解説する。分類標目は分類記号で表す。

127

第Ⅰ部　記述目録編

1.3　参照【21.6】

　一つの標目を他の特定の標目に導く場合は**を見よ参照**を、一つの標目について他に関連の深い標目を示す場合は**をも見よ参照**を用いる。著者標目と件名標目については、標目を他と区別する必要のある時は該当する漢字等を付記する。以下では、著者標目の参照を例示した。

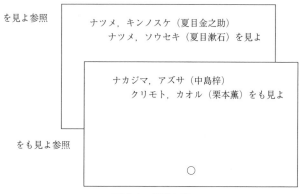

図10.1　参照の例

1.4　標目指示【21.4】

　標目を書誌記述の下にまとめて指示したものが、「標目指示」である。標目指示のうち、略語「t」を冠したものがタイトル標目、「a」を冠したものが著者標目、「s」を冠したものが件名標目、数字を「〇」で囲んだものが分類標目である。標目指示はこの順とし、番号付けはこれらの略語に一連のアラビア数字を付して記載する。

　　　例）t1.␣タイトル␣a1.␣ヒトリメ␣ノ␣チョシャ␣a2.␣フタリメ␣ノ␣
　　　　　チョシャ␣s1.␣件名␣①分類記号

第10章　標目

② タイトル標目

2.1 タイトル標目の選択と形【22.1, 22.2】

　タイトル標目は、原則として書誌記述中に記録されているタイトルのうちから選び、書誌記述中に記録されている形を標目とする。次の1）～3）は標目とし、4）～9）は必要に応じて標目とする。

1）本タイトル

2）総合タイトルの表示がない資料で、個々の著作のタイトルが列記されている場合は、それぞれのタイトル

3）別タイトル

4）タイトル中の修飾語または修飾部を除いた部分タイトル

5）タイトル関連情報

6）シリーズ名

7）本タイトルと書誌レベルの異なる注記のタイトル

8）その他の注記のタイトル

9）内容細目のタイトル

　ただし、6）のシリーズ名は、検索の重要な手掛かりになることが多いので、標目とした方がよい。同様に、「実用」「初級」「図解」「対談」などタイトル先行事項を本タイトルの一部とした場合は、先行事項を除いた部分を、4）部分タイトルとして標目とすることが重要である。また、内容細目が注記されている場合は、9）内容細目のタイトルも標目とすることが望ましい。利用者はタイトルと合わせて、資料の内容も検索対象とすることができる。各図書館では、自館のタイトル標目に関する方針を立てておくことが重要である。

2.2 タイトル標目の表し方と標目指示【22.3, 22.4】

　標目は、原則として和資料については片かなで、洋資料についてはローマ字で表記する。和資料のうち、タイトルにアルファベットを含むものは、発音に

第Ⅰ部　記述目録編

したがって片かなで表記する。アルファベットの表記の方法は後述する。タイトルのあとに巻次等がある時には、簡略な形でアラビア数字に直して付加する。

例）NPO と事業　⇒　エヌピーオー␣ト␣ジギョウ

　　近代ロシヤ政治思想史　上　⇒　キンダイ␣ロシヤ␣セイジ␣シソウシ␣1

　　太宰治全集　第5巻　⇒　ダザイ␣オサム␣ゼンシュウ␣5

　タイトル中に「日本」（ニホンとニッポン）のように、二通りに読める語がある場合は、予め各図書館で次のように方針を立てておくとよい。

　①どちらの読みを採用するか自館で決める。

　②採用しなかった読みからも探し当てられるように「参照」を作る。

　③コンピュータ目録では、検索時にどちらからでもヒットするようにプログラムを組んでおく。

本書では「ニッポン」と読みが書いてある場合を除き、「ニホン」を採用する。

　標目指示の記載は上記2.1の順序とする。

③　著者標目

3.1　著者標目の選択【23.1】

　著者標目は、原則として書誌記述中に記録されている著者名のうちから選ぶ。次の1）〜2）は標目とし、3）〜5）は必要に応じて標目とする。

1）本タイトルの責任表示として記録されている個人、団体

2）総合タイトルの表示がない資料で、個々の著作のタイトルが列記されている場合は、個々の著作の責任表示として記録されている個人、団体

3）特定の版または付加的版の責任表示として記録されている個人、団体

4）シリーズに関する責任表示として記録されている個人、団体

5）注記に記録されている個人、団体

　上記とは別に、著作への関与の仕方によって標目を選択する方法もある。この場合の基準は次のとおりである。

a）標目とするもの

第 10 章　標目

　　主な著作関与者：著者、編纂者、翻案者、改作者、脚色者、作曲家など
ｂ）必要に応じて標目とするもの
　　副次的な著作関与者：編者、訳者、監訳者、注釈者、校訂者、校閲者、解
　　説者、挿絵画家、監修者、編曲者、演奏者、作詞者など
ｃ）原則として標目としないもの
　　その他の著作関与者：特定の資料を編纂、刊行するために設けられた編纂
　　委員会や刊行委員会など
　各図書館では、これら二つの選択方法をもとに、自館の著者標目に関する方
針を立てておくことが重要である。

3.2　著者標目の形　【23.2】

　著者は、典拠ファイルに定められた統一標目の形を用いる。著者名をある決
まった形（統一標目）に決めておくことで、同一著者の著作を一箇所に集中さ
せることができ、利用者はその著者の著作を網羅的に把握することができる。
　人名は、原則として最初に目録記入を作成するとき、その資料に表示されて
いる形を統一標目とする。ただし、著名な、あるいは著作の多い著者について
は、参考資料等において多く用いられている形を統一標目として優先する。ま
た、同一著者が２以上の名称を使い分けている時は、それぞれの名称を標目と
する。つまり、必ずしも一人一称の統一標目とするわけではない。図10.1の下
段は、同一人があえて「中島梓」と「栗本薫」の二つの名称を著者名として用
いている例であるが、このような場合はそれぞれを別人格とみなして二通りの
著者標目を用い、双方の名称に「をも見よ参照」を入れるとよい。
　団体名は、原則としてその団体の出版物に多く表示されている形を統一標目
とする。

3.3　著者標目の表し方と標目指示【23.3，23.4】

　標目は、原則として和資料については片かなで、洋資料についてはローマ字
で表記する。標目を他と区別するのに必要な場合には、漢字等を付記する。

第Ⅰ部　記述目録編

(1)人名【23.3.3】

①各種の人名

姓名の形を持つ人名は、姓と名の間を「,␣」で区切り、「姓,␣名」の順で表記する。ミドルネームがあるときは「姓␣,␣名␣ミドルネーム」とする。

　　例）山本順一　⇒　ヤマモト,␣ジュンイチ

　　　　Emily Jane Bronte　⇒　Bronte,␣Emily␣Jane

　姓と名から構成されていない人名は、一語として表記する。

　　例）アウンサンスーチー　⇒　アウンサンスーチー

②日本人名

　かなで表されている名が、読みと異なるときは、その読みを表記する。中世までの人名に慣用される姓と名の間の「ノ」の読みは、原則として採用しない。

　　例）村山リウ　⇒　ムラヤマ,␣リュウ

　　　　山部赤人　⇒　ヤマベ,␣アカヒト

③東洋人名

　漢字のみで表示される中国人名および朝鮮人名は、その漢字の日本語読みで表記する。ただし、漢字に母国語読みが併記された形で表示されている場合は、その漢字の母国語読みで表記する。

　　例）玄武岩（ヒョンムアン）　⇒　ヒョン,␣ムアン

　　　　楊逸（ヤンイー）　⇒　ヤン,␣イー

④西洋人名

　名がイニシアル形で表示されているときは、そのままローマ字で表記する。イニシアルに「.」（ピリオド）がある場合は付し、ない場合（イニシアルが複数あり、中点で区切られている場合も含む）は付さない。

　　例）Viktor E. Frankl　⇒　Frankl,␣Viktor␣E.

　　　　V・E・フランクル　⇒　フランクル,␣V␣E

132

第 10 章　標目

　前置語を伴う姓、複合姓・複合名、2 語以上からなる姓・名の各語間には「・」を入れる。前置語の扱いは、その著者の国語の慣習に従う。

　　例）アントワーヌ・ド・サン=テグジュペリ　⇒　サン・テグジュペリ,␣ア
　　　　ントワーヌ␣ド

　　　　ハンス=ゲオルク・ガダマー　⇒　ガダマー,␣ハンス・ゲオルク

⑵団体名【23.2.2,　23.3.4】

　NCR では、団体名の標目の表し方は「標目の形」において説明されているが、「標目の形」は標目の表し方と一体であるので、ここで合わせて説明する。

・団体名は全体を一語として表記する。
・団体の法人組織、創立の趣旨などを表示する部分は省略する。

　　例）公益社団法人日本看護協会　⇒　ニホン␣カンゴ␣キョウカイ

・団体の名称に変更があった場合は、その著作当時の名称を標目とする。

　　例）京都帝国大学　⇒　キョウト␣テイコク␣ダイガク

・団体の内部組織名は省略する。

　　例）外務省国際法局　⇒　ガイムショウ

・外国の団体は、わが国慣用の日本語形の名称を標目とし、国際的に組織された連盟、学会、協会等は、わが国慣用の名称を標目とする。

　　例）MIT　⇒　マサチューセッツ␣コウカ␣ダイガク

　　　　UN　⇒　コクサイ␣レンゴウ

　その他、国の行政・立法・司法機関、政府関係機関、地方公共団体、教育施設の標目については、それぞれ NCR 第23章の解説を参照してほしい。

　標目指示の記載順序は、人名、団体名の順とし、それぞれの中は上記3.1の前半の説明の順とする。

第Ⅰ部　記述目録編

④　件名標目

4.1　件名標目の選択と形【24.1, 24.2】

　件名標目には、その図書館が採用する件名標目表、件名典拠ファイルの中から、その資料の主題または形式をもっともよく表現する件名標目を選ぶ。件名標目は、図書館の方針によって必要数を与える。

　件名標目の形は、その図書館が採用する件名標目表、件名典拠ファイルに定められた標目の形に従う。固有名のうち、人名、団体名は著者標目の形を用い、地名の中でも国名は NCR 付録 3「国名標目表」に依拠し、著作名は統一タイトルを準用する。

4.2　件名標目の表し方【24.3】

　標目は、原則として和資料については片かなで、洋資料についてはローマ字で表記する。標目を他と区別するのに必要な場合には、漢字等を付記する。

4.3　件名標目の標目指示【24.4】

　標目指示は、一般件名については、**件名標目表に収録されている通りに漢字形**で記載する。タイトル標目と著者標目では、和資料については標目および標目指示とも原則として片かなで記載していたが、件名標目の標目指示はこの点が異なる。

　固有名の標目指示については、標目と同様に和資料は片かなで記載し、必要な場合には漢字等を付記する。洋資料はローマ字で記載する。

　標目指示の記載順序は、一般件名、固有名の順とし、それぞれの中は、主な主題、副次的な主題の順とする。

　　例）一葉のきもの　⇒　s1.␣和服␣s2.␣ヒグチ,␣イチヨウ(樋口一葉)

134

第 10 章　標目

⑤　分類標目

5.1　分類標目の選択と形【25.1，25.2】

　分類標目には、その図書館が採用する分類表において、その資料の主題また
は形式をもっともよく表現する分類記号を選ぶ。分類標目は、図書館の方針に
よって必要数を与える。実際に図書のラベルに記される分類記号は一つである
が、その図書の副次的な主題や図書に含まれる各著作の主題にも、分類標目は
与えられる。

　分類標目の形は、その図書館が採用する分類表に定められた記号の形に従う。

5.2　分類標目の表し方と標目指示【25.3，25.4】

　標目は分類表に用いられている記号で表記する。標目指示の記載順序は、主
な主題、副次的な主題の順とする。

　　例）学校図書館と他館種の図書館との連携　⇒　　①017＿②011.3

⑥　片かな表記法

　標目の片かな表記は、次のように行う。以下では、項題のあとに、NCR「標
目付則 1　片かな表記法」の番号を付した。

6.1　和語、漢語（1.1）

　標目の形が和語・漢語で表示されているときには、その発音を、付第 1 表の
文字で表記する。

・旧かなづかいは、その現代語音によって表記する。

　　例）てふてふ　⇒　チョウチョウ　　どぜう　⇒　ドジョウ

・助詞「ハ」「ヘ」「ヲ」は、「ワ」「エ」「オ」と耳で聞いた音を表記する。

　　例）こんばんは　⇒　コンバンワ　　家へ　⇒　イエ＿エ

135

第Ⅰ部　記述目録編

　　　　本を　⇒　ホン␣オ

・二語の連合または同音の連呼によって生じた「ヂ」「ヅ」は、「ジ」「ズ」と
　表記する。

　　　例）ちかぢか　⇒　チカジカ　　　ちぢむ　⇒　チジム

・拗音「ゃ」「ゅ」「ょ」と促音「っ」は小字で表記する。

　　　例）著書　⇒　チョショ　　　発展　⇒　ハッテン

・ア列からオ列の長音はそれぞれ「ア」「イ」「ウ」「エ」「ウ」と表記する。た
　だし、現代かなづかいで「お」と書き表される長音は、「オ」と表記する。

　　　例）母さん　⇒　カアサン　　　兄さん　⇒　ニイサン　　　　　　有数　⇒　ユウスウ

　　　　　姉さん　⇒　ネエサン　　　王子様　⇒　オウジサマ　　　大阪　⇒　オオサカ

・ア列拗音の長音は「ャ」の次に「ア」と、ウ列拗音の長音は「ュ」の次に
　「ウ」と、オ列拗音の長音は「ョ」の次に「ウ」と表記する。

　　　例）じゃあじゃあ　⇒　ジャアジャア　　　表彰　⇒　ヒョウショウ

6.2　外来語（1.2）

　標目の形が外来語（かなで表示されている外国人名、団体名などを含む）で表示
されているか、その一部に外来語を含むときは、原則として付第1表および第
2表によって表示されている文字で表記する。第1表、第2表にない文字につ
いては、次のように扱う。

・「ヰ」「ヱ」「ヲ」は「イ」「エ」「オ」と、「ヷ」「ヸ」「ヹ」「ヺ」は
　「ヴァ」「ヴィ」「ヴェ」「ヴォ」と表記する。

　　　例）ウヰスキー　⇒　ウイスキー　　　ヹルレエヌ　⇒　ヴェルレエヌ

・「ヂ」「ヅ」は、「ジ」「ズ」と表記する。

・その他の文字は、表示されているとおりに表記する。

　　　例）クォーク　⇒　クォーク　　　ゲョエテ　⇒　ゲョエテ

・漢字で表示されている外来語や地名等は、その発音に従って表記する。

　　　例）紐育　⇒　ニューヨーク　　　巴里　⇒　パリ　　　瓦斯　⇒　ガス

第 10 章　標目

6.3　アルファベット（1.3）

アルファベットは、その発音に従い付第 3 表によって表記する。長音、拗長音は長音符「ー」で表記する。

例）NHK　⇒　エヌエイチケイ　　Perl 入門　⇒　パール␣ニュウモン

6.4　数字（1.4）

数字は、不自然でない限り、その発音にしたがって表記する。ただし、「十」が他の語と結びついて促音となるときは「ジッ」と表記する。成語や固有名詞の一部に含まれている場合は、慣用の読みに従う。

例）一　⇒　イチ　　二　⇒　ニ　　三　⇒　サン　　四　⇒　シ

五　⇒　ゴ　　六　⇒　ロク　　七　⇒　シチ　　八　⇒　ハチ

九　⇒　ク　　十　⇒　ジュウ　　零　⇒　レイ

十進法　⇒　ジッシンホウ

三泊四日　⇒　サンパク␣ヨッカ　　六義園　⇒　リクギエン

記録してみよう

第 2 章で作成した A の書誌記述に、標目と標目指示を記載してみよう。A には本タイトルの他にタイトル関連情報があるので、タイトル標目の指示は 2 つを記載する。件名標目は「経営管理」を、分類標目は「336」を与えてみよう。

NCR には明記されておらず、また各図書館の現状もさまざまであるが、標目指示の「t1.」「a1.」「s1.」…の「.」（ピリオド）の後にスペースを入れて記載すると利用者は読みやすい。スペースを入れるのは英文タイプライターの慣習によるものと推定されるが、NCR の説明箇所では実際にスペースを入れていることからして、本書でもスペースを入れて記載することとする。

カードが複数枚にわたる時は、標目指示は 1 枚目に記載する。標目は、書誌記述の上部に、左に一字分出して記載する。以下では本タイトルを標目とした。

137

第Ⅰ部　記述目録編

```
キキ␣カンリガク␣ソウロン

危機管理学総論␣:␣理論から実践的対応へ␣/␣大泉光
一著.␣—␣初版
京都␣:␣ミネルヴァ書房,␣2006
9,␣252p␣;␣21cm
ISBN␣4-623-04744-X

t1.␣キキ␣カンリガク␣ソウロン␣t2.␣リロン␣カラ␣
ジッセンテキ␣タイオウ␣エ␣a1.␣オオイズミ,␣コウイ
チ␣s1.␣経営管理␣①336
                    ○
```

◆演習問題10　「第Ⅰ部　記述目録編」の演習問題2〜9について、タイトル
標目と著者標目の標目指示（t1.〜　a1.〜）を作成しなさい。著者標目について
は、責任表示に記録された著者名・編者名等をもとに記載すること（外国人名
も同様）。ただし、演習問題2-4の2の「カラマゾフの兄弟」では、原著者の
著者標目には「ドストエフスキー，フョードル」を指示すること。

┌─　■□コラム10□■　──────────────────────

恐怖！心霊が書いた本の標目と『悪魔の聖書』

『英米目録規則第2版日本語版』（日本図書館協会1982年）によると、「21. 26. 心霊との
交信」p.351には心霊を標目として記入し、交信を記録する霊媒その他の人物の標目
として副出記入するとある。さらに「22. 14. 心霊」p.412には、心霊の標目にSpirit
という語を丸がっこに入れて付記し、例示にはParker, Theodore (*Spirit*) とある。
ちなみに英国図書館British libraryには悪魔を呼び出す本（レメゲトンのコレクション）
があるそうだ。さらにスウェーデン王立図書館には『悪魔の聖書』と呼ばれる写本が
ある。羊皮紙ならぬロバの皮に書かれたと伝えられ、長さ約90cm、幅50cm、重さ
75kgもある巨大な写本である。デジタルアーカイブで全容を見ることができる
(Codex Gigas. http://www.kb.se/codex-gigas/eng/, （参照2016-05-10))。

第11章	コンピュータ利用による目録作成

コンピュータ目録とは、コンピュータで処理される目録のことであり、一般に、機械可読形式による書誌的記録である MARC（Machine Readable Cataloging）レコードで作成される。第1章で説明したように、オンラインによる対話方式で検索や閲覧が可能なコンピュータ目録をオンライン閲覧目録（OPAC）という。

最近では、公共図書館でも OPAC が一般的になってきた。多くの図書館では、国立国会図書館や民間の書誌作成会社の作成する MARC を利用したり（**目録作業の集中化**）、書誌ユーティリティに参加して目録作業を分担したり（**目録作業の共同化**）している。こうした目録作業は**コピーカタロギング**とも呼ばれ、現在の主流となっている。そこで本章では、これらの大まかな手順を紹介する。

また、近年は、インターネット上で公開・発信されるネットワーク情報資源が増えてきている。そうした情報資源にメタデータを付与することも多くなった。本章では最後に、メタデータの作成方法についても解説する。

1 目録作業の集中化

1.1 MARC の利用

国立国会図書館では、1981年以降、同館の収集整理した国内刊行出版物の全国書誌を機械可読の形にした **JAPAN/MARC** を作成・頒布している。この CD-ROM 版（1988年～）と DVD-ROM 版（2002年～）が J-BISC（Japan Biblio-Disc）である。2013年4月には、製作・発行が文字・活字文化推進機構へと移り、名称も JM-BISC と改められた。2009年からは Web 版の提供も行われてい

第Ⅰ部　記述目録編

る。2016年5月現在、Web検索・利用可能データ（明治期～2016年）は5,098,847件である[1]。

　JAPAN/MARCはMARC21[2]に準拠しており、データフィールド群は、1）レコード管理、2）番号・コード、3）タイトル、4）版、資料特性、出版・頒布等、5）形態等、6）シリーズ、7）注記、8）アクセス・ポイント（件名標目）、9）アクセス・ポイント（著者標目等）、10）記入リンク、11）アクセス・ポイント（シリーズ著者標目）、12）所蔵、代替表現等の12のブロックに大別される。カード目録の場合のタイトルと責任表示に関する事項に対応するのが3）タイトル、著者標目に対応するのが9）アクセス・ポイント（著者標目等）である[3]。各ブロックの中はフィールド、サブフィールドに細分されている。

　JM-BISCの検索はタイトル、著者名、出版者名、件名、分類記号などから行うことができ、検索結果を画面表示させたり、リスト印刷したりすることができる。さらに、検索結果に自館のローカルデータを追加することによって、目録カードを作成したり、ハードディスクへのコピー（ダウンロード）によって、自館のOPACに組み入れたりすることもできる。正確で十分な書誌的記録を作成することは容易ではなく熟練を要するが、JAPAN/MARCを利用することによって、多くの図書館では書誌情報の質を一定の水準に保つことができるようになった。

　ただし、JAPAN/MARCの作成方針と各館のそれとは、必ずしも同じではない。自館に最適なようにデータを一部修正している図書館も多い。例えば、責任表示をすべて記録している館、著作の内容をすべて注記している館、和図書の標目もローマ字表記にしている館などさまざまである。JAPAN/MARC

1）JM-BISC Web検索・利用可能データ. http://search.jbisc-web.com/support/webstat.html,（参照2016-05-10）.

2）米国議会図書館が提供し、各国で採用されているMARCフォーマット。

3）国立国会図書館. JAPAN/MARC MARC21フォーマットマニュアル：単行・逐次刊行資料編, 2016, http://www.ndl.go.jp/jp/data/JAPANMARC_MARC21manual_MS.pdf,（参照2016-05-10）.

第 11 章　コンピュータ利用による目録作成

を利用する場合は、必要に応じてその内容を修正・追加することが重要である。大切なのはそれぞれの館の利用者に必要な目録情報を提供することであり、そのために JAPAN/MARC を活用するということである。

1.2　JM-BISC 利用による目録作成

以下では、JM-BISC を利用して和書の目録を作成する大まかな手順を紹介する。目録作成に当たっては、その図書が自館の OPAC にまだ登録されていないことが前提である。

現在では多くの図書館関連企業が図書館システムを開発しており、OPAC や貸出、返却管理などの機能に加えて、流通取次機能を合わせ持つ製品も販売されている。流通取次機能とは、JAPAN/MARC や民間 MARC のデータベース検索から、資料発注や MARC レコードのダウンロードまでできる機能である。JM-BISC を活用する機能もこうした図書館システムに組み込まれている場合が多い。実際には製品によって画面は異なるが、基本的な手順は変わらないため、下記では JM-BISC 単体を利用したときの画面を示す。

(1) 起動画面

起動すると左の画面が表示される。

第Ⅰ部　記述目録編

(2)検索画面

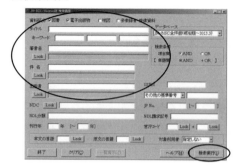

資料区分（図書、電子出版物、地図、音楽録音・映像資料など）にチェックを入れ、タイトル、著者名、件名などのフィールドに検索語を入力し、検索実行ボタンをクリックする。

(3)一覧表示画面

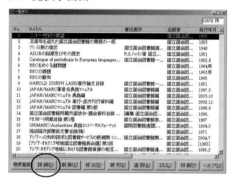

検索結果が一覧表示され、タイトル、責任表示、出版者、出版年月などを確認できる。一覧の中から該当するデータを選択して、詳細ボタンをクリックする。

(4)詳細表示画面
日本全国書誌形式準拠

選択したデータの書誌的内容を確認する。
表示は左記のように、日本全国書誌形式準拠とタグ形式の2種類があり、表示切替ボタンで画面を切り替えることができる。対象の図書と一致していればDL（ダウンロード）ボタンをクリックする。

第 11 章　コンピュータ利用による目録作成

タグ形式

(5) ローカルデータ入力画面

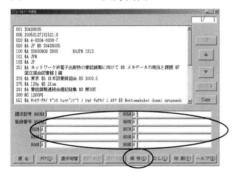

書誌データをダウンロードする際に、自館のローカルデータ（所在記号、登録番号、配架場所、貸出制限の有無など）を入力し、保存 ボタンをクリックする。

　なお、国立国会図書館では、JM-BISC の提供に加え、2012年1月から NDL-OPAC から JAPAN/MARC 相当のデータを MARC 形式でダウンロードできるサービスを開始した。公共図書館、大学図書館、学校図書館などでは、利用目的やダウンロードの件数等について事前申請をすれば利用できる。非営利利用であれば原則無償である[4]。

4）公共図書館等における NDL-OPAC 書誌データの利用について．https://www.ndl.go.jp/jp/data/data_service/download.html,（参照2016-05-10）．

143

第 I 部　記述目録編

② 目録作業の共同化

2.1　書誌ユーティリティの構築

　書誌ユーティリティとは、多数の参加機関により、ネットワーク環境の下、共同・分担方式で総合目録データベースを構築するために形成される組織である。わが国の代表的な書誌ユーティリティ組織は、国立情報学研究所（NII）である。NII では、1986年（東京大学文献情報センターでの運用開始は1985年）全国規模の総合目録データベースを形成するためのシステム（NACSIS-CAT）を設立した。現在このデータベースは CiNii Books という名称で Web 上で公開されている。

　書誌ユーティリティにおける目録作成は、JAPAN/MARC のような一極集中管理型の目録作成とは異なり、図書館間相互協力を前提にしている。NACSIS-CAT によって、全国の大学図書館等が所蔵している図書・雑誌などを即座に把握できるようになり、大学の教職員・学生を始め、研究者の利用の便が大きく高められた。図書館側にとっては、これまで各館で行っていた目録作成の負担が軽減され、各館のデータベースの効率的な形成と、標準的な目録データの利用・参照ができるようになった。2016年 5 月10日現在の登録書誌データは、図書が11,603,566件、雑誌が343,148件で、所蔵レコードはそれぞれ129,622,069件、4,666,336件である。参加の範囲は大学と研究機関が中心で、2016年 3 月時点の参加機関総数は、1,274である[5]。

　現在、大学等における目録担当職員の削減とそれに伴う外注化が進み、品質の低下や共同構築の意識が薄れてきていることが問題となりつつある。データの品質を一定に維持管理していくことは容易なことではない。大学等ばかりでなく、図書館界全体の課題である。

---

　5 ）NACSIS-CAT 統計情報. http://www.nii.ac.jp/CAT-ILL/archive/stats/cat/,（参照2016-05-10).

2.2 NACSIS-CAT による目録作成

　以下では、NACSIS-CAT を利用した図書の目録作成の大まかな手順を紹介する。前述のように、NACSIS-CAT は共同・分担方式で総合目録データベースを作成するものであるが、ここでは該当する書誌レコードが総合目録データベースに既に存在すると仮定し、NACSIS-CAT に初めて所蔵登録を行う場合について紹介する。新たに書誌作成が必要な場合については紙幅の関係で割愛する。

　以下では、「目録システム利用マニュアル第 6 版」（2011年12月）を参照して説明を行う。前節の JM-BISC と同様に、最近の図書館システムには NACSIS-CAT を利用できる機能も組み込まれているが、下記では NACSIS-CAT を単独で利用したとき（教育用サーバ）の画面を示す。

(1)ログイン画面

目録システムのメニュー画面を開き、ユーザー ID、パスワード、参加組織 ID を入力する。業務選択「図書業務」「雑誌業務」のうち、ここでは「図書業務」を選択し、Login ボタンをクリックする。

(2)検索画面

目録作成の対象となる図書を検索する。TITLE（タイトル）、AUTH（著者名）などのフィールドに検索語を入力し、検索ボタンをクリックする。

145

(3)一覧表示画面

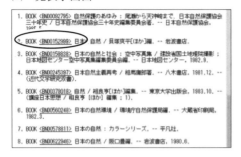

検索フィールドの下に検索結果が表示される。タイトル、著者名、出版者、出版年月などを確認し、該当するデータのIDをクリックする。

(4)詳細表示画面

選択したデータの書誌的内容を確認する。対象の図書と書誌データの内容が一致していれば、所蔵登録ボタンをクリックして、ローカルデータの入力画面に移る。

(5)所蔵登録画面

配置コード（LOC）、請求記号（所在記号）（CLN）、登録番号（RGTN）など自館のローカルデータを入力し、保存ボタンをクリックすると、詳細表示画面に戻る。

(6)自館へのダウンロード画面

「ダウンロード」をクリックして、自館のデータベースにコピーする。

③ ネットワーク情報資源の組織化

3.1 メタデータ

メタデータとは「データに関する構造化されたデータ」である。目録記入に記録されるタイトル、著者名、出版年などの書誌情報は、図書や雑誌というデータに関するデータであるから、一種のメタデータである。同様に、ネットワーク情報資源のメタデータとは、その情報資源の属性や内容、管理上の情報などを記述したデータで、情報資源を正確かつ効果的に識別・記述・探索するために作成されるものである。

近年、大学図書館の中には、自館の所蔵資料をデジタル化してインターネット上で公開しているところも多い。これらの情報（コンテンツ）を共通のメタデータ形式で記述すれば、大学内外で情報を共有できるようになる。NIIでは、2002年からメタデータ・データベースを構築する事業を進め、2008年からは学術機関リポジトリ構築連携支援事業を推進してきた。同事業は、大学等の研究機関がその知的生産物を電子的形態で集積・保存し、横断検索を可能にすることを支援するもので、メタデータフォーマット（junii2）も公開している。メタ

第Ⅰ部　記述目録編

データ・データベースは、学術機関リポジトリポータルの<ruby>JAIRO<rt>ジャイロ</rt></ruby>（Japanese Institutional Repositories Online）を通じて無料で提供されている。

　国立国会図書館（NDL）でも、2001年に「国立国会図書館メタデータ記述要素」を公表し、2011年にはWebサイトに、後述するダブリンコア（Dublin Core）の最新動向を反映した改訂版を公開している。メタデータは図書館界に大きな影響を与えており、米国議会図書館ではメタデータとMARCレコードとの互換にも取り組んでいる。

3.2　ダブリンコア

　ダブリンコアとは、ネットワーク情報資源を記述するための語彙の通称で、中核的な15の記述要素と限定子からなる。名称は、1995年米国オハイオ州ダブリンで開催されたワークショップで提案されたことに由来する。NIIメタデータ・データベースやNDLで作成されるメタデータは、ダブリンコア・メタデータ・イニシアチブ（DCMI）の定める記述要素（基本エレメント）に準拠した標準的なデータ形式を基本としている。表11.1はそれらの記述要素を定義したDublin Core Metadata Element Set（DCMES）である。

　DCMESは作成者自身がメタデータを記述することを基本としているため、専門家でなくとも簡単に記述できるよう最小限の項目のみを定めてある。必須項目はなく、記述順序や使用回数に規定はない。NCRの記述規則に比べて簡略である。反面、定義が大まかであるため、詳細な情報を記述することができない。現在では、DCMIによって上記15要素を大幅に拡張した55要素のメタデータ語彙集（DCMI Metadata Terms）が定義され[6]、この使用が推奨されている。

---

6 ）DCMI Metadata Terms. http://dublincore.org/documents/2008/01/14/dcmi-terms/,（参照2016-05-10）.

第 11 章　コンピュータ利用による目録作成

表11.1　ダブリンコアの記述要素（基本エレメント）

	記述要素名		定　義
1	Title	タイトル	情報資源に与えられた名前
2	Creator	作成者	情報資源の作成に責任を持つ主体
3	Subject	主題	情報資源の主題
4	Description	内容記述	要約、目次、説明など
5	Publisher	公開者	情報資源の公開に責任を持つ主体
6	Contributor	寄与者	情報資源の内容への寄与に責任を持つ主体
7	Date	日付	情報資源のライフサイクルに関する日付
8	Type	資源タイプ	情報資源の性質、ジャンル
9	Format	記録形式	情報資源のファイルフォーマット ネットワーク情報資源でない場合は物理形式
10	Identifier	資源識別子	情報資源を一意に識別する文字列や番号
11	Source	情報源	当該情報資源の元となる別の情報資源に関する情報
12	Language	言語	情報資源の記述言語
13	Relation	関係	関係する他の情報資源
14	Coverage	範囲	情報資源の地理的・時間的範囲
15	Rights	権利関係	情報資源に関連する権利情報

出典：Dublin Core Metadata Element Set, Version 1.1
　　　http://dublincore.org/documents/dces/, (参照2016-05-10).

3.3　メタデータの作成

(1)図書

　先に、図書の書誌情報もメタデータの一つであると述べた。そこで、DCMES を用いて、第 2 章で学習した A『危機管理学総論』のメタデータを作成してみよう。Title（タイトル）と Creator（作成者）には、A のタイトルと責任表示を記述する。Description（内容記述）は「現在必要とされる危機管理の理論と実践の解説」とし、Type（資源タイプ）は内容が主に読むための文字で構成されているため、DCMI の規定するタイプ要素の中から「Text」を選択する[7]。Format（記録形式）はデジタル形式でないため、テキストとする。Identifier（資源識別子）には ISBN を記録し、Language（言語）には日本語を意味する言語コードの「jpn」を記録する。表11.2はその結果を示したものである。

149

第 I 部　記述目録編

　なお、情報を Web サイト上で公開するためには、作成したメタデータをコンピュータが理解できるよう HTML や XML を用いて表現する。

表11.2　『危機管理学総論』のメタデータ

記述要素	メタデータ
Title	危機管理学総論：理論から実践的対応へ
Creator	大泉光一
Subject	経営管理
Description	現在必要とされる危機管理の理論と実践の解説
Publisher	ミネルヴァ書房
Date	2006-11-01
Type	Text
Format	テキスト
Identifier	4-623-04744-X
Language	jpn

(2)ネットワーク情報資源

　図11.1は、文部科学省の Web サイトのトップページである。わが国の教育と科学技術全般についての国の方針やそれらに関する情報が記載されている。表11.3は DCMES を用いて作成したこのサイトのメタデータの例である。Type は前記同様「Text」を選択し、Format はファイルの表現形式が HTML であるため「text/html」とする。Identifier には、このサイトの URL を記録する。

7）ダブリンコアのタイプ要素にはこの他、展覧会、会議など時間に基づいた非永続的な事象の Event、写真、絵画、映画など文字以外の象徴的な視覚表現の Image、コンピュータのプログラムの Software、音楽ファイル、CD、スピーチなど主たる内容が音声の Sound など12がある（DCMI Metadata Terms：DCMI Type Vocabulary. http://dublincore.org/documents/dcmi-terms/（参照2016-05-10））。

第 11 章　コンピュータ利用による目録作成

図11.1　文部科学省の Web サイトのトップページ
出典：文部科学省。http://www.mext.go.jp/, (参照2015-3-18).

表11.3　文部科学省の Web サイトのトップページのメタデータ例

記述要素	メタデータ
Title	文部科学省
Creator	文部科学省
Subject	教育
Subject	科学技術
Subject	学術
Subject	スポーツ
Subject	文化
Description	文部科学省の Web サイトのトップページ。わが国の教育と科学技術全般についての国の方針やそれらに関する情報が記載されている。
Publisher	文部科学省
Date	2015-03-13
Type	Text

第Ⅰ部　記述目録編

Format	text/html
Identifier	http://www.mext.go.jp/
Language	jpn

◆演習問題11　Web サイトをデザインする際に、音声読み上げソフトで PC を使用する視覚障害者等に配慮して設計することを「Web アクセシビリティの確保」という。この Web アクセシビリティの観点から三つ以上の図書館の Web-OPAC を比較し、どのような工夫がされているか／いないかを検討しなさい。

```
┌─ ■□コラム 11.1 □■ ──────────────────────
```

Web を通じた目録データの外部提供

　今日では、Web を通じて目録データを利用することで、多様なサービスを提供する試みがなされている。例えば、シラバス中に記載されている参考図書について図書館の所蔵状況を併記して表示する、ある図書がどの図書館に所蔵されているかを地図上に表示する（所蔵図書館マップ http://myrmecoleon.sytes.net/map/）、複数の図書館において借りたい本が貸出中かどうかを表示する（カーリル http://calil.jp/）などである。現在、このようなサービスを提供するために必要な目録データは、個別の図書館システムの内容をそのつど取り出して処理できる形に変換したり、各図書館が公開している OPAC の検索結果画面を解析して抽出したりしており、大きなコストがかかっているため、図書館の目録を用いた様々なサービスを作る障害の一つとなっている。

　日本において図書館の目録を Web を通じて外部提供しているサービスは国立国会図書館サーチ（NDL Search）（http://iss.ndl.go.jp/）や、農林水産関係試験研究機関総合目録（http://library.affrc.go.jp/）などがある。後者を例にとると、例えば、ISBN が 4106019329 の図書の目録データを取得したい場合、http://library.affrc.go.jp/api/4106019329/rss という URL にアクセスすると目録データを取得することができる。このように、指定する URL も簡便であり、入手できる目録データもそれぞれのデータ項目がわかりやすい XML 形式となっている。

　Web を通じて外部提供するための目録は、一から作成する必要はなく、元々自館で作成していた目録から外部のサービスにおいて使いやすい形にプログラムで変換す

第11章　コンピュータ利用による目録作成

ることにより作成できる。この際、図書館員が行う作業は、目録データの中でどの
データ項目を外部提供すればよいか、どのようなフォーマットで提供するか、そして
選択したフォーマットと自館の目録のデータ項目との対応付けはどうするかについて
検討することである。もちろん、変換プログラムの作成や、提供システムの開発も必
要だが、これらは図書館員みずから開発することは少なく、専門家に開発してもらう
よう発注する場合がほとんどだろう。

　大手ネット書店サイト Amazon は、書籍情報を利用者が自由に利用できるように
提供した。その結果、Amazon サイト上以外でもこの書籍情報を利用して、新しい
インタフェースの提供、他社サービスとの結合による新しいサービス形態の誕生等、
従来は行えなかったような検索サービスや、高付加価値サービスがうまれてきている。
この Amazon による成功は、図書館においても参考となる事例といえる。

　図書館の財産の一つである目録データが Web を通じて積極的に外部提供され、
様々な方面で活用されるようになることを期待する。

■□コラム 11.2 □■

図書館のウェブサイトを視覚障害者にも使いやすく

　私は、視覚障害のため文字が読めない。だが、地元、板橋区立高島平図書館で対面
朗読を受けることにより読書の楽しみを享受している。読めない者にとって、図書選
択もまた、難事である。それを解消してくれるのが、図書館のウェブサイトだ。私は、
音声読み上げソフトを使って、板橋区立図書館のウェブサイトで区内12館の蔵書を検
索できるシステムを利用し、その利便性を享受しているものである。しかし、検索す
る中でバリアを痛感するところもある。そこで、改善の願いを込めて、浅田次郎の代
表作の一つである『中原の虹』のケースを例に考えてみたい。

　操作の流れと問題点

1．板橋区立図書館のウェブサイトにアクセスして、資料検索のリンクを開く。
2．テキストボックスに著者名「浅田次郎」を入力する。
　問題点①：書名と著者名のボックスを選択するのであるが、音声では最初、書名
　ボックスのみを読み上げるため、著者名のボックスを見つけにくい。
3．ログインのリンクを開き、図書館カード番号とパスワードを入力しログインする。
　問題点②：ログインのリンクが書名、著者名を入力するボックスより後に読み上げ
　られるため、ここでログインするとせっかく検索結果が出ているのにもかかわらず、
　再度ナビゲーションを聴いてから検索結果を聴くということになる。

第Ⅰ部　記述目録編

4．検索結果の書誌一覧が開くので、その中の「134　図書　中原の虹　第1巻」を選びエンター（クリック、以下同様）する。

5．書誌詳細が開くので、「予約カートに入れる」でエンターする。

6．「予約申し込みに進みますか？」とあるので「OK」でエンターする。

　問題点③：この後、トップ画面のナビゲーションに戻ってしまう。

7．受け取り館の選択画面で「高島平館」を選びエンターする。

　問題点④：この後、再びトップ画面のナビゲーションに戻ってしまう。

8．「図書館から受ける連絡方法」の選択画面で「メール」を選びエンターする。

9．「通常予約申し込み」の画面で「予約をしますか？」と進みエンターする。

10．「予約登録は完了しました。エンターはOK」でエンターする。

これで一連の操作は完了し、後日、「準備OK」のメールが届けば貸出を受ける運びとなる。

　音声のガイドとキーボード操作により、希望の図書を選択し、貸出を受けるまで行える本システムは、ユニバーサルデザインの観点から概ね求められる水準にあるといえよう。ただし、貸出対象者を視覚障害者に絞っているためか、リンクを辿れば目的を達成できる日本点字図書館やサピエ図書館などでは感じない類のバリアに遭遇した。

　そこで、改善策を講じることで十分なものに高められたらとの願いを込めその方法を考えた。まず、問題点①については、選択操作に入って初めて著者名のボックスのあることが分かるので、予め選択の候補を読み上げるようにしたい。問題点②については、ログインのリンクを検索ページのトップに張るのはどうだろう。また、問題点③と問題点④については、受け取り館と図書館から受ける連絡方法の選択を連続してできるような構造への改変に行き着く。

　これらの問題点は、いずれも音声読み上げソフトを使用する視覚障害者が持つ制約、つまり、視覚的な情報が入らず、マウスを使用しないで操作していることによるものと推察される。だが、問題の程度によらず、画面が突然、前の内容に戻ってしまうと、こちらが操作を誤ったものと思って、操作をやり直すことも珍しくない。小さなバリアでも、重なれば大きなものに感じられよう。翻って検討すると、問題点が生起する遠因は、視覚的な操作に傾いたシステムとなっていることによるものと考えられる。視覚的には同一画面にあっても、間に不要なものがあったり、横に並んでいたりすると、マウスでなら飛ぶことが可能でも、音声のみではリンクが続いていないので迷うようなことも多々生じるのではないかと推察される。これに類したことは本システム以外でも多々見受けられることなので、広く図書館の検索システムにおいては、多様なパソコン環境に対応でき、ハンディを負った者でも快適に目的を達成できるシステムの構築が待たれる。（2015年5月5日）

第Ⅱ部　主題目録編

第**12**章	件名法（1）
	——BSH の基本構造

① 標目、件名、件名標目

　件名法の基礎用語として、「標目」、「件名」、「件名標目」という言葉がある。

　図書館の目録などに盛り込まれ、検索の手がかりとなる項目のことを**標目**（headings）と言い、タイトル標目、著者標目、件名標目、分類標目の4種類がある。NCR にしたがうと、これらは順にt1.～　a1.～　s1.～　①～という形で標目指示に記載される内容の部分である。本章では、このうち件名標目（s1.～の形で記載される内容の部分）の作成方法について解説する。

　件名（subject）とは、資料の内容を代表するキーワード（メインテーマを表す言葉）のことである。**件名標目**（subject headings）とは、検索の際の手がかりとして、その資料に対して与えた（与えてよい）言葉のことである。

② 『基本件名標目表』を用いた件名標目の付与

2.1 『基本件名標目表』第4版

　日本の図書館では、同一主題（テーマ、内容）に対して共通の検索手段を提供するために、『基本件名標目表』（Basic Subject Headings：BSH）を利用して、一定のルール（件名規程）に従って限定された言葉（名辞）を与える場合が多い。BSH 第4版は、本表（紺色）と別冊（白色）の2冊から成る。

　本表は冒頭に解説（「一般件名規程」、「特殊件名規程」を含む）があり、続いて本体となる「音順標目表」、その後に「国名標目表」、「細目一覧」などが収められている。音順標目表には、「件名標目」7,847、件名標目に導く「参照語」

157

第Ⅱ部　主題目録編

2,873、件名標目の付与指針となる「説明つき参照」93、「細目」169の合計
10,982の言葉が五十音順に収録されている。

　別冊は、NDC新訂9版の分類記号に音順標目表の標目を対照させた「分類
記号順標目表」と、標目間の上位語・下位語の関係を整理した「階層構造標目
表」から構成されている。

2.2　BSHによる件名標目付与の一般的な手順

　件名標目を付与するためには、おおよそ以下の手順を踏むことになる。

①BSHに収録されている件名標目の階層構造、表現形式などを理解する。

②件名標目を付与するルールである「件名規程」を理解する。

③資料のタイトル、目次、序文、後記などから、資料内容（形式、観点）を
　把握し、内容を的確に表す「言葉」を選定する。

④選定した言葉がBSHの件名標目として用意されているかどうかを確認し、
　用意されていれば、それを件名標目として付与する。

　用意されていなければ、同義語、類義語として別の言葉が用意されている
　かどうかを確認し、適切な言葉があれば、それを件名標目とする。

⑤適切な言葉がBSHに用意されていない場合は、例示件名標目群、固有名
　詞件名標目群、新主題のいずれかに該当する可能性がある。使用したい言
　葉がそれらに該当するか確認し、該当するようであれば、適切な表現形式
　を用いて、件名標目として付与する。

③　BSHの階層構造と件名標目の選定

　件名標目の構造や表現形式を理解するためには、音順標目表を参照する必要
がある。BSHの音順標目表から、「山岳」の項目を抜粋したものを図12.1に示
す。「山岳」には、それと関係を持つ言葉の種類としてUF、TT、BT、NT、
RT、SAの各項目が設定されている。

158

第12章　件名法（1）

> 山岳＊　　⑧290.9；454.5；786.1　⑨290.9；454.5；786.1
> 　　UF：山
> 　　TT：地学157.　地理学165
> 　　BT：地形学
> 　　NT：火山
> 　　RT：登山
> 　　SA：個々の山岳名（例：エベレスト）も件名標目となる。

図12.1　BSH の音順標目表から「山岳」の部分を抜粋

　UF は Use For の略で、非優先語（参照語）を意味する。「山」という語は「山岳」の同義語であるが、「山」は件名標目として採用されておらず、代わりに「山岳」を用いるべきであることが示されている。

　BT は Broader Term の略で、意味的に一つ広い標目（直近の上位語）を意味する。ここでは「山岳」の直近の上位語として「地形学」があり、「山岳」や「地形学」の系列の最上位語（TT：Top Term）として「地学」（157）と「地理学」（165）があることが示されている。最上位語に付されている157、165という数字は、BSH 別冊の階層構造標目表の中での階層グループ番号である。一方、「火山」は「山岳」より意味的に一つ狭い下位語（NT：Narrower Term）である。また、RT（Related Term、関連語）には、上位、下位という階層関係にはないが関連のある標目として「登山」が挙げられている。

　SA は See Also の略で、参照注記を意味する。SA に挙げられている語は、下位の件名標目に当たる。ここでは、個々の山岳名もそのまま件名標目になることが示されている。また、この例にはないが、件名標目として採用する際に留意すべきことがらが、SN（Scope Note、限定注記）として示されている場合もある。

　なお、件名作業と分類作業は一緒に行うことが多いので、「山岳」に対応する分類記号の目安が⑧、⑨という形で示されている。⑧が NDC 新訂 8 版、⑨が NDC 新訂 9 版で対応する分類記号の目安である。ここで示されている分類記号をそのまま付与することはできないが、参考にすることができる。

　「山岳」を中心とした上記の言葉の関係性を図示すると、図12.2のようにな

第Ⅱ部　主題目録編

る。同様に、「山岳」の下位語である「火山」を中心として整理することも可能である。図12.3は、これを図示したものである。

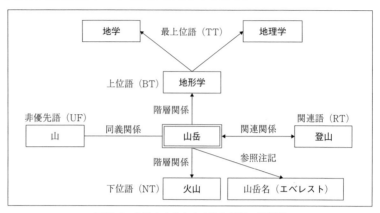

図12.2　山岳を中心とする件名標目の関係図

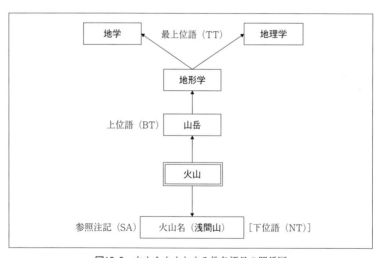

図12.3　火山を中心とする件名標目の関係図

④　件名標目となるもの

BSHの音順標目表では、**ゴシック体（太字）**で項目立てされている言葉と、

第12章 件名法 (1)

そうでない言葉がある。件名標目として採用されている言葉は、前者である。

たとえば、前節の「**山岳**」は太字で書かれているため、「**山岳**」は件名標目として採用されている言葉（優先語）である。一方、「山」という項目を引くと、細字で書かれているため、「山」は件名標目として採用されていない言葉（非優先語）であることがわかる。非優先語には、「山→**山岳**」のように、優先語への直接参照（を見よ参照）が付されている。

件名標目として採用されている言葉には、「**価値（経済学)**」のように丸カッコつきの言葉や、「**宗教と科学**」のように「と」で接続された言葉もある。こうした言葉は、カッコや「と」を含めて件名標目であり、BSH での別途指示や、各館の特別な方針のない限り、勝手に省略したり変更したりしてはならない。

また、BSH では、個人名、地名、書名、法律名、個々の団体や政党名、会議名などは**固有名詞件名標目群**として、宗派・教派の名前や動植物名、事件名、楽器名、スポーツ名、言語名などは**例示件名標目群**として位置づけられており、その一部が掲載されているにとどまる。これらに該当する言葉は、BSH に記載されていなくても、各館が必要に応じて件名標目として追加採用することができる。

◆演習問題12－1　BSH を使用して下記の資料に適切な件名標目を与えなさい。

1．哲学入門／野田又夫著

2．宗教学入門／棚次正和，山中弘編著

3．はじめて学ぶ政治学／岡崎晴輝，木村俊道編

4．盲導犬誕生／平野隆彰著

5．エッセンシャル心理学／藤永保，柏木恵子著

6．亀／矢野憲一著

7．ダイアモンド／岩田哲三郎著

8．コミュニケーション力／小島健次郎編著

9．考える社会学／小林淳一，木村邦博著

10．アスベスト：広がる被害／大島秀利著

161

第Ⅱ部　主題目録編

11. 懐石料理を知ろう：和食とおもてなし／服部幸應，服部津貴子監修

12. ケースで学ぶマーケティング／井原久光著

13. 食料を読む／鈴木宣弘，木下順子著

　　経済、市場、資源・環境問題を踏まえて、食料問題の全体像を解説する。

14. じゃんけん遊び考／加古里子著

15. エベレスト登頂請負い業／村口徳行著

⑤　細目の種類と使い方

5.1　主標目と細目

　図書館で扱われる資料の主題は複雑であり、一つの件名ではとうてい主題を的確に表現できないことが多い。たとえば「果樹の栽培方法」であれば、「**果樹**」という件名標目と「**栽培植物**」という件名標目を個別に与え、「s 1. **果樹**」「s 2. **栽培植物**」のようにしたのでは、「果樹」と「栽培」とが別々の検索キーワードとなってしまい、「果樹の栽培」を意味することにはならない。「**果樹—栽培**」と両者を結びつけて初めて正確な主題を表現できる。このような場合に対処するため、BSH では、通常の件名標目とは別に**細目**を設けている。細目との対比で、件名標目のメインとなる冒頭の語を**主標目**と呼ぶ。

　細目は、**主標目となる言葉にダッシュの記号（—）を用いて付加**する。「近代の日本美術」であれば、「**日本美術**」という主標目に「**—歴史**」や「**—近代**」の細目を付けて、「**日本美術—歴史—近代**」とする。こうすれば、資料の主題（および形式）にうまく適合した件名標目になる。

　細目は、主標目の範囲を限定する働きをもっている。「**日本美術—歴史—近代**」であれば、飛鳥時代や天平時代、室町時代や江戸時代ではなく、あくまでも「近代」という限定された時代の日本美術に関する資料であることを意味する。単に「日本美術」のみであれば、飛鳥時代や天平時代の日本美術についての資料も検索結果に含まれてしまう。「**—歴史—近代**」を細目として与えることによって、このような検索ノイズ（不要な検索結果）を避けることができるの

第12章　件名法（1）

である。

5.2　細目の種類

　細目は、BSH 巻末に一覧表が用意されている。そこに示されている通り、細目には、〈一般細目〉、〈分野ごとの共通細目〉、〈言語細目〉、〈地名のもとの主題細目〉、〈地名細目〉、〈時代細目〉、〈特殊細目〉の 7 種がある。

（1）一般細目

　いずれの標目のもとでも使用することができる細目は〈**一般細目**〉と呼ばれ、「―辞典」「―図鑑」「―歴史」など、25項目がある（表12.1）。

表12.1　一般細目

―エッセイ	―学習書	―研究法	―索引	―雑誌	―辞典
―写真集	―書誌	―史料	―図鑑	―年鑑	―年表
―文献探索	―便覧	―名簿	―用語集	―歴史	など25項目

　　例）動物の図鑑　　⇒　ｓ1.**動物―図鑑**

　　　　動物の写真集　⇒　ｓ1.**動物―写真集**

（2）分野ごとの共通細目

　〈**分野ごとの共通細目**〉は、16の分野に分かれて多数用意されている（表12.2）。これらは、それぞれの分野の標目のもとで使用することができる。

表12.2　分野ごとの共通細目

「音楽」「科学」「宗教」など16分野				
〈音楽共通細目〉	―演奏	―楽譜	―作曲	など
〈科学共通細目〉	―採集	―実験	―標本	など
〈宗教共通細目〉	―儀式	―教義	―布教	など

　　例）ジャズの演奏　⇒　ｓ1.**ジャズ―演奏**

　　　　昆虫採集　　　⇒　ｓ1.**昆虫―採集**

第Ⅱ部　主題目録編

（3）言語細目

「**英語**」「**ドイツ語**」「**ロシア語**」など、言語名を主標目として、その後に使用することができる細目を〈**言語細目**〉と呼ぶ（表12.3）。

表12.3　言語細目

―アクセント	―音韻	―解釈	―会話	―語彙	―語源
―時制	―単語	―読本	―文法	―方言	など53項目

例）英文解釈法　　⇒　s1.**英語―解釈**

ドイツ語単語帳　⇒　s1.**ドイツ語―単語**

（4）地名細目、地名のもとの主題細目

地域が限定された主題については、多くの場合、主題となる事柄を主標目とし、それに続けて地名を〈**地名細目**〉として付与する。

例）フランスの手工業　⇒　s1.**手工業―フランス**

ただし、〈**地名のもとの主題細目**〉に該当する「教育」「経済」「工業」「産業」などの特定主題については、地名を主標目とし、その後に主題となる「教育」「経済」「工業」などの言葉を細目として付す（詳細は第13章参照）。

例）フランスの工業　⇒　s1.**フランス―工業**

（5）時代細目

「**世界史**」「**東洋史**」などの歴史を表す標目、および「―歴史」という一般細目のもとでは、時代区分を示す〈**時代細目**〉を用いることができる（詳細は第13章参照）。

例）世界の古代史　　⇒　s1.**世界史―古代**

日本美術の近代史　⇒　s1.**日本美術―歴史―近代**

（6）特殊細目

〈**特殊細目**〉は、それを使用できる各標目のもとに個別に示されているため、音順標目表に記載があるときのみ考慮すればよい。

第12章　件名法（1）

例）経済学の限界効用学派　⇒　s1.**経済学**―限界効用学派

5.3　細目の使い方

細目は主標目と区別し、**主標目の後**に使うのが原則である。

例）　　s1.**日本文学**―用語集　（主標目―細目の順）
　　　×　s1.用語集―**日本文学**　（細目―主標目の順）

細目としては、BSH巻末の「細目一覧」に載っている言葉（上記の7種）しか使うことができない。細目は、音順標目表の中でも、［用語集］〈一般細目〉のように項目立てされており、細目一覧にはない説明が付されている場合もある。しかし、これらは細字で書かれており、ゴシック体（太字）で記載されていないため、主標目とすることはできない。

例）　×　s1.用語集　（細目は主標目にできない）

逆に、「**日本文学**」のようにゴシック体（太字）で書かれている言葉は、原則として主標目として使う言葉であり、細目として使うことはできない。

例）　×　s1.結核―**日本文学**　（主標目は細目にできない）

ただし、「雑誌」「地図」「歴史」のように、主標目にも細目にもなりうる言葉が一部あるので注意が必要である。

例）心理学の雑誌　⇒　s1.**心理学**―雑誌　（細目として「雑誌」を使用）
　　雑誌記事索引　⇒　s1.**雑誌**―索引　（主標目として「雑誌」を使用）

こうした言葉は、《雑誌》のように《　》に包まれた「説明つき参照」として音順標目表の中でその取扱いがまとめて記載されていることが多いので、その都度確認してみるとよい。

以上をまとめると、次のような形になる。

165

第Ⅱ部　主題目録編

5.4　細目の結合順序

　細目は、必要に応じて複数付加することができる。ただし、その場合は各種細目を一定の優先順位で付加しなければならない。その結合の順序は、おおむね次のようになる（地名のもとの主題細目を除く）。

　　　①　　　　　　②　　　　　③　　　④　　　⑤　　　　⑥
[主標目]—[分野ごとの共通細目]—[地名細目]—歴史—[時代細目]—[一般細目]
　　　　　　　　　言語細目

　④の「歴史」は一般細目（⑥）の一つであるが、結合順序という点では扱いが特殊なため、ここでは他の一般細目と区別して示してある。

　なお、これはあくまで優先順位であり、以下例のように不要な細目は飛ばしてよい。ただし時代細目は「歴史」のもとでの使用が基本であるため、多くの場合、⑤は④とセットとなる。また、原則として同種の細目は複数回用いない。

　　　例）　　　ｓ１.科学—歴史—辞典　　　　　（①—④—⑥）
　　　　　×　ｓ１.科学—辞典—歴史　　　　　（①—×⑥—④）
　　　　　　　ｓ１.日本美術—歴史—近代—年表　（①—④—⑤—⑥）
　　　　　×　ｓ１.日本美術—近代—年表　　　　（①—×⑤—⑥）
　　　　　　　ｓ１.英語—文法—便覧　　　　　（①—②—⑥）
　　　　　×　ｓ１.英語—文法—単語　　　　　（①—②—×②）

◆演習問題12-2　BSHを使用して下記の資料に適切な件名標目を与えなさい。

　1．発達心理学辞典 / 岡本夏木［ほか］監修

　2．萬葉集名花百種鑑賞 / 川上富吉編
　　　万葉集に詠まれた花（植物）を歌とともに紹介する。

　3．ミルクの事典 / 上野川修一［ほか］編集

　4．日記で読む日本中世史 / 元木泰雄, 松薗斉編著

　5．日本語源広辞典 / 増井金典著

　6．声が聞こえる！野鳥図鑑 / 上田秀雄音声・文；叶内拓哉写真

　7．英語文学事典 / 木下卓［ほか］編著

第12章　件名法（1）

8. ハンドブック経営学 / 神戸大学経済経営学会編

9. ソーシャルワーカーのための社会福祉調査法 / 平山尚［ほか］著

10. 総合服飾史事典 / 丹野郁編

11. 願いをかなえる神さま：日本の神さま絵図鑑：みたい！しりたい！しらべたい！ / 松尾恒一監修

12. 天才と異才の日本科学史：開国からノーベル賞まで、150年の軌跡 / 後藤秀機著

13. 地図入門 / 今尾恵介著

14. オキナワ語単語集：日本語・英語対照 / 渡由喜子［ほか］訳

15. 日本中世気象災害史年表稿 / 藤木久志編

第13章	件名法（2） ──BSH の応用

① 国名標目表

　固有名詞である地名は、原則として BSH では省略されているが、主標目としても細目（地名細目）としても、使用することができる。

　ただし、国名を使用する際には、BSH 本表 p.853以降に掲載されている**国名標目表**を参照してその表記を決定する。表記の統一のため、アメリカではなく「**アメリカ合衆国**」を使う、英国ではなく「**イギリス**」を使う、などの指示がある。ギリシャは「**ギリシア**」と表記されているので、資料のタイトルに「ギリシャ」と書かれていても、件名標目としては「**ギリシア**」を付与する。タイ王国はタイと書きたくなるが、国名標目表によれば「**タイ（国名）**」となっているため、（国名）を付けたこの形を付与する。同様に、南アフリカ共和国は「**南アフリカ（国名）**」である。

② 地名の位置

　前章の最後で説明した「細目の結合順序」は、地名が関係する場合には例外的なケースがあるので、注意が必要である。

2.1　一般的な地名の位置と付与できる細目
　多くの場合は［**主標目**］―［**地名細目**］という形で、主標目の後に地名や国名が地名細目として付与される。
　　例）アメリカの社会教育／文部省調査局編

⇒　s1. 社会教育―アメリカ合衆国

　さらに、[主標目] ―［地名細目］―［一般細目］の形で、一般細目を付与することもできる。一般細目の一つである「歴史」の後には、さらに時代細目を与えることもできる（詳しくは本章3.5参照）。

　　例）アメリカの社会教育：歴史的展開と現代の動向 / マルカム S. ノールズ著；岸本幸次郎訳

　　　⇒　s1. 社会教育―アメリカ合衆国―歴史

　　　経営者の時代：アメリカ産業における近代企業の成立 / アルフレッド・D・チャンドラー Jr. 著；鳥羽欽一郎, 小林袈裟治訳

　　　⇒　s1. 企業―アメリカ合衆国―歴史―近代

2.2　地名が主標目となる場合

　特定の国や地域の事情を記述した資料には、その地名を主標目として与える。一地域の一般社会事情および文化一般に関する資料には、地名のみを付与する。

　　例）ブータン：変貌するヒマラヤの仏教王国 / 今枝由郎著

　　　⇒　s1. ブータン

　地名が主標目となる場合には、その後に一般細目、または、地名のもとの主題細目（後述）のみを付与することができる。一般細目の「歴史」の後には、さらに時代細目を与えることもできる。

　　例）遊行：ミャンマー写真集 / 関谷巌著　　⇒　s1. ミャンマー―写真集

　　　歴史からみる中国 / 吉澤誠一郎編著　　⇒　s1. 中国―歴史

　　　清帝国の繁栄 / 宮崎市定責任編集　　　⇒　s1. 中国―歴史―清時代

　　　（国名は「清」ではなく、国名標目表に掲載されている現在の地名「中国」を採用する）

　一つの国名や地名だけで表現できないときには、それぞれの国名または地名を主標目とし、複数の件名標目として付与することができる。

　　例）スペイン・ポルトガル史 / 立石博高編

　　　⇒　s1. スペイン―歴史　s2. ポルトガル―歴史

第Ⅱ部　主題目録編

2.3　地名のもとの主題細目

　例外的に、しかし頻繁に使用するものとして、「地域との結びつきが強い主題」とされる次の17項目は、**地名のもとの主題細目**と呼ばれ、以下のように地名が先に来る形で結びつく。

　　　［地名（＝主標目）］―［地名のもとの主題細目］（―その他の細目）

表13.1　地名のもとの主題細目

―紀行・案内記	―教育	―行政	―経済	―工業	―国防
―産業	―商業	―人口	―政治	―対外関係	―地域研究
―地図	―地理	―農業	―風俗	―貿易	

　これらの主題の多くは主標目となることもできるが、地名を伴う場合には必ず地名を主標目とする。

　　例）教育の方法／ルドルフ・シュタイナー著

　　　　⇒　s1.**教育**

　　　　知識ゼロからのフィンランド教育／藤田りか子著

　　　　⇒　s1.**フィンランド―教育**　（×s1.教育―フィンランド）

　地名のもとの主題細目のうち、「―対外関係」と「―貿易」は、相手国を付加して「**日本―対外関係―アメリカ合衆国**」のように使用することもできる。対外関係では、相手国を入れ替えて「**アメリカ合衆国―対外関係―日本**」とし、２つ目の件名標目として付与することもできる。

　なお、日本の地名は、京都府と京都市（どちらも京都）のような同名自治体を区別するため、「**京都府**」「**京都市**」のように「都」「道」「府」「県」「市」「区」「町」「村」の文字を付す。東京特別区（東京23区）は、「**東京都**」または「**東京都○○区**」と表記する。

　　例）**千葉県　千葉市　横浜市　横浜町　東海市　東海村　東京都港区**

170

第13章　件名法（2）

◆演習問題13-1　BSHを使用して下記の資料に適切な件名標目を与えなさい。

1．検証インドの軍事戦略：緊張する周辺国とのパワーバランス／長尾賢著

2．冷戦後の日本外交／信田智人著

3．日米関係の構図／安保哲夫［ほか］著

4．カナダ経済史／リチャード・ポムフレット著；加勢田博［ほか］訳

5．鳥取県謎解き散歩／日置粂左ヱ門編著

6．フランスの行政／下條美智彦著

7．日本農業への問いかけ：「農業空間」の可能性／桑子敏雄［ほか］著

8．中国のIT産業：経済成長方式転換の中での役割／中川涼司著

9．イタリア文化55のキーワード／和田忠彦編

10．アメリカを知る事典／荒このみ［ほか］監修

11．札幌市詳細図／昭文社編

12．韓国の社会教育・生涯学習：市民社会の創造に向けて／黄宗建［ほか］編著

13．デンマークの教育に学ぶ／江口千春著；ダム雅子訳

14．変貌する英国の大学／山田直［執筆］

15．フランスの食品産業：その構造的変化と今日の課題／小倉武一訳編

③　件名規程

3.1　件名規程の種類と一般件名規程の基本的な規則

BSHでは、件名作業のためのルールとして**一般件名規程**と**特殊件名規程**とが定められている。一般件名規程には、件名作業をする際に踏まえるべき以下の3つの基本的な規則が含まれている（表13.2）。

①では、まず、主題（テーマ）が明らかな資料に対しては、その主題を表す言葉を件名標目表（この場合はBSHの音順標目表）から探して与える、という件名作業の大原則が述べられている。加えて、主題が特定されていない場合でも、

第Ⅱ部　主題目録編

表13.2　件名作業の際に踏まえるべき基本的な規則（一般件名規程）

①主題が明らかな資料、特定の出版形式の資料、多数人の文学作品・芸術作品の集成
　には、件名標目を付与する。
②件名標目は、主題及び表現形式に応じて、必要な数だけ付与することができる。
③利用上必要な場合には、資料の一部を対象とする件名標目も付与できる。

　たとえば百科事典、統計書など、特定の出版形式を備えた資料であれば、その
出版形式をもとに、件名標目表で定められた形で何らかの件名標目を与える、
ということが示されている。また、「多数人の文学作品・芸術作品の集成」に
件名標目を付与するということは、たとえば、多数の作家の文学作品を採録し
た詩集やエッセイ集などには、件名標目表で定められた形で何らかの件名標目
を与える、ということである。逆に言えば、後述するように、個人作家の文学
作品の全集などには件名標目は与えない。

　②では、一つの資料に対して複数の件名標目を付与することが可能であると
いうことが示されている。たとえば、『トラベルデイズ　ウィーン・プラハ・
ブダペスト』という資料は、ウィーン、プラハ、ブダペストという三つの都市
の旅行案内である。この場合、s1. **ウィーン―紀行・案内記**　s2. **プラハ―紀
行・案内記**　s3. **ブダペスト―紀行・案内記**という3つの件名標目を付与する
ことができる。こうすることで、たとえば「プラハ―紀行・案内記」という手
がかりだけからでも検索可能になる。あるいは、『佐久間象山と科学技術』と
いう資料は、NDCによる書架分類では402.1（日本の科学史）という1か所に
のみ分類・配架されるため、手がかりもこれしかないが、件名標目の方はs1.
科学技術―歴史　s2. **サクマ，ショウザン（佐久間象山）**の2つを付与するこ
とができるため、2つの手がかりのどちらからでも検索することができるよう
になる。

　ただし、複数の件名標目を付与することが可能だといっても、2〜3つまで
が現実的で、4つ以上の件名標目を安易に与えると、同じ件名標目をもつ資料
が多数生じて、検索の際にノイズが生じやすくなる原因にもなってしまう。

　最後に③では、必要に応じて、資料の一部のみを対象とする件名標目も付与

第13章　件名法（2）

できることが示されている。たとえば、『格差社会から成熟社会へ』という資料は、6人の執筆者が日本の社会について、政治、社会福祉、労働組合、経済などの観点から論じた文章を、1冊にまとめた論文集である。本書を包括する主題は「日本の社会」であるため、BSHの「社会事情一般に関する著作にはそれぞれの地名のみを件名標目として与える」に従うと、件名標目はs1.日本になるが、地名のみでは本書に含まれる各主題（各章の内容）に限定して検索することができない。本書に含まれる各主題も探せるようにした方が利用者の利便性につながると判断できる場合には、資料の全体を示す件名標目s1.日本とともに、資料の一部である各章の内容を示す件名標目をs2.日本—政治　s3.社会福祉—日本　s4.労働組合—日本　s5.日本—経済のように付与することができる。ただし、前述のように、安易に付与すると検索用のキーワードの乱発を招き、検索ノイズが生じる原因にもなるため、付与の必要性は慎重に判断しなければならない。

　以上の基本的な規則を踏まえて、以下では、一般件名規程のなかの文学資料に関する規則（3.2～3.4）と、特殊件名規程の一部（3.5～3.10）を解説する。その他の点については、BSH冒頭の解説部分に掲載されている一般件名規程、特殊件名規程を直接参照してほしい。

3.2　個人作家の文学作品

　原則として、個人作家の文学作品には件名標目を与えない。知識的な作品と創造的な作品とが同時に検索されないようにするためである。

　もし、文学作品に件名標目（検索キーワード）を与えたとしたら、例えば、高校生の恋愛をテーマにした非常に多くの小説が、「高等学校」のキーワードで教育学の資料とともに検索されてしまったり、「恋愛」のキーワードで心理学の資料とともに検索されてしまったりして、件名標目が検索キーワードとしての機能を果たさなくなってしまう。そのため個人作家の文学作品は、原則として件名標目は与えず、タイトル標目、著者標目からのみ検索できる形にする。

　　例）世界の中心で、愛をさけぶ／片山恭一著

173

第Ⅱ部　主題目録編

⇒　個人作家の文学作品なので、件名を付与しない。

ただし、特定の人物や事件を題材にした文学作品は、その特定のテーマから検索したい利用者がいる可能性がある。その場合、メインテーマとなっている人物や事件を主標目とし、「─小説・物語」の細目をつけることが可能である。

例）桜田門外ノ変 / 吉村昭著　　⇒　s1. 桜田門外の変─小説・物語

織田信長破壊と創造 / 童門冬二著　⇒　s1. 織田信長─小説・物語

3.3　「○○文学」という件名標目

「日本文学」という件名は、日本文学の個々の作品に与えるのではなく、日本文学に関する著作、つまり、日本文学をテーマとして論じた研究論集やエッセイに対して与える。「英文学」「中国文学」など、他の文学も同様に扱う。

例）日本文学とその周辺 / 大取一馬編　⇒　s1. 日本文学

3.4　多数の作家による文学作品集

多数の作家による文学作品集に対しては、文学形式や出身国により、次のような件名標目を与える。

例）独逸怪奇小説集成 / 前川道介訳；竹内節編

⇒　s1. 小説（ドイツ）─小説集

教科書で出会った名詩一〇〇 / 新潮文庫編集部編

⇒　s1. 詩─詩集

3.5　歴史に関する資料

歴史に関する資料に与える件名標目は、通常「─歴史」の細目を付けるが、「世界史」「西洋史」「東洋史」「法制史」の４つは、「世界─歴史」などとはせず、そのままの形を主標目として用いることが指示されている。

例）教養のための西洋史入門 / 中井義明［ほか］著　⇒　s1. 西洋史

歴史を表す３つの主標目（＝前述の「世界史」「西洋史」「東洋史」）および「─歴史」の細目のもとでは、さらに時代細目を付加することができる。時代細目

に用いる語の種類は BSH 上、明確に決められていないが、「世界史」「西洋史」「東洋史」「日本―歴史」「中国―歴史」「日本美術―歴史」「日本文学―歴史」などの標目のもとには、時代細目が列記されている。これらを参考に、地域や主題ごとに適切な言葉を選定し、同一地域、同一主題のもとでは統一的に付与する。

例）日本近世史 / 杉森哲也編著

⇒　s1.**日本―歴史―近世**

平安時代の美術 / 中村充一［責任編集］

⇒　s1.**日本美術―歴史―平安時代**

なお、「法制史」には時代細目ではなく、必要であれば地名細目を付与する。

例）概説西洋法制史 / 勝田有恒［ほか］編著　⇒　s1.**法制史―西洋**

3.6　伝記に関する資料

個人の**伝記**は、被伝者がテーマであり、**被伝者の個人名**を件名標目とする。

例）上杉謙信：政虎一世中忘失すべからず候 / 矢田俊文著

⇒　s1.**ウエスギ，ケンシン（上杉謙信）**

多数人の伝記資料は、「**伝記**」を件名標目する。特定分野に関する人々の伝記は「**《主題または職業等を表す主標目》―伝記**」とする（《　》の中の言葉はそのつど入れ替わる）。

例）数学者列伝：オイラーからフォン・ノイマンまで / I. ジェイムズ著；蟹江幸博訳　⇒　s1.**数学者―伝記**

3.7　法律に関する資料

法律に関する件名標目については以下のように決められている（《　》の中の言葉はそのつど入れ替わる）。

1）日本の法令集（法律集）は、「**法令集**」を件名標目とする。

例）模範小六法 / 判例六法編修委員会編

⇒　s1.**法令集**

第Ⅱ部　主題目録編

2）外国の法令集（法律集）は、「**法令集—《国名》**」を件名標目とする。

例）日本語訳中華人民共和国法令解釈集 / 朝日中央綜合法律事務所監訳

⇒　s1.**法令集—中国**

3）地方の条例集・例規集は、「**《地名》—条例・規則**」を件名標目とする。

例）奈良市例規集 / 奈良市総務部文書課編

⇒　s1.**奈良市—条例・規則**

4）特定の主題に関する法令集は、「**《主題》—法令**」を件名標目とする。

例）教育小六法 / 市川須美子［ほか］編集

⇒　s1.**教育—法令**

5）日本の個々の法令に関する著作（個々の法令についての研究書、解説書）は、
研究、解説の対象となっている個々の「**《法令名》**」を件名標目とする。

例）新教育基本法のフロンティア / 伊藤良高［ほか］編

⇒　s1.**教育基本法**

6）外国の個々の法令に関する著作（個々の法令についての研究書、解説書）は、
その法律が関連する主題に着目し、「**《主題》—法令**」を件名標目とする。

例）アメリカ教育法：教師と生徒の権利 / マーサ・M・マッカーシー，ネ
ルダ・H・キャンブロン＝マカベ著；平原春好，青木宏治訳

⇒　s1.**教育—法令**

7）外国の憲法、刑法、商法、民法などについて（外国の憲法、刑法、商法、
民法などの条文や、それらについての研究書、解説書）は、「**憲法—《国名》**」、
「**刑法—《国名》**」などを件名標目とする。

例）フランス共和国憲法 / 福井勇二郎譯；野田良之校訂

⇒　s1.**憲法—フランス**

フランス刑法の現状と欧州刑法の展望 / 末道康之著

⇒　s1.**刑法—フランス**

8）各国の一般的な法律事情は、「**法律—《国名》**」を件名標目とする。

例）フランス暮らしと仕事の法律ガイド / 永澤亜季子著

⇒　s1.**法律—フランス**

176

3.8 統計書に関する資料

一つの地域、一つの国、または、特定主題に関する統計書については、「《地名（国名）または主題を表す主標目》―統計書」を件名標目とする（《 》の中の言葉はそのつど入れ替わる）。世界統計は、「統計―統計書」とする。

例）ベトナム統計年鑑／日越貿易会編　⇒　s1.ベトナム―統計書

　　世界の統計／総務省統計局編　　⇒　s1.統計―統計書

3.9 病気に関する資料

個々の病気に関する資料は、その**病名**を件名標目として付与する。臓器系の病気の総合的記述には、**臓器名**を冠した疾患を表す件名標目を付与する。**障害、症状、外傷**などは、それぞれを示す名称を件名標目として付与する。

例）風邪の効用／野口晴哉著　⇒　s1.風邪

3.10 言語に関する資料

各言語に関する資料は、原則として、**各言語名**を件名標目として付与する。各言語の諸分野については、言語細目を用いる。日本語の「―方言」を除き、地名細目を使用することはできない。

例）新英文法概説／山岡洋著　　　　⇒　s1.英語―文法

　　津軽弁・違る弁！／伊奈かっぺい著　⇒　s1.日本語―方言―青森県

　　　　　　　　　　　　　　　　　　　s2.日本語―方言―津軽地方

特定の言語にのみ使用する用語は、そのまま件名標目とする。

例）枕詞論：古層と伝承／近藤信義著　⇒　s1.枕詞

　　（「枕詞」は日本語の古文にのみ使用する用語である）

◆演習問題13−2　BSH を使用して下記の資料に適切な件名標目を与えなさい。なお、件名標目が付与できないものは、「付与できない」と書きなさい。

1．西洋哲学史．古代・中世編／内山勝利，中川純男編著

2．女性たちの現代詩：日本100人選詩集／麻生直子編

第Ⅱ部　主題目録編

3．スイス：歴史が生んだ異色の憲法 / 美根慶樹著

4．この一冊で世界の歴史がわかる！ / 水村光男著

5．六法全書 / 井上正仁，能見善久編集代表

　　日本の法令集。

6．事典にない大阪弁：絶滅危惧種の大阪ことば / 旭 堂南 陵 著

7．日本の統計 / 総務省統計局編

　　日本の統計書。

8．吾輩は猫である / 夏目漱石著

9．「吾輩は猫である」の謎 / 長山靖生著

10．鹿児島市例規集 / 鹿児島市総務局編集

11．日本古代史を科学する / 中田 力 著

12．徳川綱吉：犬を愛護した徳川幕府五代将軍 / 福田千鶴著

13．知っておきたいロシア文学 / 宇佐見森吉，宇佐見多佳子著

14．西洋画人列伝 / 中ザワヒデキ著

15．糖尿病にならない、負けない生き方 / 牧田善二著

第14章	分類法の基礎（1）
	——NDCの概要

① NDCの構成

　日本の図書館で広く採用されている資料分類法は、日本十進分類法（Nippon Decimal Classification、以下NDC）である。

　NDCの最新版は**新訂10版**であり、「**本表・補助表編**」と「**相関索引・使用法編**」の2分冊となっている。それぞれの主要な内容は以下のとおりである。

「本表・補助表編」（第1分冊）		「相関索引・使用法編」（第2分冊）	
○各類概説 …………………	p.33	○相関索引 ……………………	p.5
○第1次区分表（類目表）…………	p.45	ア　カ　サ　タ　ナ	
○第2次区分表（綱目表）…………	p.47	ハ　マ　ヤ　ラ　ワ　英数字	
○第3次区分表（要目表）…………	p.49	○『日本十進分類法新訂10版』の使用法	
○細目表 ……………………	p.63		p.263
○一般補助表 ………………	p.433	Ⅰ NDCの一般的な適用について …	p.266
Ⅰ　　形式区分 ………	p.437	分類規程 ………………	p.270
Ⅰ-a　地理区分 ………	p.439	番号構築 ………………	p.274
Ⅱ　　海洋区分 ………	p.456	Ⅱ NDCの各館での適用について	p.280
Ⅲ　　言語区分 ………	p.457	館種別適用 ……………	p.287
○固有補助表 ………………	p.461	別置 ……………………	p.289
言語共通区分 ……………	p.472	○用語解説 ……………………	p.293
文学共通区分 ……………	p.473	○事項索引 ……………………	p.307

図14.1　NDC新訂10版の構成（抜粋）

　図14.1で挙げた内容は、実際の分類作業においてよく参照する箇所である。NDCのどこに、どのような項目があるかを把握しておくことで、素早い分類作業が可能になる。

　NDC新訂10版（2014年12月刊行）は新訂9版（1995年8月刊行）以後約20年ぶ

第Ⅱ部　主題目録編

りの改訂である。図書館では、長らく新訂9版が使われてきたが、今後は順次、新訂10版の採用へ移行すると考えられる。

　新訂9版と新訂10版とでは、分類に関する大きなルール変更はないものの、1995年以降に登場した新たな事項や地名を採録しているほか、分冊の名称や、その中での項目の配置が多少異なっている。新訂9版は「本表編」と「一般補助表・相関索引編」の2分冊で、一般補助表は第2分冊に収載されていたが、新訂10版では「本表・補助表編」として本表と同じ第1分冊に収められた。言語共通区分、文学共通区分は、新訂9版では一般補助表の一部だったが、新訂10版では固有補助表の扱いとなっている。また、新訂9版の本表編の解説部分に位置していた「分類規程」は、新訂10版では「相関索引・使用法編」の「『日本十進分類法　新訂10版』の使用法」の一部に位置づけられている。

② NDC本表の構造

　NDCでは、まず、知識の全分野を哲学、歴史、社会科学、自然科学、技術、産業、芸術、言語、文学という9つの分野に区分して、1から9の記号を割り当てている。そして、百科事典や博物館、情報学、図書館情報学のように、分野をまたぐ総合的なものや9つの分野のどこにも入らないものを、総記（0）としてまとめている。これが第1次区分表（類目表）で、それぞれの区分肢は、「0類」、「1類」、「2類」などと呼ばれる。

　こうした類の中をそれぞれ1から9のさらに細かい項目に区分し、各類の総記としての0を加えて2桁の記号としたものが第2次区分表（綱目表）である。これはNDCの主要100区分（＝10×10区分）をあらわしている（表14.1）。

　世の中の事象をきれいに10ずつに分割できるわけではないので、一つの類のもとに類と同じレベルの他の内容を同居させている箇所もあることに注意が必要である。1類は「哲学」に加えて「宗教」が、2類は「歴史」に加えて「地理」が、4類は「自然科学」に加えて「医学」が、5類は「技術」に加えて「家政学」が、7類は「芸術」に加えて「スポーツ」、「諸芸」が同居している。

180

第14章 分類法の基礎 (1)

表14.1 第2次区分表（綱目表）

00	**総記**
01	図書館. 図書館情報学
02	図書. 書誌学
03	百科事典. 用語索引
04	一般論文集. 一般講演集. 雑著
05	逐次刊行物. 一般年鑑
06	団体. 博物館
07	ジャーナリズム. 新聞
08	叢書. 全集. 選集
09	貴重書. 郷土資料. その他の特別コレクション

10	**哲学**
11	哲学各論
12	東洋思想
13	西洋哲学
14	心理学
15	倫理学. 道徳
16	**宗教**
17	神道
18	仏教
19	キリスト教. ユダヤ教

20	**歴史. 世界史. 文化史**
21	日本史
22	アジア史. 東洋史
23	ヨーロッパ史. 西洋史
24	アフリカ史
25	北アメリカ史
26	南アメリカ史
27	オセアニア史. 両極地方史
28	伝記
29	**地理. 地誌. 紀行**

30	**社会科学**
31	政治
32	法律
33	経済
34	財政
35	統計
36	社会
37	教育
38	風俗習慣. 民俗学. 民族学
39	国防. 軍事

40	**自然科学**
41	数学
42	物理学
43	化学
44	天文学. 宇宙科学
45	地球科学. 地学
46	生物科学. 一般生物学
47	植物学
48	動物学
49	**医学. 薬学**

50	**技術. 工学**
51	建設工学. 土木工学
52	建築学
53	機械工学. 原子力工学.
54	電気工学
55	海洋工学. 船舶工学. 兵器. 軍事工学
56	金属工学. 鉱山工学
57	化学工業
58	製造工業
59	**家政学. 生活科学**

60	**産業**
61	農業
62	園芸. 造園
63	蚕糸業
64	畜産業. 獣医学
65	林業. 狩猟
66	水産業
67	商業
68	運輸. 交通. 観光事業
69	通信事業

70	**芸術. 美術**
71	彫刻. オブジェ
72	絵画. 書. 書道
73	版画. 印章. 篆刻. 印譜
74	写真. 印刷
75	工芸
76	音楽. 舞踊. バレエ
77	演劇. 映画. 大衆芸能
78	**スポーツ. 体育**
79	**諸芸. 娯楽**

80	**言語**
81	日本語
82	中国語. その他の東洋の諸言語
83	英語
84	ドイツ語. その他のゲルマン諸語
85	フランス語. プロバンス語
86	スペイン語. ポルトガル語
87	イタリア語. その他のロマンス諸語
88	ロシア語. その他のスラブ諸語
89	その他の諸言語

90	**文学**
91	日本文学
92	中国文学. その他の東洋文学
93	英米文学
94	ドイツ文学. その他のゲルマン文学
95	フランス文学. プロバンス文学
96	スペイン文学. ポルトガル文学
97	イタリア文学. その他のロマンス文学
98	ロシア・ソビエト文学. その他のスラブ文学
99	その他の諸言語文学

第Ⅱ部　主題目録編

　第2次区分表の100の区分肢を、さらに10ずつに区分すると**第3次区分表**（要目表）となる。これによって1,000の区分が用意される。ここでもすべての綱目がひとしく10分割されているわけではない。一つの綱のもとに綱と同じレベルの他の内容が同居していたり（例えば55綱には「550　海洋工学.船舶工学」と「559　兵器.軍事工学」が割り当てられている）、未使用項目（空番）になる項目（695から698など）があったりする。小規模な公共図書館や学校図書館では、この第3次区分表の3桁の分類記号までを採用する場合もある。なお、NDCでは分類記号を3桁未満に短縮することは推奨されていない。

　図14.2は、3類（社会科学）、31綱（政治）の階層関係を示したものである。「30　社会科学」と「310　政治」の末尾の0は、それぞれのレベルの総記を意味するため、同レベルの他の綱目、他の要目を包む形でこれを表現している。

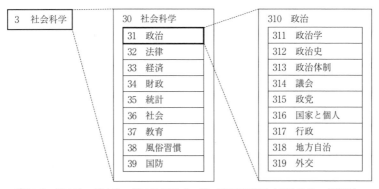

図14.2　第1次・第2次・第3次区分表の間の階層関係図（項目名は一部省略）

　そして、本表のメインである**細目表**には、類目、綱目、要目に加え、4桁以上の小目が記載されている。ただし、類目（0〜9）と綱目（00〜99）は、末尾に「00」または「0」を追加した3桁の分類記号として示されている。例えば、3（社会科学）⇒31（政治）⇒317（行政）の関連では、以下のような分類項目が用意されている。

　　例）300　**社会科学**　　310　**政治**　　317　**行政**　　317.2　**行政組織**
　　　　　　317.26　国土・交通関係　　317.269　環境省　　317.2699　観光庁

第14章　分類法の基礎（1）

公共図書館や大学図書館では、4桁～6桁くらいまでの分類記号を使用することが多い。第4次区分（4桁目）以降の区分肢は、左から3桁目と4桁目の間に「.」（ピリオド）が置かれる。3桁ごとに「.」を入れるわけではなく、3桁目と4桁目の間にのみ入れる。3桁でおわる場合は「.」はつけない。

NDCでは、**数字を一つひとつ分けて読む**ことになっている。例えば、上の例の「行政組織」を示す317.2は、「**サン　イチ　ナナ　テン　ニ**」と読み、「サンビャクジュウナナテンニ」とは読まない。また、0は「レイ」、「ゼロ」、または「マル」と読む場合もあり、上の例の「政治」を示す310は「**サン　イチ　レイ**」、「**サン　イチ　ゼロ**」、または「**サン　イチ　マル**」と読む。

③　NDCの見方

3.1　省略表記に注意する

NDCの細目表には、すべての分類記号と項目名が完全な形で載っているわけではない。省略された項目名や分類記号の一部省略があることに注意しなければならない。

図14.3は、NDC細目表から030（百科事典）の周辺を抜粋したものである。ここでは「031　日本語」、「032　中国語」、「033　英語」と書かれているが、これは言語学の日本語、中国語、英語の資料という意味ではない。「031　日本語」の上の行を確認すると、「〈031／038　各言語の百科事典〉」と書かれている。「〈　〉」（フランスパーレン）は、その後に続く内容のまとまりを示す**中間見出し**の記号である。「／」（スラッシュ）は、**分類記号の範囲**を示す。「031／038」は、「031～038」という意味である。

つまり、「〈031／038　各言語の百科事典〉」という中間見出しは、「031から038の間の記号が、各国語で書かれた百科事典の分類項目に該当する」ということを意味している。したがって、例えば「031　日本語」は「日本語で書かれた百科事典」を、「032　中国語」は「中国語で書かれた百科事典」を、「033　英語」は「英語で書かれた百科事典」を示していることになる。

183

第Ⅱ部　主題目録編

また、「**031　日本語**」の1行下にある「**.2　類書**」の正式な分類記号は
031.2である。その後も同様で、「**.3　日用便覧**」「**.4　事物起原**」の正式な分
類記号はそれぞれ031.3、031.4である。つまり、「**.**」の前の031が省略された
形で記載されているので、実際に分類記号を付与する際には031を補う必要が
ある。

030　百科事典　General encyclopedias
　　　　　＊原著の言語による言語区分；ただし，邦訳されたもので，日本の事象に合わせて翻
　　　　　　案している場合などは，日本語のものと同じ扱いにする
　　　　　＊百科事典に関する著作は，ここに収め，当該百科事典の言語によって言語区分
　　　　　＊問答集，クイズ集も，各言語の下に収める

〈031／038　各言語の百科事典〉

　031　日　本　語　Japanese
　.2　　類　　　　書
　.3　　日用便覧
　.4　　事物起原
　032　中　国　語　Chinese
　033　英　　　　語　English
　034　ド　イ　ツ語　German
　035　フランス語　French
　036　スペイン語　Spanish
　037　イタリア語　Italian
　038　ロ　シ　ア語　Russian

図14.3　NDC 細目表「030　百科事典」の一部抜粋

3.2　NDC 細目表で使われる記号

NDC の細目表では、さまざまな記号が使われている。

「＊」（アステリスク）は、**注記**を意味する。これは、その分類記号を使用す
る際に、何か特に注意が必要であることを意味している。分類記号・分類項目
の下に「＊」がある場合は、必ずその内容を確認する。

　　例）**448　地球 . 天文地理学**　Earth. Astronomical geography
　　　　　　　＊ここには，天文学的にみた地球を収める
　　　　　　　＊地球科学→450

この例の一つ目の注記で意味されているのは、「448という分類記号は、天文学的な観点から、惑星としての地球を扱う資料に用いる」ということである。

「→」（矢印）は、その先の分類記号を使用せよ（○○をみよ）という指示で、「をみよ」参照と言われる。したがって、上の例の二つ目の注記は、「地球科学的な観点の資料（地球の内部や表面で起こる諸現象を扱う資料）には450を使用せよ」という意味となる。

「→：」（矢印コロン）は、関連する分類項目が他にも存在するので、それらを確認せよ（○○をもみよ）という指示で、「をもみよ」参照と言われる。

　例）685　陸運．道路運輸　Land transportation　→：514；537

この例は、「陸運・道路運輸に関する資料は685に分類するが、関連項目である514（道路工学）や537（自動車工学）とも比較せよ」という意味である。複数の候補がある場合は、上記のように「；」（セミコロン）で区切られている。

「［　］」（角括弧）の中に分類記号、その右側に分類項目名、続いて「→」の先に別の分類記号が示されている場合は、一般的な分類方法（本則）としては、「［　］」の中の分類記号は使用せず、「→の先の分類記号を使用せよ」という意味となる。

　例）［228.5］イスラエル　Israel　→227.9

この例は、「イスラエルの歴史に関する資料は、本則をとる場合、228.5ではなく227.9に分類せよ」という意味である。ただし、専門図書館などで、特に関連する主題を連続的に配架するなどの目的がある場合には、別法として、「［　］」の中の分類記号（この例では228.5の方）を使用してもよいとされている。別法を使用するかどうかは、各図書館であらかじめ決めておく必要がある。

④　補助表

NDC は、分類される項目が細目表の中に基本的にすべて用意されている列挙型分類法であるが、用意されている分類記号にさらに各種の「区分」と呼ばれる記号を付加することで、分類項目の意味を拡張して表現することができる。

第Ⅱ部　主題目録編

こうした記号合成（番号構築）のための各種の「区分」を収めた表が**補助表**である。

補助表には「一般補助表」（3種4区分）と「固有補助表」（10種）がある。

4.1　一般補助表

複数の類にわたって使用される補助表が**一般補助表**で、「形式区分」、「地理区分」、「海洋区分」、「言語区分」の3種4区分がある。3種と呼ばれるのは、「地理区分」が「形式区分」の一部をさらに展開するものとして位置づけられているからである。

補助表は、その名の通り、本表（細目表）に対してあくまで補助的な役割を果たす表であるから、どの補助表の記号も単独で用いることはなく、必ず細目表の分類記号の後に付加する形で使用する。例えば、細目表の分類項目491.5（薬理学）に形式区分の－033（辞典）を付加すると、491.5033（薬理学の辞典）となる。同様に、形式区分の－04（論文集）を付加すると、491.504（薬理学の論文集）となる。補助表の記号には、「－033」や「－04」のように「－」（ハイフン）が付されているが、記号合成の際にはこの「－」は取り去る。

一般補助表の詳しい内容と使用法については、次章以降で順次解説する。

4.2　固有補助表

類をまたがず、特定の分類項目のもとで使用する補助表が**固有補助表**で、以下の10種がある。【　】の中は、使用できる分類記号を意味している。

1）神道各教派の共通細区分表【178】

2）仏教各宗派の共通細区分表【188】

3）キリスト教各教派の共通細区分表【198】

4）日本の各地域の歴史（沖縄県を除く）における時代区分【211／219】

5）各国・各地域の地理，地誌，紀行における共通細区分表【291／297】

6）各種の技術・工学における経済的，経営的観点の細区分表【510／580】

7）様式別の建築における図集【521／523】

第14章　分類法の基礎（1）

8）写真・印刷を除く各美術の図集に関する共通細区分表【700】

9）言語共通区分【810／890】　（※使用法は第28章を参照のこと）

10）文学共通区分【910／990】　（※使用法は第29章を参照のこと）

　固有補助表の例として、以下に「仏教各宗派の共通細区分表」を示す（表14.2）。これは、仏教の各宗派名を示す分類記号（「188　各宗」のもとの「188.3華厳宗」「188.6　浄土教.浄土宗」など）に付加することができる記号である。

表14.2　仏教各宗派の共通細区分表

－ 1　教義.宗学	－ 2　宗史.宗祖.伝記	－ 3　宗典
－ 4　法話・語録.説教集	－ 5　寺院.僧職.宗規	
－ 6　仏会.行持作法.法会	－ 7　布教.伝道	

　例）188.6（浄土宗）＋ 4（法話）＝ 188.64（浄土宗の法話）

⑤　相関索引

　相関索引は、分類項目名に使われている語やそれらと関連のある語を、五十音順、次いでアルファベット・数字順に並べ、索引語として対応するNDCの分類記号を明示した一覧表である。索引語は約33,400件あり、同一の語であっても、複数の主題分野に分散している分類記号を一覧することができる機能をもっている。

　しかし、相関索引で分類記号の手がかりを得たとしても、そのまま付与してはならない。必ず細目表を参照し、そこに付されている注記や参照から、主題の適切性や分類記号の適用範囲などを確認する必要がある。

◆演習問題14-1　以下のNDCの記号がどのような主題をあらわすか答えなさい。

1）035　　　　2）224.8　　　3）146.8　　　4）234.5　　　5）361.43
6）498.3　　　7）519.3　　　8）693.8　　　9）783.78　　10）833
11）547.4833　12）606.9　　　13）953.7　　　14）779.9　　15）689.5

187

第Ⅱ部　主題目録編

16）723.04　　17）047　　18）366.8　　19）371.42　　20）798.5
21）911.123　22）304　　　23）210.1　　24）375.32　　25）486.6

◆演習問題14－2　　以下の主題を表す記号をNDC相関索引により調べなさい。
その後、NDC本表（細目表）で確認し、それぞれの記号の意味と観点とを説明
しなさい。

1．制服　　　2．金　　　3．にんじん　　　4．世界保健機関、WHO
5．本、書籍、書物、図書、ブック

┌─ ■□コラム14.1□■ ─────────────────────────┐

　　　　　　　　　　　どう読む？　分類記号

　NDCの分類記号は、アラビア数字により表現される。これは「数値」ではなく「記
号」なので、913は「キュウヒャクジュウサン」とは読まずに「キュウイチサン」と
読む。ここまではよいとして、図書館学010はなんと発音すべきだろうか。NDC新訂
9版「解説」では0は「レイ」と読むよう書かれていた。だが、「音」として利用者
に伝えることを考えれば「ゼロイチゼロ」と読んだほうが聞き取りやすいかもしれな
い。それに、渋谷のお店の名前にあるように0を「マル」と読むのも、時として伝わ
りやすいかもしれない（302＝サンマルニ）。実際、日本図書館協会分類委員会も総記0
類を「ゼロ類」と発音することがある。
　ただ、案内する際に図書館員が「300（サンビャク）番台」などと言うのは間違いだが、
「ナナヒャク番の本はどこにありますか」という利用者からの質問にいちいち図書館
員が訂正するのは嫌味に受け取られるかもしれない。どうせなら、「正しい読み方」
よりも聞き手の印象のほうこそに気を遣うべきだろう。
　だが、情報学007を「ゼロゼロセブン」とか「ダブルオーセブン」と読むと、情報
ではなく「諜報」になってしまうのでご注意あれ……。

└──────────────────────────────────────┘

188

第 14 章　分類法の基礎（1）

■□コラム 14.2 □■

1門の本はどこですか？

　図書館で「この資料は経済だから 3 類の書架ですね」や「あの資料は宗教だから 1 門にあるはずですね」と言われることがある。この発言に出てくる「3 類」や「1 門」というのは、分類表における区分けの仕方である。分類表によってこの区分けの名づけ方は異なっている。「類」は、日本十進分類法で採用されている名称である。「門」は、かつて存在した「帝国図書館」で使われていた「八門」分類法で採用されていた区分けの名称である。現在、八門分類法は使われていないが、その「門」という呼び名だけが、日本十進分類法における「類」の同義語として、用いられる場合も少ないながらみられる。なお、「門」は辞書上で「物事の分類上の大別。系統。分野」（広辞苑）と定義されている。日本十進分類法と帝国図書館の八門分類法の主題の区分けの仕方は異なっているため、単純な記号の置き換えはできない。それは、採用している分類法もしくは分類表が異なれば、分類表で使われる記号だけではなく、その見方や付与の仕方が全く異なるということである。

第15章	分類法の基礎 (2)
	——形式区分

1 形式区分の概要

　形式区分は、NDC の一般補助表の一つで、叙述形式など**出版物の内容**に関わる**内形式**と、編集形式・出版形式など**出版物の形態**に関わる**外形式**を記号に置き換えたものである（表15.1）。細目表の分類記号の後にこれらの記号を与えることによって、主題を形式で細区分することができる。

表15.1　形式区分と内形式・外形式の対応

－ 01	理論. 哲学		－ 04	論文集. 評論集. 講演集. 会議録	内形式
－ 012	学史. 学説史. 思想史	内形式		＊非体系的／非網羅的なもの	外形式
－ 016	方法論		－ 049	随筆. 雑記	（※）
－ 019	数学的・統計学的研究				
－ 02	歴史的・地域的論述				
	＊地理区分	内形式	－ 05	逐次刊行物：新聞, 雑誌, 紀要	外形式
－ 028	多数人の伝記（3 人以上）		－ 059	年報. 年鑑. 年次統計. 暦書	
－ 029	地理学的論述. 立地論				
－ 03	参考図書		－ 06	団体：学会, 協会, 会議	内形式
－ 031	書誌. 文献目録. 索引. 抄録集		－ 067	企業体. 会社誌	
－ 032	年表		－ 07	研究法. 指導法. 教育	
－ 033	辞典. 事典. 引用語辞典.		－ 075	調査法. 審査法. 実験法	内形式
	用語集. 用語索引		－ 076	研究調査機関	
	＊項目が五十音順など一定		－ 077	教育・養成機関	
	の音順に配列されているもの				
－ 034	命名法	外形式	－ 078	教科書. 問題集	外形式
－ 035	名簿. 人名録		－ 079	入学・検定・資格試験の案	
	＊団体の会員名簿は － 06			内・問題集・受験参考書	
－ 036	便覧. ハンドブック. ポ				
	ケットブック		－ 08	叢書. 全集. 選集	外形式
				＊体系的／網羅的なもの	
－ 038	諸表. 図鑑. 地図. 物品目録		－ 088	資料集	

※ 特定のテーマを扱った資料は内形式、非体系的なテーマを扱った資料は外形式。

第15章 分類法の基礎（2）

② 形式区分の使用法

2.1 分類記号の末尾の0を除去して付加する

　形式区分は、細目表の分類記号の後に直接付加する。その際、細目表の**分類記号の末尾の0はすべて除去してから付加**する。つまり、分類記号の末尾が0であればその0を、末尾とその前の桁が0であればその両方の0を除去してから形式区分を付加する。形式区分の冒頭のハイフン（－）は付加する際に取り去るが、形式区分の0まで除去しないように注意が必要である。また、付加した結果が4桁以上になる場合は、左から3桁目と4桁目の間にピリオドを置く。

　　例）429（原子物理学）＋033（辞典）　＝　429.033　（原子物理学の辞典）

　　　　42̶0̶（物理学）　　＋033（辞典）　＝　42＋033　＝　420.33（物理学の辞典）

　　　　4̶0̶0̶（自然科学）　＋033（辞典）　＝　4 ＋033　＝　403.3（自然科学の辞典）

　細目表には、以下のように、すでに形式区分が付加された状態の分類記号も存在する。

　　例）702　　芸術史　（＝7̶0̶0̶（芸術）＋02（歴史））

　　　　740.2　写真史　（＝74̶0̶（写真）＋02（歴史））

　なお、分類記号の末尾の0を除去するのは、形式区分に限らず、この後の章で説明する他の補助表の記号を付加する際にも共通する、NDCの一般的なルールである。

　　例）9̶0̶0̶（文学）＋92（言語区分のラテン語）＝ 9 ＋92＝992（ラテン文学）

2.2 短縮の指示を確認する

　形式区分の－01（理論）および－02（歴史的・地域的論述）については、合成された後の分類記号を細目表で確認し、それが角括弧（［　］）でくくられて**0を省略する短縮の指示**があった場合には、それに従い0を省略する。例えば、農業の歴史は61̶0̶（農業）に形式区分－02（歴史）を付加して610.2となるが、610.2を細目表で確認すると、610のもとに［.2→612］という短縮の指示があ

191

第Ⅱ部　主題目録編

るので、0を省略して612（農業史）とする。

2.3　細目表中に同一内容の分類項目がある場合は使用できない

　表現したい内容が細目表にすでに用意されている場合には、形式区分は使用できない。例えば、貿易統計に関する資料は、678（貿易）に形式区分－059（年次統計）を組み合わせ、678.059になるのではないかと考えられるが、細目表を確認すると、同一内容の678.9（貿易統計）がすでに用意されていることがわかるので、678.059ではなく、678.9を使用する。

2.4　例外的使用法：0を重ねる

　形式区分を付加した結果、**他の項目を意味する記号と同じになってしまう場**合がある。これを回避するため、以下の3つの例外的使用法が定められている。
①地域史・各国史（210／279）の後では、形式区分をそのまま付加すると、細目表で用意されている特定の時代区分と重なってしまうことがある。これを避けるため、**0を重ねる**、つまり、形式区分の前に0を置く。例えば、日本史（210）の事典（－033）なら、210＋0＋033＝210.033とする。ここでもし0を重ねなければ210.33となり、細目表の既設項目である日本史の飛鳥時代を意味する分類記号となってしまうからである。実際には、0を重ねなくても細目表の時代区分と抵触しない形式区分もあるが、時代区分の今後の展開も想定して、抵触することを前提に0を重ねる。ただし、時代区分済みの分類記号に形式区分を付加する場合には、0は重ねない。例えば、飛鳥時代を特に取り上げた事典なら、210.33（日本史の飛鳥時代）の後に－033（事典）をそのまま付加し、210.33033とする。
②地域史・各国史（210／279）以外でも、細目表中に形式区分と重なる時代区分（02／07）が設けられている分類項目として、332（経済史）、362（社会史）、523（西洋建築）、702（美術史）、723（絵画）、762（音楽史）、902（文学史）などがある。これらの項目に形式区分を与える際も、同様に**0を重ねる**。時代区分された分類記号の後であれば、0は重ねない。

③特定国・特定地域の外交、貿易は、319（外交）、678.2（貿易史・事情）の後に地理区分（第16章参照）を付加するが、相手国が限定される場合には、さらに0を介して相手国を特定することができる。例えば日英外交なら、319（外交）＋1（地理区分の日本）＋0（相手国の特定）＋33（地理区分のイギリス）＝319.1033のように表せる。他方、日本外交の事典を分類する際、319（外交）＋1（日本）にそのまま形式区分の－033（事典）を付加すると、これも319.1033となって、「日英外交」と抵触してしまう。これを避けるため、特定国・特定地域の外交・貿易の後に形式区分を付加する場合にも**0を重ねる**。つまり、日本外交（319.1）の事典（－033）なら、033ではなく0＋033を付加して、319.10033とする。ただし、特定国・特定地域に限定されていない外交や貿易の場合には、0は重ねない。一般的な外交事典ならば、319（外交）＋033（事典）とし、319.033となる。

2.5　複数の形式区分を与えることを検討する

「○○の歴史に関する事典」のような場合に、○○を表す細目表の分類記号の後に形式区分の－02（歴史）と－033（事典）を組み合わせるというように、複数の形式区分を重ねて用いることもできる。複数の形式区分を付加する場合は、原則として内形式（「理論」、「歴史」など）を優先し、次いで外形式（「事典」、「便覧」など）を付加する（内形式・外形式については表15.1参照）。

　　例）建築歴史事典 520（建築）＋02（歴史）＋033（事典）＝520.2033

　　　　演劇理論便覧 770（演劇）＋01（理論）＋036（便覧）＝770.1036

　ただし、すべての形式区分を付加すると、冗長になり実用に適さない場合もある。実際にいくつ付加するかは各館の方針によるが、日本の図書館では、細目表の分類記号に形式区分を1つだけ付加するのが一般的である。

　また、形式区分の－03（参考図書）／－038（諸表．図鑑．地図）に該当する資料はいわゆるレファレンスブックであるが、第19章で説明するように、これらは図書館では一般資料とは別置されることが多いため、わざわざ形式区分を用いて細区分しない場合もある。

第Ⅱ部　主題目録編

◆演習問題15　次の資料について、中心的な主題を表す細目表の分類記号に、適切な形式区分を付加する形で分類しなさい。この演習問題では、形式区分を複数付加できる場合には複数付加すること。

1．標準日本史地図 / 児玉幸多編

2．法制史論集 / 金沢理康著
　日本や西洋の法制史に関する論文を収録した非網羅的な論集である。

3．技術のあゆみ / 兵藤友博，雀部晶著

4．教科書にでてくる物理学者小伝：ギリシア自然哲学者から20世紀物理学者まで / 並木雅俊著
　複数の物理学者の伝記（列伝）である。

5．美術史の辞典 / ポール・デューロ，マイケル・グリーンハルシュ共著；中森義宗，清水忠共訳

6．文学理論 / 西田谷洋著

7．本邦会社史目録 / 金融経済研究所，法政大学大原社会問題研究所編

8．管理栄養士・栄養士養成施設一覧 / 厚生労働省健康局総務課生活習慣病対策室編

9．レーザー学会会員名簿 / レーザー学会

10．地理学講座 / 中村和郎［ほか］編集
　地理学について、地理情報、立地、景観などから体系的にまとめたシリーズもの（叢書）である。

11．図書館年鑑 / 日本図書館協会図書館年鑑編集委員会編

12．西洋音楽史年表：古代から現代まで / マルセル・ブノワ［ほか］著；岡田朋子訳

13．英語史・歴史英語学：文献解題書誌と文献目録書誌 / 大泉昭夫編集
　英語の歴史に関する書誌である。

14．日本農業教育学会誌 / 日本農業教育学会［編］
　農業教育に関する逐次刊行物である。

15．心理学史の新しいかたち / 佐藤達哉編著

第 15 章　分類法の基礎（2）

心理学の歴史について、多面的にまとめた非体系的な論集である。

■□コラム 15.1 □■

分類さんは生物学が苦手：植物篇

日本十進分類法では植物と動物の分類が学問的に異論のある個所がいくつかある。479被子植物の479.85ツバキ目に茶、すみれ、パパイヤとある。茶はツバキの仲間だが、すみれとパパイヤは違う。ビワモドキ亜綱の中にツバキ目とスミレ目が属しているので、近い仲間ではある。問題はパパイヤで、クロンスキト体系ではスミレ目だが、APG 植物分類体系ではアブラナ目になる。もっとも、日本十進分類法ではパパイヤは625.8熱帯果樹として分類することが多いけれども。

■□コラム 15.2 □■

分類さんは生物学が苦手：動物篇

鈴木忠著『クマムシ？！：小さな怪物』（岩波書店）は483無脊椎動物の483.993緩歩類に分類する。さて、問題は484軟体動物の中に484.83コケムシ類、484.85腕足類、484.9棘皮動物があるが、これらは軟体動物とは異なる。特に棘皮動物であるウニ、ヒトデ、ナマコ、ウミユリの仲間は、軟体動物とは縁が遠い。軟体動物のウミウシと棘皮動物のナマコは見た感じが良く似ているが、まったく異なる生物である。さらに485節足動物の中に485.9原索動物（ぎぼしむし、ほや、なめくじうおなど）があるが、節足動物のエビやカニ、フジツボよりも、原索動物はわれわれ人類を含む487/489脊椎動物に近縁の動物である。ホヤの形からは脊椎動物の形を想像するのは難しいけれども、ホヤの幼生はナメクジウオにそっくりで脊椎動物へ進化したことが納得できる。

第16章 分類法の基礎（3）
―― 地理区分と海洋区分

1 地理区分の概要

地理区分は、NDC の一般補助表の一つで、**地域名、国名、都道府県名等の地名**を記号に置き換えたものである。分類する資料のテーマが特定の地理空間に限定されたものである場合に用いることができる。

地理区分の全範囲を概観すると、図16.1のようになる。－1は日本、－2はアジア、－3はヨーロッパ、－4はアフリカ、－5は北アメリカ、－6は南アメリカ、－7はオセアニアと両極地方（北極と南極）である。より限定的な地域や国を表すため、2桁以上の記号も用意されている。

以下、地域ごとに、代表的な地理区分とその位置関係を見ていこう。

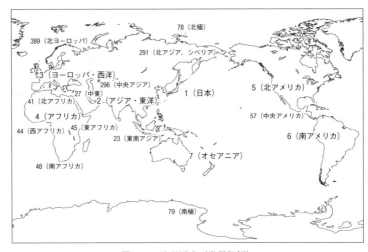

図16.1　地理区分（世界概観）

第16章 分類法の基礎 (3)

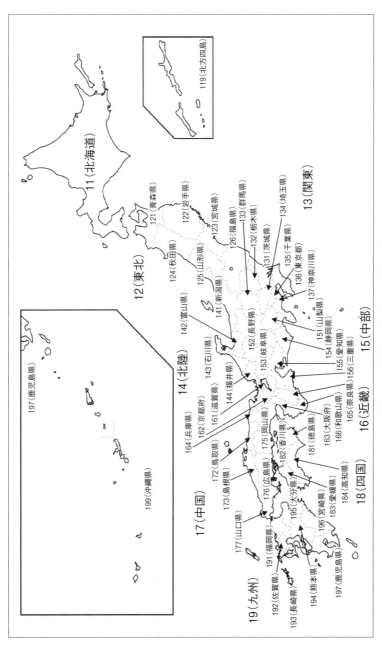

図16.2 地理区分（日本・都道府県別）

第Ⅱ部　主題目録編

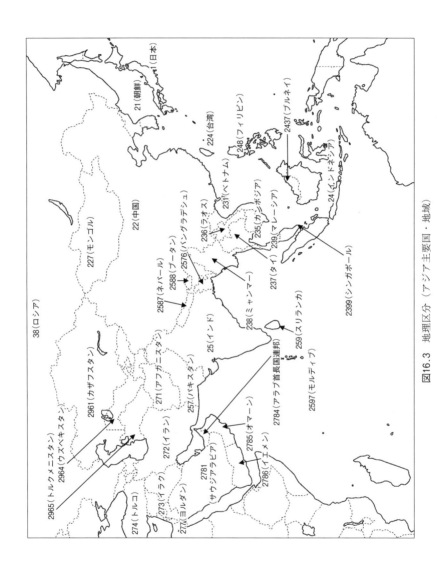

図16.3　地理区分（アジア主要国・地域）

第16章　分類法の基礎（3）

　まず、1で始まる地理区分は日本の各地を表す（図16.2）。－1は日本全体、－11は北海道、－12は東北、－121は青森県といった具合に、基本的に都道府県レベルまで細分化されている。北海道と東京都ではさらに細かい区分も用意されている。

　2で始まる地理区分はアジアの各地を表す（図16.3）。－21は朝鮮、－22は中国、－23はインドシナ半島部の東南アジア、－24は島部の東南アジア、－25はインド周辺、－27は西アジア、－29は北アジア・シベリア・中央アジアに割り当てられている。－26と－28は別法という位置づけである。－21（朝鮮）や－22（中国）などには、地方や省に相当する区分も用意されている。

図16.4　地理区分（ヨーロッパ主要国）

第Ⅱ部　主題目録編

　3で始まる地理区分はヨーロッパの各地を表す（図16.4）。-33（イギリス）、-34（ドイツ）、-35（フランス）、-36（スペイン）、-37（イタリア）、-38（ロシア）といった具合である。

　4で始まる地理区分はアフリカの各地を表す（図16.5）。-42（エジプト）、-429（スーダン）、-432（チュニジア）、-433（アルジェリア）、-445（ナイジェリア）、-451（エチオピア）、-454（ケニア）、-487（南アフリカ共和国）などがある。

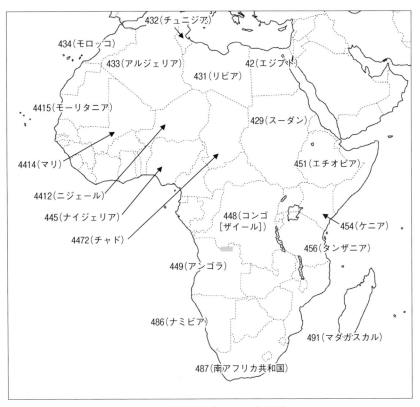

図16.5　地理区分（アフリカ主要国）

第16章　分類法の基礎 (3)

図16.6　地理区分（北アメリカ・中央アメリカ主要国）

図16.7　地理区分（南アメリカ主要国・地域）

201

第Ⅱ部　主題目録編

　5で始まる地理区分は北米・中米地域を表す（図16.6）。-51（カナダ）および-53（アメリカ合衆国）では、州ごとの地理区分も与えられている。例えば、-514（ケベック州）、-5323（ペンシルバニア）などである。ただし、ハワイの-5396は別法となっており、本則としては後述するオセアニアのなかにある記号を用いる。-55はラテンアメリカ（中南米）全域を表し、-56／-599はメキシコ以南の中米地域に割り当てられている。

　6で始まる地理区分は南米地域を表す（図16.7）。-62（ブラジル）、-65（アルゼンチン）、-66（チリ）、-67（ボリビア）、-68（ペルー）などがある。

　7で始まる地理区分はオセアニアと両極地方を表す（図16.8）。-71（オーストラリア）、-72（ニュージーランド）のほか、-73／-75が太平洋地域の島々、-76（ハワイ）、そして-78（北極）、-79（南極）となる。

図16.8　地理区分（オセアニア主要国・地域）

　相関索引では、地理区分の記号は、例えば「ドイツ　*34」のように*を1つ冠したイタリック体（斜字体）で指示されている。

第16章　分類法の基礎（3）

② 地理区分の使用法

2.1　3つの基本的使用法

①地理区分は、形式区分の－02（歴史的・地域的論述）をさらに展開するものとして位置付けられている。したがって、地理区分のもっとも基本的な使用法は、主題を表す細目表の分類記号の後に、**形式区分－02を介して付加**する形となる。

例）735（銅版画）＋02（形式区分の歴史的・地域的論述）

＋34（ドイツ）＝ 735.0234（ドイツの銅版画）

ただし、この方法をとるのは、主題となる分類項目が以下のどちらにも該当しないことを**細目表で確認**してからである。

②細目表中で**＊地理区分**と指示されている分類項目は、地理区分を前提とした項目であるので、－02を介さずに、地理区分を**直接付加**する。

例）651.6（森林組合（＊地理区分））

＋193（長崎県）＝ 651.6193（長崎県の森林組合）

③細目表で**＊日本地方区分**と指示されている分類項目は、日本の地方・都道府県等を表す地理区分から**日本を表す先頭の1を省いた部分を直接付加**する。

例）318.7（都市問題（＊日本地方区分））

＋⨼36（東京都）＝ 318.736（東京都の都市問題）

2.2　その他の使用法・注意点

地理区分の主な使用法は以上の3通りであるが、以下の点も踏まえなければならない。

1）相関索引の分類記号中に△を含むものは、△を地理区分に置き換え使用する。例えば「地名　29△0189」や「案内記　29△093」などに△がある。

例）29△093（案内記）←162（京都）＝ 291.62093（京都の旅行案内）

2）319（外交）と678.2（貿易史・事情）で、2国間の関係を扱った資料には、

203

第Ⅱ部　主題目録編

　　地理区分をしたうえ、「0」をはさんで相手国の地理区分を付加できる。

　　例）319（外交（＊地理区分））＋1（日本）

　　　　　　＋0（相手国の特定）＋33（イギリス）＝319.1033（日英外交）

　　　　678.2（貿易史・事情（＊地理区分））＋1（日本）

　　　　　　＋0（相手国の特定）＋22（中国）＝678.21022（日中貿易）

3）地理区分は内形式に相当する形式区分の−02をさらに展開するものとい
　う位置付けなので、一般に、外形式に相当する形式区分よりも優先される。
　したがって、外形式に相当する形式区分を併用する場合は、地理区分の後
　にそれを付加する（形式区分の複数付加については第15章2.5を参照）。

　　例）648.24（食肉加工）＋02＋65（アルゼンチン）＋059（形式区分の統計）

　　　　　　　　＝648.240265059（アルゼンチンの食肉加工統計）

4）地理区分は、原則として細目表のあらゆる分類記号に付加できる。ただ
　し、例えば020.2（図書および書誌学史）のもとでは、細目表中に、020.21
　（日本）、020.22（東洋）、020.23（西洋）などの分類項目が用意されている
　ため、この細目表中の区分を優先する。つまり020.2のように、すでに細
　目表中に特別な地域の区分が用意されている場合は、その項目に地理区分
　を使用することはできない。

5）地理区分は、地域史・各国史（210／279）の各記号と対応するように設
　計されている。つまり、地域史・各国史（210／279）はすでに地理区分さ
　れた状態（2＋地理区分）になっているので、それ以上は地理区分を使用
　できない。

　　例）211　　北海道の歴史　　（＝2（歴史）＋11（北海道））

　　　　222　　中国の歴史　　　（＝2（歴史）＋22（中国））

　　　　233　　イギリスの歴史　（＝2（歴史）＋33（イギリス））

6）次節で説明する海洋区分を適用する分類記号では、地理区分を使用する
　ことはできない。

3 海洋区分の概要

海洋区分は、NDCの一般補助表の一つで、**主要な海洋名や海域名**を記号に置き換えたものである。代表的な海洋区分の位置関係は以下のとおりである（図16.9）。

相関索引では、海洋区分の記号は、例えば「南極海 **8*」のように*を2つ冠したイタリック体（斜字体）で指示されている。

4 海洋区分の使用法

海洋区分が付加できる分類項目は、本表中で＊海洋区分と示されている **451.24**（海洋気象.海洋気象誌）、**452.2**（海洋誌）、**557.78**（水路図誌.海図.水路報告）の3カ所のみである。海洋区分する分類項目では、地理区分を使用するこ

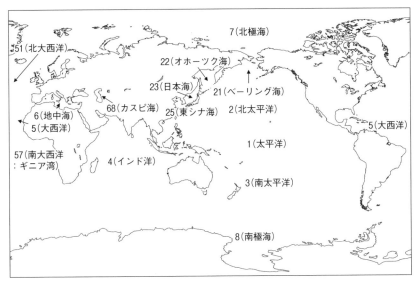

図16.9 海洋区分（主要なもの）

第Ⅱ部　主題目録編

とはできない。

　海洋区分は、分類記号に**直接付加**する。

　　例）557.78（海図）＋23（日本海）＝ 557.7823（日本海海図）

　なお、細目表の海洋（299）のもとに示されている個々の海洋は、すでに海洋区分が行われている分類記号として扱う。

　　例）299.23　日本海　　（＝299（海洋）＋23（海洋区分の日本海））

◆演習問題16　次の資料を、地理区分、海洋区分を用いて分類しなさい。なお、地理区分できないものもあるので注意すること。

　1．大阪における都市問題 / 大阪府総務部編

　2．日本全国沿岸海洋誌 / 日本海洋学会沿岸海洋研究部会編
　　北太平洋に位置する日本全国の沿岸海洋誌である。

　3．南極大陸に立つ：私の南極探検記 / 白瀬矗著

　4．The illustrated London news / The Illustrated London News 刊行会編集
　　イギリスで発行された新聞をまとめて復刻したもの。

　5．インド洋［海図］/ 海上保安庁［編］

　6．オーストラリアの花 / 森谷憲著
　　オーストラリアの植物である花についてまとめた植物誌である。

　7．アルゼンチンサッカーの思考力 / 亘崇詞著

　8．南太平洋海洋気候図30年報：1961-1990／気象庁編
　　船舶報告のデータをもとに30年分の海上気象各要素をまとめる。

　9．ケニアの農業 / 日本貿易振興会編

　10．実践インド占星術 / 本多信明著

　11．ドイツ音楽歳時記：民謡とバッハのカンタータで綴る / 樋口隆一著

　12．フランスの高速鉄道 TGV ハンドブック / ブライアン＝ペレン著；秋山芳弘，青木真美訳

　13．西洋料理 / 辻調理師専門学校編

　14．太平洋［海図］/ 海上保安庁［編］

15. 青森県博物館ロード：ガイドマップ / 青森県立郷土館編

青森県の博物館を紹介する。

■□コラム 16.1 □■

世界平和と分類法

デューイの十進分類法を元に考案されたのが、アンリ・ラ・フォンテーヌとポール・オトレの「国際十進分類法」である。ラ・フォンテーヌはベルギーの国際法学者で、世界平和に尽力して、1913年にはノーベル平和賞を受賞している。ポール・オトレは国際連盟の創設に関わり、世界の知と美の殿堂「ムンダネウム」を企画して、すでにインターネットの発想もしていた。ヨーロッパの英語圏以外の国では、国際十進分類法が用いられている。フランスでは公立図書館と小・中学校の図書館の多くでデューイの十進分類法が用いられて、中学校・高校・大学の図書館では国際十進分類法が用いられる。パリのポンピドゥ・センターの公共情報図書館では国際十進分類法が用いられている。スウェーデン王立図書館は、スウェーデン独自の図書分類法からデューイの十進分類法へ転換することになった。

■□コラム 16.2 □■

二つの中国の分類法

香港・マカオ・台湾の図書館では1964年に台湾大学の頼永祥教授が考案した中國圖書分類法が用いられている。中國圖書分類法はデューイの十進分類法を基礎にして、数字を記号として用いる。一方、中国本土である中華人民共和国の図書館では、1971年に北京図書館（現・中国国家図書館）が採用した中国図書館分類法が用いられている。中国図書館分類法はローマ字Ａ〜Ｚに数字を組み合わせる記号法で、Ａはマルクス・レーニン主義・毛沢東思想・鄧小平理論で、お国柄を感じさせる。繁体字の地域では中國圖書分類法が用いられて、簡体字の国では中国図書館分類法が用いられている。

第**17**章	分類法の基礎（4） ——言語区分

1 言語区分の概要

　言語区分は、NDC の一般補助表の一つで、**言語名**を言語系統などに基づき整理し、記号に置き換えたものである。

　各国で使用される主な言語と言語区分の記号を表17.1に示す。わかりやすいように、ここでは地理的観点から整理してあるが、**地理区分と混同しないよう注意**が必要である。一国で複数の言語が使われている場合や、複数国で同じ言語が使われている場合もある。この他にも、−92（ラテン語）、−991（エスペラント）など、現在、日常では使用されることの少ない言語も収載されている。

　言語区分は、8類（言語）における各言語の分類記号（810／890）から冒頭の8を除いた記号に等しい。また、9類（文学）では、各言語の文学（910／990）の「各言語」を示す記号として使われている。

　相関索引には「○○語」が多数掲載されているが、そこで案内されている記号は言語区分そのものではない。相関索引では、例えば「ラテン語　892」というように、8＋言語区分という8類の分類記号の形が案内されている。したがって言語区分としては、この冒頭の8を除く必要がある。

2 言語区分の使用法

2.1　基本的使用法

　言語区分を付加できるのは、細目表中に＊**言語区分**という表示のある分類記号である。8類には＊言語区分の表示はないが、これは言語区分の付加された

第17章　分類法の基礎（4）

表17.1　各国で使用される主な言語と言語区分の記号

地　域	国	主な言語と言語区分の記号
アジア 中近東	日本	−1（日本語）　−292（アイヌ語）
	中国	−2（中国語）
	朝鮮（韓国）	−291（朝鮮語［韓国語］）
	タイ	−2936（カム・タイ諸語：タイ語［シャム語］）
	ベトナム	−2937（モン・クメール諸語：ベトナム語［安南語］）
	モンゴル	−2955（モンゴル諸語：モンゴル語［蒙古語］）
	トルコ	−2957（チュルク諸語：トルコ語）
	イスラエル	−2973（ヘブライ語）　−2976（アラビア語）
	エジプト	−2976（アラビア語）　−942（古代エジプト語）
	インド	−298（インド諸語）　−2983（ヒンディー語）
ヨーロッパ	イギリス	−3（英語）
	ドイツ	−4（ドイツ語）
	フランス	−5（フランス語）　−59（プロバンス語）　−599（カタロニア語）
	ベルギー	−492（フラマン語）　−5（フランス語）　−4（ドイツ語）
	オランダ	−493（オランダ語［蘭語］）
	デンマーク	−497（デンマーク語）　−951（エスキモー・アレウト諸語）
	スウェーデン	−498（スウェーデン語）
	スペイン	−6（スペイン語）　−599（カタロニア語）
	ポルトガル	−69（ポルトガル語）
	イタリア	−7（イタリア語）　−599（カタロニア語）
	ルーマニア	−791（ルーマニア語．モルドバ語）
	モルドバ	−791（ルーマニア語．モルドバ語）
	ロシア	−8（ロシア語）　−499（イディッシュ語）
	スロベニア	−893（スロベニア語）
	ギリシア	−91（ギリシア語）　−919（近代ギリシア語）
	フィンランド	−9361（フィンランド語［スオミ語］） −9363（サーミ語［ラップ語］）
	エストニア	−9362（エストニア語）　−8（ロシア語）
アフリカ	ケニア	−947（ニジェール・コルドファン諸語：スワヒリ語）
北アメリカ	カナダ	−3（英語）　−5（フランス語）
	アメリカ合衆国	−3（英語）　−952（北米インディアン諸語）
南アメリカ	ブラジル	−69（ポルトガル語　＊ブラジル語）
	アルゼンチン	−6（スペイン語）
オセアニア	オーストラリア	−3（英語）　−97（オーストラリアの諸言語）

209

第Ⅱ部　主題目録編

形が細目表にすでに用意されているからであり、実際には800に付加できるの
と同じである。したがって、言語区分できる箇所をまとめると次のようになる。

030（百科事典）　　　　　　　040（一般論文集．一般講演集）
050（逐次刊行物）　　　　　　080（叢書．全集．選集）
469.8（地理区分できない人種）
670.9（商業通信［ビジネスレター］.商業作文．商用語学）
800（言語）　　　　　　　　　900（文学）

　言語区分は、上記のいずれかの分類記号に**直接付加**する。分類記号の末尾が
0の場合は、0をすべて除去してから付加する。

　　例）670.9（商用語学）＋3（英語）＝670.93（ビジネス英語）

　　　　030（百科事典）＋493（オランダ語）＝034.94（オランダ語の百科事典）

　　　　900（文学）＋2976（アラビア語）＝929.76（アラビア文学）

2.2　例外的使用法：899を前に置く

　030、040、050において、**9で始まる言語区分**（その他の諸言語）を付加する
場合は、039（用語索引）、049（雑著）、059（一般年鑑）と抵触するのを防ぐため、
例外的に、**言語区分の前に899を置く**。

　　例）030＋899＋91（ギリシア語）＝038.9991（ギリシア語の百科事典）

2.3　その他の使用法・注意点

1）相関索引の分類記号中に□を含むものは、□を言語区分に置き換え使用
する。例えば「文法　8□5」や「詩（文学）　9□1」などに□がある。

　　例）8□5（文法）←3（英語）＝835（英文法）

　　　　9□1（詩）　←599（カタロニア語）＝959.91（カタロニア語の詩）

ただし、言語区分の中には一つの記号で複数の言語に対応しているものが
ある。これには、「カム・タイ諸語」のように「○○諸語」というタイプ
と、「ルーマニア語．モルドバ語」のように「○○語．△△語」というタ
イプがあるが、こうした複数形の言語区分は□に入れ込むことができない。

210

第17章　分類法の基礎（4）

なお、「朝鮮語［韓国語］」の［韓国語］のように角括弧（［　］）でくくられた言語名は、その前に示されている言語名（朝鮮語）の別称（同義語・類語）であり、複数とはとらえない。

2）言語区分と強い関わりのある固有補助表として、8類の各言語の下で使用できる言語共通区分と、9類の各言語の文学の下で使用できる文学共通区分がある。各言語（810／890）とは8＋言語区分のことであり、各言語の文学（910／990）とは9＋言語区分のことであるから、言語共通区分、文学共通区分は、言語区分の後に付加するということである。

例）8＋3（英語）＋5（言語共通区分の文法）＝835（英文法）

9＋599（カタロニア語）＋1（文学共通区分の詩）

＝959.91（カタロニア語の詩）

1）の例を確認すると明らかなように、相関索引で案内される□の右側の記号は、実は言語共通区分や文学共通区分である（言語共通区分、文学共通区分の詳細は、第28章および第29章を参照のこと）。

◆演習問題17　次の資料を、言語区分を用いて分類しなさい。

1．日本大百科全書

日本語で書かれた百科事典。

2．定型パターンですぐに書けるビジネス英文Eメール／石井隆之著

3．ブラジル文学序説／田所清克，伊藤奈希砂著

4．少数言語の視点から：カタルーニャ語を軸に／中嶋茂雄著

5．創刊号のパノラマ：近代日本の雑誌・岩波書店コレクションより／うらわ美術館編

6．自由の条件とは何か：1989〜1990：ベルリンの壁崩壊からドイツ再統一へ／カール・フォン・ヴァイツゼッカー著；小杉尅次，新垣誠正訳

ドイツ語で書かれた多様な内容の一般論文集・講演集の翻訳書。

7．マキァヴェッリ全集／マキァヴェッリ著

イタリア語で書かれた政治思想家の体系的な全集の翻訳書。

第Ⅱ部　主題目録編

8．貿易実務のスペイン語：ビジネスメール例文集 / 前田貞博著

9．TEA entsüklopeedia

　　エストニア語で書かれた百科事典。

10．アメリカ英語文化の背景 / 山田政美著

11．中国大百科全书

　　中国語で書かれた百科事典。

12．データが語るアメリカ雑誌 / 桑名淳二著

13．オランダ語学への誘い / 河崎靖著

14．ロシア語ビジネスレター / デミードヴァ，A.［ほか］著；佐藤好明編訳

15．La grande encyclopédie

　　フランス語で書かれた百科事典。

┌─■□コラム 17.1 □■─────────────────────

『悪魔の辞典』はあくまでも文学

　アンブローズ・ビアスの著作『悪魔の辞典』を筒井康隆氏が独自に訳した『筒井版悪魔の辞典』（講談社）がある。タイトルが悪魔の辞典でも、悪魔とは関係ない。悪魔のような怖い言葉で社会や人生について書かれているという意味だ。社会や人生を短い語句や文章で皮肉に、教訓的に表現した文学のことを箴言、寸言、アフォリズムという。ビアスの『悪魔の辞典』は937に分類する。ビアスを日本に紹介した芥川龍之介は影響を受けて『侏儒の言葉』を書いている。『侏儒の言葉』は長い文章もあるので、914.6（明治以降の）日本文学の随筆と分類されることもある。芥川龍之介の著作には『或阿呆の一生』があるが、アフォリズムはただの阿呆には書けない。

└──────────────────────────────────

┌─■□コラム 17.2 □■─────────────────────

ムーミンはフィンランド文学じゃないの？

　トーベ・ヤンソンの著作『たのしいムーミン一家』は日本でアニメ化されて人気がある。トーベ・ヤンソンはフィンランドの作家であるが、スウェーデン系の一家に生

第17章　分類法の基礎（4）

まれて、著作はスウェーデン語で書かれている。そのため949.83スウェーデン文学の小説に分類する。フィンランド文学で代表的な著作と言えば国民叙事詩『カレワラ』である。分類記号は993.61になる。フィンランド語は、ほかのゲルマン語系の北欧語とは異なり、フィン・ウゴル語派の言語で、日本語をはじめとするアジアの言語に近い。フィンランド語の言語区分は－9361である。新訂10版では諸語に文学共通区分は適用しない。

第18章 ‖ **分類規程**

NDC で分類記号を付与するには、**主題**を把握する必要がある。

　まず、資料のタイトルやタイトル関連情報（翻訳書は、原タイトルも）から大まかな内容を把握し、つづいて著者の専門領域や過去の業績などから著者の立場、観点を把握する。また、目次から主題の範囲や扱い方が体系的かエッセー的かなどを確認し、まえがき、あとがき、解説などから著者の意図、立場、観点などを把握する。このほか、図書目録や書評、広告、図書のカバー、帯の解説、フレーズなども主題を把握する際に役立つ。

① 主題の観点

　NDC は**観点分類法**である。例えば同じ「りんご」という主題でも、植物学的観点なら 4 類（479.75）、果樹栽培の観点なら 6 類（625.21）というように、**主題の観点**（学問分野）ごとに分類記号が用意されている。分類作業の際には、その観点のもとに用意された分類記号を付与する必要がある。

　相関索引では、各種の観点が存在する項目には限定語が付され、それぞれに対応する分類記号が列挙されており、観点の相対的関係を確認できるようになっている。

　　例）空間（数学）　　　415.2　　　　　化粧品（化学工業）　576.7

　　　　　　（哲学）　　　112　　　　　　　　（美容）　　　595.5

　　　　　　（物理学）　　421　　　　　　　　（薬事法）　　499.17

　しかし、資料の観点は常に 1 つとは限らない。複数の観点から主題を扱った学際的な資料は、**主になる観点**が明確であれば、その観点の下に分類し、明確

でなければ、その主題にとって**最も基本となる分類項目**に分類する。最も基本
となる分類項目を選択することはたやすいことではないが、NDC では、例え
ば「生産から見た米（616.2）」「流通から見た米（611.33）」「調理から見た米
（596.5）」という 3 つの観点から取り扱われた資料で、主になる観点が不明な
ときは、より基礎的な観点である「生産から見た米」を選択することになると
説明している。

② 主題と形式概念の区別

　資料はまず**主題**によって分類を行い、次いで、必要に応じて**形式区分**（－01
／－08）を付加する。

　　例）哲学事典／下中邦彦編　⇒　1̶0̶0̶（哲学）＋033（辞典. 事典）＝ 103.3
　ただし、百科事典や一般論文集など、主題を特定できない資料には、0 類
（総記）に用意されている編集・出版形式で分類するための項目を使用する。
030（百科事典）、040（一般論文集. 一般講演集）、050（逐次刊行物）、080（叢書. 全
集. 選集）などがある。

　また、9 類の**文学作品**は、そこで語られている内容（主題）によらず、言語
区分のうえ、文学共通区分という文学形式で分類する（第29章参照）。同様に、
芸術作品は 7 類に用意されている芸術の表現形式で分類する（第27章参照）。

　　例）竜馬がゆく／司馬遼太郎著（坂本龍馬を主人公とした歴史小説）
　　　⇒　913.6（明治以後の日本文学の小説）　×289.1（日本人の個人伝記）
　　　ねこたち：猪熊弦一郎猫画集／猪熊弦一郎［画］；ilove.cat 企画・編
　　　⇒　723.1（日本の洋画）　×645.7（猫）　×489.53（ネコ科）

③ 原著作とその関連著作

　ある著作（原著作）を基に作られた著作（関連著作）として、翻訳、評論、研
究、解説、辞典、索引などがある。こうした資料は、原則として、**原著作と同**

第Ⅱ部　主題目録編

じ分類項目に分類する。

　　例）モンテ・クリスト伯 / アレクサンドル・デュマ作；山内義雄訳

　　　⇒　953.6（18-19世紀のフランス文学の小説）　×913.6（日本文学）

　しかし、次の３つの例外がある。

①語学（日本語古典を含む）の学習を主目的とした対訳書、注釈書の場合は、主題または文学形式に関わらず、学習される各言語のテキストを主体とする読本（文章を読むための本）、解釈として８類に分類する。

　　例）武器よさらば / E.ヘミングウェイ［著］；小泉竜雄訳注

　　　⇒　837.7（英語読本）　×933.7（20世紀以後の英米文学の小説）

②ある文学作品をもとに、改作された**翻案**作品、**脚色**作品は、原著作と別の翻案作家、脚色家の作品として分類する。

　　例）巌窟王 / 黒岩涙香［著］（『モンテ・クリスト伯』の翻案小説）

　　　⇒　913.6（明治以後の日本文学の小説）

　　　　×953.6（18-19世紀のフランス文学の小説）

③**特定の意図**をもって原著作から一部を抜き出した**抄録書**は、意図された特定の主題に分類する。

　　例）知っておきたいロシア文学 / 宇佐見森吉，宇佐見多佳子著

　　（『名作あらすじ事典：西洋文学編』（明治書院，2006）のロシア文学部分を増補し独立した一冊にしたもの）

　　　⇒　980.2（ロシア・ソビエト文学史）　×902（文学史）

④　複数主題

　1つの著作で複数の主題を扱っている場合には、**中心となる主題**に分類するのが原則である。しかし、中心となる主題がない場合は、2つまたは3つの主題を並列的に取り上げた資料は**最初の主題**に分類し、4つ以上の主題を並列的に取り上げた資料はそれらを含む**上位の主題**に分類する。この扱いは、二つ以上の資料を一つにまとめた合刻書や合綴書にも適用される。

216

例）ラテン語とギリシア語 / 風間喜代三著

⇒　892（ラテン語）　×891（ギリシア語）

水星・金星・地球・火星 / 山田陽志郎著

⇒　445（惑星）

　×445.1（水星）　×445.2（金星）　×445.3（火星）　×448（地球）

5　主題と主題との関連

　1つの著作が複数の主題を扱い、主題が相互に関連している場合には、以下の7つの方法で主題を把握する。

①影響関係：1つの主題が、他の主題に影響を及ぼした場合は、原則として**影響を受けた側**の主題に分類する。しかし、個人の思想・業績が、多数人に及ぼした影響については、**個人の側**の主題に分類する。

例）十九世紀の日本における西洋音楽の受容 / 塚原康子著

⇒　762.1（日本の音楽史）　×762.3（西洋音楽史）

ハイデッガーと日本の哲学：和辻哲郎，九鬼周造，田辺元 / 嶺秀樹著

⇒　134.96（ハイデッガー）

　×121.6（日本思想 近代）　×121.65（和辻哲郎）

②因果関係：因果関係を扱った資料は、原因ではなく、**結果**を示す主題に分類する。

例）水俣病と世界の水銀汚染 / 原田正純［著］

⇒　493.152（金属中毒）　×436.29（水銀）

③概念の上下関係：上位概念の主題と下位概念の主題とを扱った資料は、**上位の概念**を示す主題に分類する。しかし、上位概念が漠然としているときは、下位の概念の主題により分類する。

例）写真は語る南アメリカ・ブラジル・アマゾンの魅力 / 松本栄次著・撮影

⇒　296（南アメリカ）　×296.2（ブラジル）

橋と日本文化 / 川田忠樹著　→　515.02（橋梁史）

第Ⅱ部　主題目録編

④比較関係：複数の主題間で比較対照している資料は、比較の尺度として使われている主題ではなく、その**尺度によって比較されている主題**により分類する。著者の重点が置かれている側と言うこともできる。

　　例）日中比較文学叢考 / 堀誠著

　　　　⇒　910.2（日本文学史）　×920.2（中国文学史）

⑤主題と材料：ある主題を説明するために他の主題（材料）を用いた資料は、材料として使われた主題にかかわらず、**説明された主題**に分類する。

　　例）写真にみる日本洋装史 / 遠藤武, 石山彰著

　　　　⇒　383.1（服飾史）　×740（写真）

⑥理論と応用：特定の理論とその応用を扱った資料は、**応用の側の主題**に分類する。特定の理論を別の主題に応用している場合も同じである。ただし、応用の側に適当な分類項目がない場合は、理論の側に分類する。

　　例）最近の高分子化学と工業的利用 / 化学工業社

　　　　⇒　578（高分子化学工業）　×431.9（高分子化学）

　　　微生物の科学と応用 / 菊池慎太郎編著；高見澤一裕, 張俗喆共著

　　　　⇒　465（微生物学）

⑦主題と目的：特定の目的（特定の読者）のために作られた資料は、**特定の目的（読者層）を示す主題**に分類する。しかし、基礎的内容を扱う入門書や概説書など、一般の読者にも活用できる内容であれば、特定の目的（読者層）を示す主題ではなく、**その資料の扱う主題**に分類する。

　　例）看護師のための英会話 / 松岡里枝子総監修

　　　　⇒　492.907（看護教育）　×837.8（英会話）

　　　大学生のための基礎から学ぶ教養数学 / 井川信子編著

　　　　⇒　410（数学）　×377.9（学生）

6　新主題

すべての主題が NDC に用意されているわけではない。そうした新しい主題

（新主題）は、その主題と密接な関係があると考えられる項目か、それを包括する上位の主題に分類するのが原則である。また、独自に分類項目を設けることも可能である。しかし、NDCのその後の改訂によって、独自に設けた分類項目が別の分類記号で追加されてしまったり、独自に設けた分類記号に別の分類項目名が割り当てられてしまったりする可能性があることに留意しなければならない。

◆演習問題18　次の資料の主題を分類規程に基づき、把握しなさい。そのうえで、把握した主題に分類記号を付与しなさい。

1．トマト・メロンの自然流栽培：多本仕立て、溝施肥、野草帯で無農薬 / 小川光著

　　トマトとメロンを扱うが並列的に扱われている。

2．天文年鑑 / 天文年鑑編集委員会編

3．クリスマスの３つの物語：日英対訳 / チャールズ・ディケンズ［ほか］原作

　　英語学習用の対訳書である。

4．日本考古学百景：戦前の絵葉書にみる遺跡と遺物 / 平田健編

5．FTA戦略下の韓国農業 / 品川優著

　　自由貿易協定FTAが韓国農業に与えた影響をまとめている。

6．医師のための英会話フレーズ500：今日から役立つ！ / 大井静雄［ほか］編著：日本医学英語教育学会編

7．新ハムレット / 太宰治著

　　シェイクスピアの『ハムレット』を翻案した戯曲風の小説作品である。

8．薔薇の名前 / ウンベルト・エーコ著；河島英昭訳

　　イタリア語で書かれた小説の翻訳書。

9．眼科レーザー治療 / 田野保雄編集

10．野菜園芸大百科：レタス・ミツバ・シソ・パセリ / 農文協編

　　レタス、ミツバ、シソ、パセリを扱うが並列的に扱われている。

第Ⅱ部　主題目録編

11. キンカン：完熟大玉果の栽培と加工・販売 / 河瀬憲次著

　キンカンの栽培を中心に加工・販売にも言及する。

12. 大学生のための物理入門 / 並木雅俊著

13. 老人問題：新聞集成 / 小笠原祐次監修

　様々な新聞から老人問題に関する記事を抜き出しまとめたものである。

14. 空海と日本思想 / 篠原資明著

　密教を確立した空海が、日本の思想全般に及ぼした影響をまとめる。

15. 東日本大震災および原発事故によって生じた避難生活の実態と課題 /
　加藤眞義，高橋準編

┌─ ■□コラム 18.1 □■ ─────────────────────────┐

ギリシア神話を知っていますか

　直木賞作家である阿刀田高氏は国立国会図書館の元職員で、日本十進分類法新訂8
版の分類委員会のメンバーでもあった。阿刀田氏の著作『ギリシア神話を知っていま
すか』はギリシア神話をわかりやすく解説したエッセイで、日本文学の随筆として
914.6とすることが多いが、内容からすれば164.31ギリシア神話と分類できる。164神
話の後ろには、地理区分をつける。たとえば、朝鮮・韓国の神話ならば164.21になる。
164.31ギリシア神話の－31は地理区分ではない。地理区分は現在存続する国・地方に
関することなので、古代ギリシアの地理区分はありえない。しかしながら西洋史に
231古代ギリシアがあるので、そこから地理区分のように使っている。昔話の164神話
と388伝説の区別はしにくいが、神様が登場するか、しないかの違いである。

└────────────────────────────────────┘

┌─ ■□コラム 18.2 □■ ─────────────────────────┐

太古の昔、怪獣は実在した！？

　いまの「オジサン」世代には、子供の頃に「ウルトラマン」などを観て育った人も
多いと思う。このコラム筆者もその例にもれず、幼少の頃「怪獣図鑑」の類をワクワ
クしながら読んだものだ。

└────────────────────────────────────┘

第18章　分類規程

　そんな本の1冊、大伴昌司・小山内宏著；円谷英二監修『怪獣画報』秋田書店（1966年）の奥付には「NDC　457」と書かれている。出版者（編集者）がつけた分類だが、457は「古生物学．化石」である。まさかウルトラ怪獣やゴジラは古代の生物だったのか……？

　しかし実はこの本、目次を見ると前半の大部分は恐竜や古代の巨大生物などの紹介で、おなじみの怪獣や宇宙人はこの本の後半にしか載っていない。

　さて、NDCの分類規程を思い出してみよう。2つの主題「古生物」「テレビ番組のキャラクター」があり、どちらも同じくらいの分量ならば「最初に登場した主題」つまり古生物学のほうに分類するのが分類規程上「より正しい」分類となる。

　だが、この本が公共図書館や学校図書館で生物学の棚にあっても、怪獣図鑑を探している子どもたちにはまず気づかれないだろう。この本を読もうとする読者の立場に立てば、単純にページの量だけでなく「中心となる主題」が怪獣にあることを優先すべきではないか。つまり、怪獣図鑑はやはり778.8（テレビ演劇）に置いた方がよい。これが利用者にとっての最適解だろう。

　ちなみにこの奥付は、NDCの分類規程にしたがって457にしたわけではなく、どうやらつけた人の勘違いのようである。その証拠に、同じシリーズの大伴昌司著『怪獣ウルトラ図鑑』は、古生物のことはなにも書いていないのに同じ457が与えられている。これはあきらかに「間違った」分類だろう。

| 第19章 | 図書記号と別置記号 |

日本の多くの図書館では、資料の背にラベル（図19.1）を貼り、そこに所在記号（請求記号）などを記入している。所在記号（請求記号）は、分類記号や図書記号、別置記号などから構成される。

図19.1　各種図書ラベル（背ラベル）への記入例

1　図書記号

　図書記号は、配架や検索のために、分類記号が同じ資料（例えば日本史なら210という同じ分類記号が付与される資料）をさらに区別し、より探しやすくするために付与される記号である（なお、「はいれつ」には「配列」と「排列」、「はいか」には「配架」と「排架」の二つの表記がある。詳しくは本シリーズ第10巻『情報資源組織論［第2版］』（志保田務編著，2016年) p.1の注1を参照）。

　日本の多くの図書館では**著者の音順に配架する方法**（**著者順配列法**）をとる。著者順配列法には、佐藤さんなら「サ」、「サト」、「さ」、「S」のように、主に、責任表示で最初に記録される著者（団体）名の冒頭の文字（個人の場合は姓の頭文字）をカタカナやローマ字で記録する方法と、「Sa85」のように、著者記号

第 19 章　図書記号と別置記号

表による著者名の頭文字（アルファベット 1 ～ 2 文字）に数字（0 ～ 2 文字）を付加する方法がある。

② 日本著者記号表

　日本で使われている著者記号表の代表的なものに、カッター・サンボーン表（アメリカの著者記号表）を参考に編成された『日本著者記号表』（表19.1）がある。『日本著者記号表』は、日本人名を主として、西洋人名にも使用できる汎用的な著者記号表である。著者が個人の場合には、姓を著者記号表にあてはめて用いる。

　著者名の扱い方は、以下の 3 点を踏まえる。

①日本人名、中国人名、韓国朝鮮人名は、ヘボン式ローマ字表記にする。長音符は無視されるため、森と毛利は同じ Mori となる。

例）鈴木　⇒　Suzuki　　　毛利　⇒　Mori　　　金　⇒　Kin

　なお、中国人名、韓国朝鮮人名は、漢字の日本読みが原則だが、最近は母語読みを使うことも増えている。

②西洋人名は、原綴りの姓、名・ミドルネームの順による。

例）Charles Ammi Cutter　⇒　Cutter, Charles Ammi

③例外として、個人伝記や、古典のような特定著作の研究書は、編者や著者ではなく、**被伝者名**や**書名**から記号化する。

例）野口英世伝：偉大なる科学者 / 小村剛史著　⇒　Noguchi

そのうえで、**著者記号を与える際**には、以下の 3 点を踏まえる。

①著者名の頭文字 1 字と数字 2 字の組み合わせで表すのが基本である。だが、日本人の姓に多い、頭文字 K、M、S、T については、相馬を「So36」のように頭文字 2 字（2 文字目は小文字）と数字 2 字の組み合わせで表す。

②使用頻度が低い次のものは、頭文字 2 字（Q と Z のみ頭文字 1 字）と数字 1 字の組み合わせで表す。

　　Kl　Kn　Kr　Ky　Q　Sc　Si　Sm　Sp　St　Sw　Sy　Th　Ti　Tr

第Ⅱ部　主題目録編

表19.1　『日本著者記号表』の一部抜粋

A	11	B	Al	41	Bi	Ari	71	Br
Abe	12	Baba	Am	42	Big	Arim	72	Bre
Abee	13	Bac	Aman	43	Bil	Arimo	73	Bri
Abo	14	Bad	Ame	44	Bim	Arimu	74	Brit
					⋮			
Ki	11	Ko	Kin	41	Kok	Kitao	71	Kon
Kid	12	Kobay	Kind	42	Koke	Kitaok	72	Kond
Kido	13	Kobe	Kine	43	Koki	Kitau	73	Kondo
Kie	14	Kobo	Kini	44	Koko	Kitay	74	Kone
					⋮			
Mi	11	Mo	Mine	41	Mor	Miy	71	Moriw
Mib	12	Moc	Mineg	42	Mord	Miyag	72	Moriy
Mic	13	Mod	Mineo	43	More	Miyagi	73	Moriyam
Mid	14	Moe	Miney	44	Morg	Miyai	74	Moriz
Mie	15	Mof	Mino	45	Mori	Miyaj	75	Moro
Mig	16	Mog	Minod	46	Moribe	Miyak	76	Moroi
					⋮			
Mu	11	N	Murai	41	Nakao	Muro	71	Ni
Mub	12	Nac	Murais	42	Nakaok	Murob	72	Nii
Muc	13	Nag	Murak	43	Nakat	Muroi	73	Nij
					⋮			
R	11	Sa	Rik	41	Sake	Ros	71	Sas
					⋮			
Ree	23	Sait	Robi	53	Sal	Rug	83	Sat
Reg	24	Saitam	Robinson	54	Sall	Ruh	84	Sati
Rei	25	Saito	Robl	55	Salm	Rum	85	Sato
Rem	26	Saj	Roc	56	Salt	Run	86	Satom
					⋮			
Se	11	Sh	Sekit	41	Shiman	Senn	71	Shio
					⋮			
Sek	22	Shibut	Seme	52	Shimori	Serg	82	Shirais
Seke	23	Shibuy	Semi	53	Shimom	Seri	83	Shirak
					⋮			
So	11	Su	Son	41	Sugin	Sot	71	Sun
					⋮			
Solt	35	Sugii	Soso	65	Sumit	Soz	95	Suzukaw
Som	36	Sugik	Sost	66	Sumito		96	Suzuki
Somi	36	Sugim		66	Sumiy		96	Suzum
					⋮			
Kr	1	Sy	Sc	1	Tr	Sp	1	Z
Krat	2	Syd	Sche	2	Tras	Span	2	Ze
Kre	3	Syl	Schi	3	Tre	Spe	3	Zen
Kren	4	Sym	Schl	4	Trem	Spen	4	Zi

第19章　図書記号と別置記号

　　　Tu　Ty　Z

③使用されることが稀な次のものは、『日本著者記号表』で省略されており、頭文字2字（Xのみ頭文字1字）だけで表す。

　　　Kh　Ky　My　Sf　Sl　Sn　Sq　Sv　Sz　Tc　Tv　Tz　X

著者記号を付与するには『日本著者記号表』（表19.1）を以下のように見る必要がある。

　　阿部（Abe）の場合、「Abe　　12」と表中にあるので、A12とする。

　　馬場（Baba）の場合、「12　　Baba」と表中にあるので、B12とする（数字は左右のアルファベットに共通する）。

　このように、該当するアルファベットと数字を確認し、両者を組み合わせて著者記号とする。もし、著者名の初めの3、4文字目が『日本著者記号表』にない場合は、アルファベット順でその直前の数字を用いる。

③　別置記号

　別置法とは、資料の形態や管理上の理由から、通常の配架とは別に図書館資料を配架する方法を指す。別置法によって資料を別置したことを示すのが別置記号（表19.2）である。別置記号は、分類記号の前（アタマ）に付すことが一般的である。別置の基準は、図書館の資料の収集方針や運営方針などを反映し、図書館ごとに異なっている。したがって、別置記号も標準化されていない。

表19.2　別置記号の一例

資料の種類	別置記号の例	資料の種類	別置記号の例
参考図書	R　や　参	大型図書	L
児童図書	J　や　K	ヤングアダルト資料	Y
大活字本	D	小説	F
絵本	E	紙芝居	K
コミック	C　や　M	文庫	B
雑誌	P　や　Q	地図	A

※　小説は、別置記号Fを用いる場合には分類記号を付与しないことが多い。

第Ⅱ部　主題目録編

◆演習問題19　以下の1～8には分類記号と著者記号（日本著者記号表を用いる）を、9以降にはさらに表19.2にもとづいて別置記号を付与しなさい。なお、小説、絵本、児童図書は分類記号を付与せず、別置記号と著者記号を付与しなさい。

1．卒業式の歴史学 / 有本真紀著

学校行事である卒業式の歴史を説明する。

2．基礎から学べる会社法 / 近藤光男［ほか］著

3．小水力発電事例集 / 全国小水力利用推進協議会編纂

4．入門世界の経済：グローバリゼーション500年の歴史から何を学ぶか / 中尾茂夫著

近代経済史について論じる。

5．ベランダガーデニング実践テクニック / 杉井明美著

ベランダで鉢を使いガーデニングする方法を説明する。

6．あなたの街の博物館 / 埼玉県博物館連絡協議会編

7．ディズニーランドの秘密 / 有馬哲夫著

8．毛利元就：武威天下無双、下民憐愍の文徳は未だ / 岸田裕之著　（評伝）

9．被服学辞典 / 阿部幸子［ほか］編集

10．ちゃんとわかる消費税：14歳の世渡り術 / 斎藤貴男著　（ヤングアダルト向け資料）

11．日本貿易学会誌 / 日本貿易学会［編］

12．華屋与兵衛謎の生涯 / 馬場啓一著　（日本語で書かれた小説）

13．鍼灸理論序説 / 小林聰著　（大活字図書）

14．まよなかのゆきだるま / 森洋子作　（絵本）

15．いずみは元気のかたまりです / こばやしかずこ作　（児童文学作品）

226

第Ⅲ部　NDC 類別総合演習

第**20**章	NDC・0 類（総記）の分類法

① 0類の全体構成

NDCの0類（0で始まる分類記号）は、1類～9類を**包括する主題**や、資料や情報の**形式**に着目した項目からなり、以下のような構成となっている。

000／007	総記		
010／019	図書館. 図書館情報学		
020／029	図書. 書誌学		
030／038	百科事典	039	用語索引
040／048	一般論文集. 一般講演集	049	雑著
050／058	逐次刊行物	059	一般年鑑
060／065	団体：学会，協会，会議	069	博物館
070／077	ジャーナリズム. 新聞		
080／089	叢書. 全集. 選集		
090	貴重書. 郷土資料. その他の特別コレクション		

② 総記のなかの総記：知識の全体

00から始まる分類記号は、002（知識. 学問. 学術）と007（情報学. 情報科学）の2つのみである。

002は、特定の学問分野に限定されない、知識や学問、学術に関する資料を分類する。研究や調査などの一般的な情報収集や整理法は、002.7に分類する。

第Ⅲ部　NDC類別総合演習

007は、情報学の理論とソフトウェア、データベース、情報と社会との関係などを分類する。なお、情報学の分野は5類の547／548（情報通信、情報工学）とも密接に関わっており、データ通信やコンピュータのハードウェアに関する資料は5類（第25章3.6情報工学とコラム25.1参照）に分類する。

実際の図書館でも007と547／548を隣接させて配架している事例がある。そうした状況もあり、NDCでは本則のほかに、547／548を007.8／.9に分類する別法と、007を548.1と548.9に分類する別法を設けている。

③　図書館．図書館情報学と読書

010（図書館．図書館情報学）を司書資格の**図書館に関する科目名**で整理すると以下のようになる。

011（図書館政策．図書館行財政）は、**図書館制度・経営論**で扱う図書館政策、図書館行財政を分類する。

012（図書館建築．図書館設備）は、**図書館施設論**で扱う図書館建築、図書館設備を分類する。

013（図書館経営・管理）は、**図書館制度・経営論**で扱う図書館経営・管理を分類する。なお、**図書館情報技術論**で扱う図書館事務の機械化については、013.8に分類する。

014（情報資源の収集．組織化．保存）は、**図書館情報資源概論**で扱う情報資源の収集・保存、および**情報資源組織論**、**情報資源組織演習**で扱う情報資源の組織化を分類する。

015（図書館サービス．図書館活動）は、**図書館サービス概論**で扱う図書館の一般的サービス、公共図書館サービスを分類する。

情報サービス論、**情報サービス演習**で扱うレファレンスサービスは015.2（情報提供サービス）に、**児童サービス論**で扱う児童、青少年向けの図書館サービスは、015.93に分類する。

016／018（各種の図書館）は、公共図書館以外の館種の経営・管理を扱った

資料や、特定の一館を扱った資料を分類する。具体的には、016.1（国立図書館
（＊地理区分））、016.2（公共図書館（＊地理区分））、016.28（児童図書館（＊地理区
分））、017（学校図書館）、017.7（大学図書館（＊地理区分））、018（専門図書館）な
どがある。018.09は、図書館の類縁機関である文書館や史料館を分類する項目
である。

　また019は読書に関する項目であり、019.12（読書法）、019.2（読書指導）、
019.25（読書感想文）、019.9（書評）などが用意されている。

④　図書．書誌学

　020（図書．書誌学）は、図書の製作や取り扱いに関する分類項目であり、
021.2（著作権．著作権法）、022（写本．刊本．造本）、023（出版（＊地理区分））、
024（図書の販売（＊地理区分））、025（一般書誌（＊地理区分））、029（蔵書目録）
などのように細分される。

　なお、020.2（図書及び書誌学史）と022.2（写本）、022.3（刊本）はすでに特
別な地理区分が行われた項目であり、重ねて地理区分することはできない。

⑤　百科事典

　030（百科事典）には、百科事典のほか、事物起原、クイズ集を分類する。百
科事典は原著の言語による言語区分を行う。例えば、言語区分－1（日本語）
を付加することで、030＋1＝031（日本語の百科事典）となる。ただし、原著が
外国語による百科事典であっても、邦訳の際、日本の状況に合わせて内容が変
更されている場合には、日本語の百科事典として扱う。

　なお、039（用語索引）には、主題を特定しない語句索引を分類する。

[6] 一般論文集

040（一般論文集．一般講演集）には、一人または数人の、主題が多岐にわたる非体系的な論文集、記録集、講演集、随筆集、遺稿集を分類し、原著の言語による言語区分を行う。

040のもとには、049（雑著）がある。雑著は、どの主題にも該当しない雑文集、雑学的資料を分類する。他の主題に該当しないか確認したうえで用いる。

[7] 逐次刊行物

050（逐次刊行物）には、雑誌に代表される逐次刊行物自体と、逐次刊行物に関する資料を分類する。ただし、多くの図書館では雑誌コーナーが独立して設けられ、雑誌が別置されているので、雑誌自体に05を付与して一般書架に配架することは少ない。なお、050は原著の言語による言語区分を行う箇所となっている。

050のもとには、『読売年鑑』などの総合年鑑や『北海道年鑑』『埼玉年鑑』などの一地域に関する総合年鑑を分類するための059（一般年鑑）が用意されている。059は地理区分が可能である。

[8] 団体：学会，協会，会議

060（団体：学会，協会，会議）には、学術団体、国際団体、文化交流機関などの歴史、記事、会議録などを分類する。

069には、博物館に関する資料を分類する。ただし、406.9（科学博物館）、706.9（美術館）など特定分野の博物館は各主題の下に分類する。

[9]　ジャーナリズム．新聞

070（ジャーナリズム．新聞）には、新聞、テレビ、ラジオなどの総合的なマスコミ事情・報道〈一般〉に関する資料を分類する。なお、テレビ、ラジオの個々の放送番組を扱った資料は699（通信事業）に分類する（第26章3.6参照）。

個々の新聞資料は発行地によって地理区分をして071／077（新聞紙）に分類する。ただし、多くの図書館は新聞原紙を別置することが多く、一般に分類記号を付与しない。071／077は、新聞縮刷版や新聞の復刻版などに用いられる。

[10]　叢書．全集．選集

080（叢書．全集．選集）は、体系的に編纂された結果、主題が多岐にわたる多巻もの、叢書（そうしょ）類、著作集などを分類する。具体的には『群書類従（ぐんしょるいじゅう）』のほか、文庫、新書、選書、双書、全書などの名称を付して刊行される叢書類を図書館の書架で一所に配架する場合に用いる。

[11]　貴重書．郷土資料．その他の特別コレクション

多くの図書館で、貴重書、郷土資料、その他の特別コレクションは、一般資料と別に組織化や管理されることが多い。独自の分類表が作成される例もみられ（第30章コラム参照）、090の分類記号は使用しないのが一般的である。

◆演習問題20　下記の資料の標目指示（タイトル標目、著者標目、件名標目、分類標目の指示）を作成しなさい。

1．町立図書館をつくった！：島根県斐川町（ひかわちょう）での実践から／白根一夫（しらねかずお）編著

28,000人の町立図書館の基本計画からサービス提供までの実践記録。

2．博物館へ行こう／木下史青（きのしたしせい）著

第Ⅲ部　NDC類別総合演習

博物館の役割や楽しみ方、最新の博物館事情を平易に紹介する。

3．草の根文書館の思想 / 安藤正人著

全国に文書館を作ろうという「草の根文書館の思想」を論じる。

4．イギリス近代出版の諸相：コーヒー・ハウスから書評まで / 清水一嘉著

18世紀～現代までのイギリス出版業界を解説する。

5．大英帝国の大事典作り / 本田毅彦著

『ブリタニカ百科事典』『オックスフォード英語辞典』『イギリス国民伝記辞典』が編纂された状況からイギリスの知識インフラ整備の歴史を検証。

＊6．20世紀雑誌の黄金時代 / 荒俣宏著

世界各国の20世紀の雑誌から、特徴ある雑誌を紹介する。

＊7．本棚の歴史 / ヘンリー・ペトロスキー著；池田栄一訳

巻物から冊本に至るまで、書物を収納する本棚の歴史を説明する。

＊8．東奥年鑑 / 東奥日報社編

青森県の新聞社が刊行する地域の出来事、情報を収録した総合年鑑。

＊9．キーワード検索がわかる / 藤田節子著

インターネットで情報検索を効率的に行うためのキーワード検索を解説。

＊10．変わりゆく大学図書館 / 逸村裕，竹内比呂也編

電子図書館時代に求められる大学図書館の新しいサービスを論じる。

＊11．音楽ビジネスの著作権 / 前田哲男，谷口元著；福井健策編

音楽ビジネスの現場に欠かせない著作権を理解するための入門書。

＊12．利用者志向のレファレンスサービス：その原理と方法 / 齋藤泰則著

図書館で提供されるレファレンスサービスの基本的事項を論じる。

＊13．ジャーナリズムの使命：エミール・ドヴィファト著『新聞学』/ エミール・ドヴィファト著；吉田慎吾訳

原タイトルは『新聞学』だが、ジャーナリズムの果たすべき使命を中心に論じる。

＊14．都新聞 / ［都新聞社編］；中日新聞社監修

東京の麹町区内幸町にあった都新聞社の発行した都新聞（現：東京新

第 20 章　NDC・0 類（総記）の分類法

聞）の復刻版である。

*15.　珍説愚説辞典 /J.C. カリエール，G. ベシュテル編；高遠弘美訳

　　挨拶からワルツまで、約3,500の事物に対する歴史上の珍説愚説について
　　引用句を用いながら、紹介する雑学辞典。

―￭□コラム 20.1 □￭―

分類のススメ

　日本十進分類法と聞いて、法律のことかと勘違いする人がいる。分類法の「法」は
方法の「法」である。法律ではない。日本十進分類法の細目表のトップは 0 総記の
002の学問から始まる。福澤諭吉著『学問のススメ』は002に分類できるかというと、
実はできない。『学問のススメ』の主題は教育問題なので370.4に分類する図書館が多
い。クイズ集やギネス・ブックはどこに分類するか。クイズ集は原著が日本語で書か
れていれば、031.7と日本語の百科事典の中で分類する。たとえば、『アメリカ横断ウ
ルトラクイズ』（日本テレビ）は031.7となる。日本語で書かれた全般的な番付、ランキ
ングは031.5で、ギネス・ブックは番付になり、原著が英語で書かれるので、日本十
進分類法に従うと033と英語の百科事典扱いになる。

―￭□コラム 20.2 □￭―

博物館とオリンピック

　博物館とオリンピック。全く関係なさそうな主題だが、日本十進分類法では関係が
ある。

　069　．　博物館
　706.9　　美術館
　780.69　競技大会：オリンピック．国民体育大会．パラリンピック
　－069は形式区分ではないが、上記の分類記号に共通している。オリンピックを「ス
ポーツ競技の博物館」と考えると理解できそうだ。

235

第**21**章	NDC・１類（哲学・心理学・宗教）の分類法

1　１類の全体構成

NDC の１類（１で始まる分類記号）は、**哲学・心理学・宗教**に割り当てられている。全体は以下のような構成となっている。

100／108　**哲学**

110／118　　**哲学各論**

120／129　　**東洋思想**

130／139　　**西洋哲学**

140／148　　**心理学**

150／159　　**倫理学．道徳**

160／169　**宗教**

170／178　　**神道**

180／188　　**仏教**

190／198　　**キリスト教**　　199　　**ユダヤ教**

2　哲学

2.1　哲学・思想の総論・各論

１（哲学）の後に０が来る場合（100／108）は、「地域やテーマを特定しない哲学・思想全般」を表す。

110／118は、哲学の個別テーマを扱う「哲学各論」である。111（形而上学．

存在論）、112（自然哲学．宇宙論）、114（人間学）、115（認識論）、116（論理学．弁証法．方法論）などのテーマを論じた資料を分類する。ただし、これらのテーマを個々の哲学者が論じた著作や、それについての解説書は、130／139（西洋哲学）の個々の哲学者が属する項目に分類する。例えば、114.5（実存主義．実存哲学）には、実存哲学について論じられた資料を分類するが、実存哲学者カール・ヤスパースの主著『理性と実存』は、134（ドイツ・オーストリア哲学）の下の134.9（生の哲学．現象学．実存主義：ヤスパース）に分類する。

2.2 東洋思想と西洋哲学

120／129（東洋思想）は、121（日本思想）、122／125（中国思想）、126（インド哲学）のように地域ごとに細分され、さらに、学派別に代表的な思想家の名が列挙されている。

130／139（西洋哲学）は131（古代）、132（中世）、133（近代英米）、134（ドイツ）、135（フランス）のように時代・地域で細分され、さらに哲学の分野によって多数の哲学者の名が列挙されている。

③ 心理学

3.1 心理学から精神分析学まで

14（心理学）の後に0が付く場合は、テーマを特定しない心理学全般を表す。141は、感覚、記憶、思考、愛情、欲求、性格などの心理各論の分類である。146には臨床心理学、精神分析学、心理療法、カウンセリング、カウンセラーなどに関する資料を分類する。なお、精神医学の資料は、493.7に分類する。

3.2 超心理学、易占

147には、超能力などの超心理学、幽霊などの心霊研究の資料を分類する。
148には、易占、いわゆる占いの資料を分類する。

237

第Ⅲ部　NDC類別総合演習

4　倫理学. 道徳

15（倫理学）は善悪の基準やよりよい生き方の指針を探求する分野である。哲学の著作でも、倫理、道徳のテーマを主として論じた資料はここに分類する。

ただし、西洋の個々の哲学者の著作で倫理学を扱った資料は110／118（哲学各論）の場合と同様、130／139（西洋哲学）の個々の哲学者の項目に分類する。例えば、倫理学の古典であるアリストテレスの『ニコマコス倫理学』は131.4（古代哲学・アリストテレス）、カントの『道徳形而上学の基礎づけ』は134.2（近代ドイツ哲学・カント）に分類する。

東洋の道徳思想としては156（武士道）、157（報徳教. 石門心学）がある。また、人生訓や処世法は159（人生訓. 教訓）に分類する。

医療倫理や情報倫理など、個別主題に関連する倫理は、医療や情報といった個別主題の項目に分類する。たとえば医療倫理は49（医学）の下の490.15に、情報倫理は007（情報学）の下の007.3に分類する。

また、特定の職業倫理はそれぞれの職業や分野を表す分類項目のもとに分類する。

5　宗教

5.1　宗教

160（宗教）には、特定の宗派ではなく、宗教一般、宗教というテーマ全般について総合的に扱った資料を分類する。宗教の理論は161（宗教学）、総合的な宗教の歴史は162（宗教史（＊地理区分））となる。

日本にゆかりの深い神道、仏教、キリスト教の3つは、160ではなく170／190に分類する。日本古来の神社宗教である神道は170、飛鳥時代に伝来した仏教は180、室町時代の末期に伝来したキリスト教は190に分類する。また、キリスト教の母体となったユダヤ教は199に分類する。

第 21 章　NDC・1 類（哲学・心理学・宗教）の分類法

その他の個別の宗教については、160（宗教）の下に分類項目が用意されている。例えば、166（道教）、167（イスラム）、168（ヒンズー教．ジャイナ教）、169（その他の宗教．新興宗教）がある。

164（神話）は、地域が特定できる場合は、164のもとで地理区分する。

例）北欧の神話　164＋389（地理区分の北ヨーロッパ）＝164.389

なお、ギリシア神話、ローマ神話は、ギリシアやイタリアの地理区分をせず164.31（ギリシア神話）、164.32（ローマ神話）の分類項目が用意されている。

5.2　神道、仏教、キリスト教の各教派

神道、仏教、キリスト教については、それぞれの宗派（神道なら出雲大社教、天理教など、仏教なら曹洞宗、浄土宗など、キリスト教ならカトリック、プロテスタントなど）によって、さらに細かく分類することに注意が必要である。神道（170）では178、仏教（180）では188、キリスト教（190）では198に各教派の項目が用意されている。教派・宗派が特定できる場合は、178、188、198の中から個別の宗派を探して分類する。また、各教派の分類項目の後には固有補助表から「－1（教義）」「－2（教史／宗史／教会史）」「－3（教典／宗典／聖典）」「－4（説教集）」など、必要な細分を与えることができる。

◆演習問題21　下記の資料の標目指示（タイトル標目、著者標目、件名標目、分類標目の指示）を作成しなさい。

1．インド思想入門／渡辺研二著

　　人間とは何か、宇宙とは何かを考えてきたインドの哲学について解説。

2．本当にわかる倫理学：フシギなくらい見えてくる！／田上孝一著

　　正義、経済、医療など身近なキーワードを通じて倫理学の基礎を解説する。

3．ギリシア神話：神々と英雄に出会う／西村賀子著

　　西洋文明に深い影響を与えたギリシア神話の伝承を紹介。

4．武士道の名著：日本人の精神史／山本博文著

　　『五輪書』、『葉隠』、『武士道』など名著といわれる12冊から武士道を解く。

第Ⅲ部　NDC類別総合演習

5．よくわかる世界三大宗教：キリスト教・イスラム教・仏教 / 保坂俊司
　監修

　　比較宗教の観点から世界三大宗教の教義、教典、歴史、死生観などを紹介。

6．心理学：キーワードコレクション / 重野純編

　　100のキーワードから現代心理学のエッセンスを学ぶ。

7．成功者と成幸者 / 上村光弼文

　　功を成す「成功」と幸せに成る「成幸」の違いを考察した生き方のヒント。

8．後世への最大遺物・デンマルク国の話 / 内村鑑三著

　　プロテスタント・無教会主義のクリスチャンによる二つの著名な説教を収録。

9．超解読！　はじめてのカント『純粋理性批判』/ 竹田青嗣著

　　近代哲学の最高峰、イマヌエル・カントの『純粋理性批判』を平易に解説。

*10．陰陽道の発見 / 山下克明著

　　陰陽道について、その源流から成立、安倍晴明の実像などから解説する。

*11．コーランを知っていますか / 阿刀田高著

　　イスラムの聖典『コーラン』を解説する入門書。

*12．日本神道史 / 岡田莊司編

　　神道の成立から神仏習合、国家神道まで、神道の歩みを解説する。

*13．知っておきたい日本の神話 / 瓜生中 ［著］

　　「イザナギ・イザナミの国造り」をはじめとする日本神話を現代語訳で紹介。

*14．意味による癒し：ロゴセラピー入門 / V・E・フランクル著；山田邦男監訳

　　「生きる意味」を見出すことを支援する精神療法の概説書。

*15．神奈川県神社誌 / 神奈川県神社庁編

　　神奈川県内所在の神社の祭神、社殿、由諸沿革などを網羅的に収載。

第21章　NDC・1類（哲学・心理学・宗教）の分類法

┌─■□コラム21.1□■───────────────────

思想家たちの饗宴

　中国の古代思想は、四書五経を中心とした経書は123、先秦思想・諸子百家は124に分類するが、孫子の兵法は古代兵法として399.2に分類する。アラブ中世哲学で、スペインのコルドバで活躍して、著作『矛盾の矛盾』で知られるアヴェロエス（イブン＝ルシュド）の思想と伝記は、ヨーロッパ中世哲学に影響を与えたので、西洋哲学の中世哲学の一つとして132.28で分類する。西洋哲学の133.1／133.5イギリス哲学と135フランス・オランダ哲学は17世紀、18世紀、19世紀、20世紀以降と区分されるのに、134ドイツ・オーストリア哲学は哲学者と学派で区分されている。オーストリアのウィーンで生まれ、高等実科学校でアドルフ・ヒトラーと同窓生であった哲学者ヴィトゲンシュタインは英国のケンブリッジ大学で活躍したが、オーストリア哲学として134.97とする。最も難解な哲学書として定評のある『エチカ（倫理学）』を書いたスピノザは、オランダ哲学として135.2とする。『死に至る病』を書いたデンマークの哲学者キェルケゴールは、著作のように『あれか、これか』と迷うが、139.3その他の西洋諸国の哲学とする。

└────────────────────────────────

┌─■□コラム21.2□■───────────────────

占いとオカルト

　血液型占いに関する本が出版されている。「血液型占い」といっても、運命を予測する占いではなく、主に性格判断なので、日本十進分類法では141.9個性．差異心理学の141.939性格判断に分類する。風水は148.5方位占いの地相になり、陰陽道は占いの一つとして148.4となる。呪術、超能力（予言、念力など）、心霊写真、ノストラダムスの予言などのオカルトは147超心理学で分類するが、未確認飛行物体（UFO）と宇宙人・地球外生物は440.9と440天文学に分類する（新訂10版では別法として147.9とすることも可能）。雪男やネス湖のネッシー、ツチノコなどの未確認生物（UMA）の分類は悩ましく、388伝説とする場合と動物学の雑記として480.49とする場合がある。

└────────────────────────────────

第**22**章	NDC・2類（歴史・伝記・地理）の分類法

1　2類の全体構成

　NDC の 2 類（2 で始まる分類記号）は、**歴史・伝記・地理**に割り当てられている。全体は以下のような構成となっている。

200／208　**歴史**　　209　**世界史. 文化史**（209＋細目表中の時代区分）

〈210／279　**各国・各地域の歴史**〉（2＋地理区分＋細目表中の時代区分）

210／219　　**日本史**

220／229　　**アジア史. 東洋史**

230／239　　**ヨーロッパ史. 西洋史**

240／249　　**アフリカ史**

250／259　　**北アメリカ史**

260／268　　**南アメリカ史**

270／279　　**オセアニア史. 両極地方史**

280／289　　**伝記**

　（280　地域・活動分野を特定しない 3 人以上の伝記

　281／287.9　特定地域の 3 人以上の伝記（28＋地理区分）

　288　人名. 王家. 紋章. 旗　　289　個人伝記（2 人まで））

290／299　**地理. 地誌. 紀行**

　（290　地域を特定しない地理・地誌・紀行

　291／297.9　特定地域の地理・地誌・紀行（29＋地理区分）

　299／299.8　海洋　　299.9　地球以外の世界）

242

第22章　NDC・2類（歴史・伝記・地理）の分類法

②　歴史

2.1　地域を特定しない歴史全般

　2（歴史）の後に0が来る場合は、「地域を特定しない歴史」の分類である。考古学や地域や時代を特定できない遺跡・遺物は202.5に分類する。世界史は200（歴史全般）ではなく209に分類し、細目表中の時代区分（.3＝古代　.4＝中世　.5＝近代　.6＝19世紀　.7＝20世紀－　など）を用いる。

2.2　地域史・各国史

　地域史・各国史（210／279）の分類記号は、2＋地理区分（1（日本）／79（南極））した記号と一致する。210が日本史、279が南極地方の歴史である。地理区分は一般補助表の中にあり、相関索引からも探すことができる（地理区分については第16章参照）。

　2（歴史）の後に地理区分した日本史および特定の地域史は、本表の細目表中に、時代区分が存在する場合があり、本表による確認が必要となる。特に日本の各地域（沖縄県を除く）の歴史（211／219）では、時代によって細分するための以下の固有補助表が設けられている。

表22.1　日本の各地域の歴史における時代区分

－02　原始時代　－03　古代　－04　中世　－05　近世　－06　近代

　なお、沖縄県の時代区分については、細目表の219.9で、219.9076（日本復帰以後1972－）のように細分することができると指示されている。

　また、「地域史・各国史の後に形式区分を付加する場合には0を重ねる」という例外規則があるので、形式区分を付与する場合は注意が必要である。

　　例）日本史の年表　21（日本史）＋0（重ねる）＋032（年表）＝210.032

　このほか、現行のNDCには明記されていないが、原編者によって示された次のような慣習的判断もある。二つの時代にわたる歴史は、特に後の時代に重

第Ⅲ部　NDC類別総合演習

点が置かれている場合を除き、原則として前の時代に分類する。三つ以上の時代にわたる場合はより広い項目に分類する[1]。

③　伝記

3.1　3人以上の伝記（列伝）

28（伝記）の後に0が来る場合は、「地域や活動分野を特定しない、3人以上の伝記」である。28の後に地理区分（1／79）がある場合（281／287.9）は、地理区分に対応した特定地域の3人以上の伝記である。活動分野が特定主題として把握される3人以上の伝記は、その主題を示す記号に、形式区分の−028（多人数の伝記）を付加する。

　　例）3人以上の哲学者の伝記　1̶0̶0̶（哲学）＋028（多数人の伝記）＝102.8

3.2　人名、王家、紋章、旗

288には、以下のようなテーマを持つ資料を分類する（抜粋）。

　　288.12 人名　　288.2 系譜［家系図］　　288.4 皇室　　288.41 天皇
　　288.49 外国の王室（＊地理区分）　　288.6 紋章［家紋］　　288.9 旗：国旗

3.3　個人伝記（2人をも含む）

289では個人伝記を分類する。個人伝記は、出身国もしくは主な活動国で地理区分可能である。ただし例外として、1類の「哲学」と「宗教」、7類の「芸術」、「スポーツ」、「諸芸」、9類の「文学」に関する人物の個人伝記は、その人物が活躍したそれぞれの領域（1類、7類、9類）に分類する。

1）森清編，『NDC入門』（図書館員選書2），日本図書館協会，1982，p.82

第22章　NDC・2類（歴史・伝記・地理）の分類法

④　地理. 地誌. 紀行

　29（地理）の後に0が来る分類は、「地域を特定しない地理」という意味である。29の後に地理区分（1／79）がある場合（291／297.9）は、特定地域に関する地理の資料となる。特定地域の地理資料（291／297.9）には、細目表中の「固有補助表」（以下）から必要な細分を加えることが可能である。

表22.2　291／297の固有補助表（一部）

－0189　地名　　－087　写真集　　－09　紀行　　－091　探検記　　－093　案内記

　その他、以下のような注意点がある。

　　（1）地形、地質などの自然地理に関する資料は450（地学）に分類する。

　　（2）特定地域・時代の歴史地理は、210／279（歴史）に分類する。

　　（3）特定地域の社会事情を中心に扱った資料は302（政治、経済、社会、文化事情）＋地理区分に分類する。

　　（4）文学者による紀行文は、文学作品として、9□5（□＝原著の言語区分）に分類する。

⑤　海洋

　海洋全般に関する資料は299に分類し、特定の海域に関する資料は299.1／299.89に分類する。なお細目表中の299.1／299.89から冒頭の299を除いたもの（1（太平洋）／89（南極海））が、一般補助表の海洋区分に一致する。

◆演習問題22　下記の資料の標目指示（タイトル標目、著者標目、件名標目、分類標目の指示）を作成しなさい。

　1．アフリカ史／川田 順造編

　　世界史の中のアフリカや国民国家などの視点でアフリカ史を解説する。

245

第Ⅲ部　NDC類別総合演習

2．ブータンの歴史：ブータン小・中学校歴史教科書 / ブータン王国教育省
　教育部編 ; 平山 修一監訳 ; 大久保ひとみ訳

　　ブータンの歴史教科書だが、一般の人がブータン史を理解するのにも最適。

3．アメリカ史研究入門 / 有賀夏紀 [ほか] 編

　　アメリカ合衆国の歴史を学び、研究するための基礎となる通史やテーマ史
　を解説する。なお、研究入門とあるが、研究方法を解説したものではない。

4．アイスランド小史 / グンナー・カールソン著 ; 岡沢憲芙監訳 ; 小森宏美訳

　　アイスランドの歴史について、その国名の由来から現代まで解説する。

5．織田信長 / 池上裕子著 ; 日本歴史学会編

　　『信長公記』や信長の発給文書などから、等身大の姿を明らかにする評伝。

6．50のドラマで知る世界の歴史：共生社会の再構築へ / マンフレッド・マ
　イ著 ; 小杉尅次訳

　　ドイツを代表する歴史家が普遍的な歴史解釈で世界の歴史を説明する。

7．灘区の町名 / 神戸市灘区役所まちづくり推進課編

　　兵庫県神戸市灘区の町名や字といった地名の由来を解説する。

8．オーストラリア歴史物語 / ジェフリー・ブレイニー著 ; 加藤めぐみ，鎌
　田真弓訳

　　現在のオーストラリアがどのように形成されてきたのかを説明する。

9．ギリシャ・エーゲ海：古代文明を生んだ魅力的な島々 / 赤井良平文 ;
　柳木昭信写真

　　ギリシャの見どころや歴史を豊富なカラー写真とともに紹介した旅行案内。

10．日本史用語大事典 / 武光誠 [ほか] 編

　　約17,000項目にわたり、日本史に関連する用語や人名などを解説する。

*11．歴史の文法 / 義江彰夫 [ほか] 編

　　多様な研究者が専門家の視点から歴史を論じた論文集である。

*12．図説古代マヤ文明 / 寺崎秀一郎著

　　巨大石造遺蹟群が中米の密林に残されている「謎」多き、マヤ文明を紹介。

*13．二つのドイツ：1945-1990 / メアリー・フルブルック著 ; 芝健介訳

第22章　NDC・2類（歴史・伝記・地理）の分類法

西独、東独という二つの国の辿（たど）った歴史を政治・文化・社会から分析する。

*14.　過渡期としての1950年代／中村隆英（なかむらたかふさ），宮崎正康（みやざきまさやす）編

1950年代の日本を高度成長期への過渡期と捉え、政治や生活などから分析する。

*15.　子どもの本：伝記を調べる2000冊／日外（にちがい）アソシエーツ編

子ども向けの伝記2,237冊の内容や目次、書誌情報を収録する。

───▨□コラム 22.1 □▨─────────────────────────

分類法の日本地図

年末恒例で唱和される『蛍の光』には４番までの歌詞があった。その４番は「ちしまのおくも、おきなはも、やしまのうちの、まもりなり」と歌われる。その千島列島は現在ロシアが占領中であるが、日本十進分類法では北海道地方の歴史として211.9に分類される。国後島などの北方四島の歴史も211.9になる。ただし、樺太の歴史はアジア・ロシアの歴史として229.2になる。小学校から習った社会科の日本地理では三重県は近畿地方と教わった。ところが日本十進分類法では中部地方の東海地方の歴史として215.6に分類される。沖縄県の歴史は219.9であるが、３桁目の9は九州地方の9、４桁目の9は琉球の9と覚える。

───▨□コラム 22.2 □▨─────────────────────────

戦争と平和

ウィンストン・チャーチルといえば、第二次世界大戦の時のイギリス首相だが、著述家としても著名で『第二次世界大戦回想録』でノーベル文学賞を受賞している。世界大戦の歴史は209世界史で分類する。第一次世界大戦は209.71となり、チャーチルの著作は第二次世界大戦の歴史なので209.74となる。そのほかの戦争史は日本と外国の戦争の場合、日本史に分類する。日露戦争は210.67になる。外国と外国の戦争は敗戦国、被害を受けた国・地域で分類する。ベトナム戦争は223.107、湾岸戦争はイラクの歴史として227.3になる。戦争に関する分類記号は、２類以外にもある。戦争を終結に導く平和問題、軍縮問題、反戦運動などは３類（社会科学）の319.8戦争と平和で分類する。国防・軍事に関しては390／399に分類し、兵器工学は５類（技術・工学）の559に分類する。

第**23**章	NDC・3類（社会科学）の分類法

1　3類の全体構成

　NDC の 3 類（3 で始まる分類記号）は、政治、法律、経済などの**社会科学**に割り当てられている。全体は以下のような構成となっている。

300／309　**社会科学**
　　　（302　政治・経済・社会・文化事情（＊地理区分）　309　社会思想）
310／319　**政治**（311　政治学　312　政治史・事情（＊地理区分））
320／329　**法律**（321　法学　　　322　法制史
　　　　　　　　　　　　　　　　　322.9 外国法（＊地理区分））
330／339　**経済**（331　経済学　332　経済史・事情（＊地理区分））
340／349　**財政**（341　財政学　342　財政史・事情（＊地理区分））
350／358　**統計**（351／357（各国・各地域の総合的な統計）
　　　　　　　　　　　358　人口統計（＊地理区分））
360／369　**社会**（361　社会学　362　社会史・社会体制（＊地理区分）
　　　　　　　　　　　364／369　各論（社会保障、労働、家族、福祉等））
370／379　**教育**（371　教育学　372　教育史・事情（＊地理区分））
380／389　**風俗習慣. 民俗学. 民族学**（388　伝説・民話（＊地理区分））
390／399　**国防. 軍事**

　310（政治）、320（法律）、330（経済）、340（財政）、360（社会）、370（教育）の 6 つのテーマでは、一般補助表の形式区分「−01（理論. 哲学）」「−02（歴史

248

第 23 章　NDC・3 類（社会科学）の分類法

的・地域的論述）」を短縮してつけたかたちの分類記号がすでに用意されている。たとえば、政治の理論は310＋01（形式区分の理論）＝310.1を短縮して311（政治学）、政治の歴史は310＋02（形式区分の歴史）＝310.2を短縮して312（政治史・事情）である。

②　「社会科学」と「社会」

　300（社会科学）と360（社会）は、名称上違いがつけにくい。前者は、政治、経済などの大きな視野を含んだ社会的事象全般を総合的に扱った資料を分類する。人文科学や自然科学とは違う社会科学の位置づけや方法論もここに入る。それに対して後者は、社会学に加え、社会保障や消費者問題、労働問題などのさまざまな社会問題が分類される。

　ちなみに、**就職に関する資料**はしばしば別置の対象となるが、特定の職業に限定されない就職試験問題集が分類されるところとして307.8（就職試験問題集〈一般〉）が用意されている。ほかに、就職関連の分類記号としては336.42（雇用）、366.29（職業）、377.95（就職問題）があり、特定の職業への就職は、その職業を主題とする箇所に分類する。

③　外国の行政と法律

　外国の行政や法律については、各項目の最後に番号が割り当てられていることが多い。これは、NDC が日本の資料を整理・分類することを主目的として編成されているためだと思われる。たとえば、317（行政）、318（地方行政）に属するテーマで外国に関する資料は317.9と318.9に分類し、必要があれば地理区分する。また、324（民法）、325（商法）に関する資料でも、外国の民法および商法はそれぞれ324.9と325.9に分類し、必要に応じて地理区分する。たとえば、日本の民法である家族法や借地借家法、信託法はそれぞれ324.6、324.81、324.82に分類するが、イギリスやフランスの民法は、どのような種類のもので

第Ⅲ部　NDC類別総合演習

あっても324.9の下に入れられる。フランスの民法であれば、分類記号は324.935とする。

　なお、319（外交. 国際問題）では、地理区分と地理区分の間に「0」をはさむことで二国間の外交関係を表すことができる。たとえば英露関係は、319（外交）＋33（地理区分のイギリス）＋0＋38（地理区分のロシア）で319.33038に分類される。

④　経済と商業

　330（経済）と670（商業）とは近接するテーマを扱っているので、分類に際しては、この双方を参照する必要がある。たとえば、『一流の部下力：会社でチャンスをつかむ人は皆やっている！』という図書は、職場の人間関係、ビジネスマナーを扱った内容である。ビジネスといえば経済にも商業にも関わるが、この資料は330（経済）の下の335（企業. 経営）の下の336（経営管理）の下の336.4（人事管理. 労務管理. 人間関係. ビジネスマナー. 提案制度）の下の336.49（職場の人間関係. ビジネスマナー）に分類される。

　　330　　　経　　　済　Economics
　　335　　　　企業. 経営　Enterprise. Management
　　336　　　　　経 営 管 理　Business management
　　　.4　　　　　　人事管理. 労務管理. 人間関係. ビジネスマナー. 提案制度
　　　.49　　　　　　　職場の人間関係. ビジネスマナー

⑤　総合的な統計と個別テーマの統計

　350（統計）は総合的な統計であり、各国・各地域の統計は350（統計）に地理区分をつけて351／357に分類する。たとえば、『現代アメリカデータ総覧』の分類記号は350＋53（地理区分のアメリカ合衆国）＝355.3である。また、人口統

計はこの下位概念である358（人口統計. 国勢調査）に分類される。ただし、経済的な観点から取り上げられている場合は、334.2（人口史. 人口統計. 人口構成. 人口密度）に分類する。たとえば、人口経済学をテーマとした資料はここに分類する。なお、統計の基盤にある数理については、417（確率論. 数理統計学）に分類するので注意を要する。

6 社会学と関連諸学

361（社会学）はその名の通り**社会学**を分類するところである。ただし、特定主題の社会学は各主題の下に分類される。たとえば、芸術社会学は701.3、音楽社会学は761.13、言語社会学（社会言語学）は801.03である。

また、情報学の分野は、分類記号でいうと007（情報学. 情報科学）、547（通信工学. 電気通信）、548（情報工学）、694（電気通信事業）に分かれているが、社会学的な側面が強い資料は361.45（コミュニケーション. コミュニケーション理論）に分類される。

361.2（社会学説史）には、地理区分の上、個々の社会学者の学説・体系を形成する著作・著作集が分類される。たとえば、日本の社会学者清水幾太郎の全集であれば、地理区分の日本1を付与して361.21（日本社会学）に分類する。また、イギリスの社会学者ハーバート・スペンサーの著作は、地理区分のイギリス33を付加して361.233（イギリス社会学）となる。

注意する必要があるのは361.234（ドイツ社会学）に分類されるマックス・ヴェーバーである。彼は、社会学、経済学の両分野で著作を残しているため、経済学を主題とした著作は331.5（歴史学派［経済学］）に別に分類項目が用意されている。フランス社会学者エミール・デュルケームも、社会学関連の著作は361.235（フランス社会学）に分類されるが、教育学関連の著作は別途、371.235（フランス教育学. フランス教育思想）に別に分類項目が用意されている。

近代フランスの思想家ジャン・ジャック・ルソーは、相関索引で調べると、1類（哲学）の中の、西洋近代哲学の135（フランス・オランダ哲学）の .3（18世

第Ⅲ部　NDC 類別総合演習

紀）の中に135.34（ルソー）という項目が用意されているが、ルソーの教育思想は教育学の分野にも大きな影響を残しており、これは371.235（フランス教育学．フランス教育思想）に分類される。

　プロイセン出身で無国籍となったカール・マルクスの著作は、さらに複雑で分類項目が多岐にわたる。哲学関連の著作は134.53、社会思想の著作は309.3、経済学の著作は331.6に分類される。さらに、マルクスに関する著作も多岐にわたる。マルクス主義哲学に関する著作は116.4、社会思想としてのマルクス主義に関する著作は309.3、マルクス主義経済学に関する著作は331.6に分類される。

　1類の哲学、3類の309（社会思想）、331（経済学）、361（社会学）には多くの思想家について、学派別または個人名で分類項目が用意されているので、これらは相関索引、細目表をよく見て確認しなければならない。

7　個別の社会問題

　364／369は、個別の社会問題について扱っている。

　364（社会保障）には、福祉国家論や保険・年金問題の資料を分類する。

　365（生活・消費者問題）には、住宅問題や、消費者協同組合などに関する資料を分類する。

　366（労働経済．労働問題）には、職業紹介、就職、職場のセクシャルハラスメント、賃金、定年制、労働組合、産業衛生などの資料が分類される。

　367（家族問題．男性・女性問題．老人問題）には、男女同権、婚姻・離婚問題、女性論、男性論、家族問題〈一般〉、嫁と姑、親子関係、独居老人、児童・青少年問題〈一般〉、性同一性障害などに関する項目が用意されている。

　368（社会病理）には、貧困、ホームレス、難民問題、戦争孤児、自殺、反社会集団、組織犯罪、青少年犯罪、薬物・薬剤中毒者などが分類される。

　369（社会福祉）には、各種の福祉関係のテーマが分類される。福祉政策、慈善事業、赤十字事業、介護支援専門員（ケアマネージャー）、生活保護、老人福

第23章　NDC・3類（社会科学）の分類法

祉（高齢者介護）、障害者福祉などのテーマに加えて、災害救助（消防以外の全般的な防災行政）、震災、風水害、水難救助、工場災害、放射能被曝. 放射能汚染、戦災者、難民救済、児童福祉、母子福祉、保育所、託児所、孤児などの分類項目が用意されている。

8　教育

370（教育）は、学校の種別によって分類記号が分かれているところがあり、注意を要する。たとえば、小学校・中学校・高等学校における学校経営・管理ならびに学習指導・教科別教育に関しては374、375であるが、大学は377の下にすべて分類する。

ただし、教育にかかわった個人の伝記（2人をも含む）については、289（個人伝記）に分類する。たとえば、2014年にノーベル平和賞を受賞したマララ・ユスフザイは、世界中の子どもたちの教育を受ける権利を訴えているが、その伝記は教育のところではなく、289に分類される。なお、多数人（3人以上）の伝記（列伝）については扱いが異なり、372.8（教育家〈列伝〉）に分類し教育のコーナーに置く。

また、379（社会教育）の下には、すべての社会教育の機関が入るわけではなく、010（図書館）、069（博物館）、706.9（美術館）などを除いた公民館やコミュニティセンターが分類される。

9　民俗学と民族学

NDCでは、民俗学と民族学の違いを設けておらず、380（風俗習慣. 民俗学. 民族学）に分類する。たとえば、コルセットや帽子など服飾に関するテーマを生活史や文化の観点から扱った資料は383の下に分類し、雨乞などの農耕儀礼は384.31に分類する。ただし、民族学や文化人類学一般および理論に関するものは389に分類する。

253

第Ⅲ部　NDC 類別総合演習

388（伝説．民話［昔話］）もよく使用される。民話、神話、物語は、似通った内容であるが、いくつかの分類記号に分かれる。昔話などの民話は社会科学の一領域である380（風俗習慣．民俗学．民族学）の下位にある388＋地理区分、日本神話や北欧神話などは「宗教」の下位にある164＋地理区分、その他の小説・物語は「文学」として、9類に分類する。

10　国防．軍事

390（国防．軍事）には、太平洋戦争やスパイ、孫子の兵法などに関する資料が分類される。

たとえば、エドワード・スノーデンは2013年に NSA（アメリカ国家安全保障局）のインターネット傍受が全世界にわたることを告発したが、その内容に関わる資料は「391.6（軍事情報．軍機保護．スパイ活動）」に分類する。同じ391.6には、1930年代から40年代にかけてソ連のスパイとして活動したリヒャルト・ゾルゲらが逮捕された「ゾルゲ事件」の資料も分類される。

なお、軍の種類によって項目が立てられている箇所があり、396（陸軍）、397（海軍）、398（空軍）がそれである。

◆演習問題23　下記の資料の標目指示（タイトル標目、著者標目、件名標目、分類標目の指示）を作成しなさい。

1．よくわかる社会保障／坂口正之，岡田忠克編

　社会保障の基礎理論から制度までバランスよく解説する。

2．日中関係の過去と将来：誤解を超えて／岡部達味著

　これまでの日本と中国の外交関係を踏まえつつ、将来を展望する。

3．超入門ビジネスマナー：上司が教えない気くばりルール／磯部らん著

　ビジネスマナーの基本に加えて、気くばりのコツや勘どころを紹介。

4．スパイはなんでも知っている／春名幹男著

　情報スパイから産業スパイまで、プロのスパイ工作を描き出す。

254

第23章　NDC・3類（社会科学）の分類法

5．岩波社会思想事典 / 今村仁司［ほか］編集

社会科学の基本用語や重要人名から195項目を厳選し、解説する。

*6．高齢者は社会的弱者なのか：今こそ求められる「老いのプラン」/ 袖井孝子著

高齢者問題を検証したうえで、これからの自立的な高齢者像を示す。

*7．新しい地方財政論 / 中井英雄［ほか］著

地方財政の予算、収入、経費、健全化などについて体系的に解説する。

*8．必ずもめる相続の話：失敗しない相続と税対策 / 福田真弓著

相続税について、失敗しない相続と税対策の指南を行う。

*9．選挙のパラドクス：なぜあの人が選ばれるのか？ / ウィリアム・パウンドストーン著：篠儀直子訳

アメリカ合衆国の選挙に基づき、投票システムの欠陥を指摘、解決策を探る。

10．ドイツ暮らしの法律 Q&A / 大美和子著

ドイツ訪問者やドイツ居住者に対し、法律の一般的な知識を解説する。

*11．給食の掲示アイデア：コピーしてすぐできる / 白金はる子作

コピーしてそのまま使える、学校給食のための掲示物を多数収録する。

*12．記念日・祝日の事典：付・世界の祝祭日 / 加藤迪男編

さまざまな記念日や祝日の意味や由来の解説を月別・時系列に配列した参考図書（レファレンスブック）である。

13．ヨーロッパ統計年鑑：データと図表で見るヨーロッパ案内 / ヨーロッパ連合編；猪口 孝 監訳；藤井眞人訳

ヨーロッパ諸国の統計データと図表を収録し、解説を加える。

14．近代日本社会教育の成立 / 松田武雄著

1880年代〜1920年代までの日本の社会教育の状況を考察する。

*15．大江戸暮らし：武士と庶民の生活事情：イラスト図鑑 / 大江戸探検隊著

100万都市であった江戸の庶民の暮らしや文化について図版を用い紹介する。

■□コラム 23.1 □■

噂の分類法

松山巌著『うわさの遠近法』は、明治時代から昭和時代にかけての噂、デマを解説して興味深い。噂は、細目表にない。相関索引にもない。一体、分類記号は何か？相関索引に、流言蜚語361.45とあるので、噂は361.45コミュニケーション．コミュニケーション理論に分類する。

■□コラム 23.2 □■

犯罪のゆくえ

犯罪心理学の著作がブームになったことがある。犯罪心理学は326刑法のなかで326.34とする。［149］応用心理学にしない。［　］のついている分類記号は使わないが、各図書館の判断で適用する場合がある。少年法改正が問題になると、少年法に関する著作が出版されるが、少年法は327司法．訴訟手続法の中の327.8とする。少年犯罪を扱った著作も327.8となるが、校内暴力などの子どもの問題行動は371.4教育心理学の中の371.42とする。一方、大人の犯罪は368.6犯罪で分類する。326刑法は犯罪を罰することである。ヤコブ・ラズ著『ヤクザの文化人類学：ウラから見た日本』（岩波現代文庫）は368社会病理の中の368.51とする。ちなみに、エドワード・ファウラー著『山谷ブルース』（新潮OH!文庫）は368.2どや街とする。

| 第**24**章 | NDC・4類（自然科学・医学・薬学）の分類法 |

① 4類の全体構成

　NDCの4類（4で始まる分類記号）は**自然科学**である。詳しくは、数学と、自然科学の各分野、および**医学・薬学**が割り当てられている。全体は以下のような構成となっている。

　　400／409　**自然科学**　（402　科学史・事情（＊地理区分））
　　410／419　　　　**数学**
　　420／429　　　　**物理学**
　　430／439　　　　**化学**
　　440／449　　　　**天文学．宇宙科学**
　　450／459　　　　**地球科学．地学**
　　460／469　　　　**生物科学．一般生物学**
　　470／479　　　　　**植物学**
　　480／489　　　　　**動物学**
　　490／498　**医学**　　　　　　　499　**薬学**

② 自然科学一般

2.1　科学史・科学者

　『科学史・技術史事典』のように、一つの情報源の中に科学と技術の歴史が総合的なテーマとして含まれている場合は、402（科学史）に分類する。402は、

第Ⅲ部　NDC類別総合演習

4（自然科学）＋02（形式区分の歴史的・地域的論述）を組み合わせた形でもある。日本の科学史の場合、402のもとに、さらに時代区分が用意されている。

また、科学者の伝記（3人以上の列伝）は402.8（科学者〈列伝〉）に分類する。科学者の個人伝記（2人をも含む）は、289（個人伝記）に分類する。

2.2　科学探検・調査

科学探検・調査は402.9に分類するが、対象が自然科学の分野だけでなく、自然と人文の両分野の内容を含んでいる場合には、290（地誌）に分類する。

③　自然科学の各分野

3.1　有機化合物と無機化合物

一部の例外を除き、炭素原子（C）を骨格としている化合物を有機化合物、そうでない化合物を無機化合物という。有機化合物は、融点が低く、可燃性のものが多い。無機化合物は、融点が高く、不燃性のものが多い。

有機化合物は、現在までに1,000万種類以上が確認されているが、大別して437（有機化学）のもとに分類する。

無機化合物については、その中に含まれている各元素に注目し、435／436で列挙されている各元素のうち、NDC本表中のより後方に位置する元素に分類する。例えば、『NO（一酸化窒素）宇宙から細胞まで』は、「窒素 N」と「酸素 O」の化合物であるが、NDC本表中の前方にある435.43（酸素 O）ではなく、NDC本表中の後方に位置する435.53（窒素 N）に分類する。また、水（H_2O）を主題とした資料では、水は「水素 H」と「酸素 O」の化合物であるが、NDC本表中の前方にある435.11（水素 H）の化合物ではなく、NDC本表中のより後方にある435.4（酸素族元素とその化合物）として、そのもとの435.44（水.重水）に分類する。

第24章　NDC・4類（自然科学・医学・薬学）の分類法

3.2　地球

「天文学上の地球」は440（天文学．宇宙科学）の中の448（地球．天文地理学）に分類する。天文学以外の他の自然科学の分野で研究対象となる地球は、450（地球科学．地学）に分類する。自然地理学も同じく450に分類する。

3.3　生物

460（生物科学．一般生物学）には理論生物学、細胞学、遺伝学などを置く。470（植物学）、480（動物学）には、生物種によって大変細かい分類が用意されている。地域的な動植物の分布・生息を示すものは、462（生物地理．生物誌）、472（植物地理．植物誌）、482（動物地理．動物誌）に分類する。

④　医学と薬学

4.1　医学

490（医学）には、491／498（医学各論）とは別に、490.1（医学哲学）、490.15（医学と倫理）、490.7（医学教育）など一般的な項目が用意されている。ただし、（家庭衛生）598と（獣医学）649は、ここには分類されない。

4.2　東洋医学

東洋医学一般は490.9へ、漢方薬一般は499.8へと分類するが、特定の疾病を扱った資料は、東洋医学であっても493（内科学）／497（歯科学）のそれぞれの項目のもとに分類する。

4.3　看護学

特定の患者についての各疾患の看護は、該当するその患者の看護（492.921／492.929）に分類する。患者を特定しない各疾患の看護は、492.926（成人看護）のもとに分類する。

259

第Ⅲ部　NDC類別総合演習

4.4　各器官の疾病

人体の各器官の疾病・病理、治療、療法、医療器具などについての資料は、
493（内科学）、494（外科学）、495（婦人科学．産科学）、496（眼科学．耳鼻咽喉科
学）、497（歯科学）のそれぞれの項目に分類する。

◆演習問題24　下記の資料の標目指示（タイトル標目、著者標目、件名標目、分類
標目の指示）を作成しなさい。

1．天文学はこんなに楽しい／縣 秀彦監修

　多数の写真を用いた天文学の入門書。

2．薬学へのいざない／鎌滝哲也著

　薬学部への入学をめざす学生に、薬学とその周辺領域を紹介する。

3．三省堂新物理小事典／松田卓也監修；三省堂編修所編

　物理学に関する基本用語、約4,500項目を収録した事典。

4．異色と意外の科学者列伝／佐藤文隆著

　科学者の伝記をひもとき、感動的な人間ドラマをつづる。

5．オックスフォード科学辞典／山崎昶訳

　物理、化学、生物学、地球科学など、科学の重要語句を説明した辞典。

＊6．有機化学がわかる：最初のコツさえ覚えればこんなにわかってくるやさ
　　しくてためになる有機化学／齋藤勝裕著

　身の回りと深く結びついた領域である有機化学を平易に解説する。

＊7．水とはなにか：ミクロに見たそのふるまい／上平 恒著

　水素と酸素の簡単な化合物で特殊な性質を持つ水の不思議を探る。

＊8．食虫植物ふしぎ図鑑：つかまえ方いろいろ！：写真と図で見る驚きの生
　　態／柴田千晶監修；ワン・ステップ編集

　食虫植物が虫を捕まえるしくみや種類、育て方などについて紹介。

＊9．地震予報のできる時代へ：電波地震観測者の挑戦／森谷武男著

　電波伝播異常による地震前兆の捕捉に基づく、地震予知研究を紹介。

＊10．「超」入門微分積分：学校では教えてくれない「考え方のコツ」／神永

第 24 章　NDC・4 類（自然科学・医学・薬学）の分類法

正弘著

複雑な数式の意味が理解できるようになる微分積分の入門書。

*11.　日本海の気象と降雪 / 二宮洸三著

日本海の降雪にまつわる海洋気象の全体像を分かりやすく解説。

*12.　暦の歴史 / ジャクリーヌ・ド・ブルゴワン著；池上 俊 一監修；南 條
郁子訳

多彩な図・写真で世界の暦の歴史を解説する。

*13.　〈病気〉の誕生：近代医療の起源 / 児玉善仁著

中世イタリアの医療の実態を探り、医療の常識を再考する。

*14.　史上最強図解これならわかる！電磁気学 / 遠藤雅守著

古典電磁気学、電磁場理論の基礎理論の体系を分かりやすく解説。

*15.　皇居の四季・花物語 / 平馬 正 写真・解説

皇居周辺の草花や樹木を写真と解説で詳細に紹介する。

■□コラム 24 □■

嫌われ者たちと人気者たち

　盛口満著『わっ、ゴキブリだ！』（どうぶつ社）は日本に生息するゴキブリに関する図書であるので、486 昆虫類の中の 486.42 ゴキブリ科に分類する。一方、害虫としてのゴキブリに関しては 498.69 衛生動物学．衛生昆虫学で分類する。ゴキブリが原因となる感染症の報告はないと言われているけれども。人間の役に立つミツバチは 486.7 ハチ目と 646.9 みつばち．養蜂と、観点によって分類が分かれる。また、人気のカブトムシ、クワガタムシは 486.6 甲虫類と 646.98 昆虫の飼育：すずむし，かぶとむしと、生態と観察か飼育かで分かれる。寄生虫博士として知られる藤田紘一郎氏の著作は、『笑うカイチュウ』が 491.9 寄生虫学、『空飛ぶ寄生虫』が 493.16 寄生虫病と分類が分かれてしまうこともある。

第**25**章	NDC・5類（技術・工学・生活科学）の分類法

1 5類の全体構成

NDCの5類（5で始まる分類記号）は、**技術・工学**と、**家政学・生活科学**に割り当てられている。全体は以下のような構成となっている。

500／509　**技術. 工学**　（502　技術史. 工学史（＊地理区分））

510／519　　建設工学. 土木工学

520／529　　建築学

530／538　　機械工学　　　　　　　539　　原子力工学

540／549　　電気工学

550／558　　海洋工学. 船舶工学　　559　　兵器. 軍事工学

560／569　　金属工学. 鉱山工学

570／579　　化学工業

580／589　　製造工業

590／599　　家政学. 生活科学

2 技術・工学一般

2.1 発明家列伝

発明は507.1（特許. 発明. 考案）であるが、ここには発明家列伝も含まれる。例えば、『エジソンと発明』と『近代発明家列伝』は、ともに507.1である。

第 25 章 NDC・5 類（技術・工学・生活科学）の分類法

2.2 無体財産権

非有体物に対する財産権である無体財産権（知的財産権）は、507.2の**産業財産権**のもとに分類する。特許は507.23、実用新案は507.24、商標は507.26である。ただし、著作権については021.2に分類する。例えば、『知的財産法入門』は507.2、『著作権法入門』は021.2となる。

③ 第二次産業の生産諸技術

3.1 技術・工学における経済的、経営的観点の固有補助表

各種の技術や工学に関する資料（510／580）は、主に**経済的・経営的な観点**が含まれている場合、以下の固有補助表を用いて細分することができる。

表25.1　各種の技術・工学における経済的，経営的観点の細区分表

－09　経済的・経営的観点
－091　政策．行政．法令　　　　－092　歴史・事情（＊地理区分）
－093　金融．市場．生産費　　　－095　経営．会計　　　－096　労働

これによって、例えば、『最新電気事業法関連法令集』は540.91となる。

3.2 橋梁工学

橋梁工学（515）のうち、各種の橋梁が主題となっている場合は、①特定の用途（515.7）、②構造形式（515.5）、③主材（515.4）の優先順序で、該当する項目に分類する。例えば、『鋼斜張橋』は「鋼を主材に用いた斜張橋」であり、構造形式が主題に含まれるので、主材の中の515.45（鋼橋）ではなく、構造形式を優先させて515.5（構造形式による各種の橋梁）のもとに分類する。

ただし、水道橋と鉄道橋の二つは例外で、この規則が当てはまらない。水道橋は、518（衛生工学．都市工学）のもとの518.16（送水．送水路．水路橋）に分類し、鉄道橋は516（鉄道工学）のもとの516.24（鉄道橋）に分類する。

第Ⅲ部　NDC類別総合演習

3.3　環境問題

519（環境工学．公害）には、環境問題一般や環境経済学も分類される。環境政策、環境法、環境アセスメント、環境ビジネス、各種の環境問題や公害、環境保全や自然保護、防災科学や防災工学一般も519のもとに分類する。

3.4　日本の建築と国宝・重要文化財等の建造物

日本の建築（521）と西洋の建築（523）は、時代によって細分できる。例えば、近世（江戸時代）の日本の建築は521.5、近代（明治以降現代まで）の日本の建築は521.6に分類する。

ただし、**日本の歴史上の個々の建造物**は、各時代のもとには分類せず、まず521.8（各種の日本建築．国宝・重要文化財の建造物）に分類し、必要に応じてさらに細分する。例えば、『法隆寺の建築』は521.818（日本の寺院建築）とし、時代を入れた521.3（日本の建築の古代）とはしない。

なお、521／523においては固有補助表の−087（建築図集）があり、図集を細分することができる。

3.5　各種の建築

歴史的建造物を除く各種の建築は、現代の建築計画・工事誌を含め、526／527（各種の建築）に分類する。526は**綱目表に準じた記号で細区分**できる。例えば、博物館（06）の建築は526.06に、学校・大学（37）の建築は526.37となる。

ただし、経営や管理という観点から学校施設を扱った資料は374.7（学校施設・設備）に分類する。また、図書館建築は、012（図書館建築．図書館設備）もしくは016／018（各種の図書館）のもとに分類する。

3.6　情報工学

548（情報工学）には、主としてハードウェアの観点から工学的に取り扱われているコンピュータ等を分類する。ソフトウェアとして見たコンピュータシステムやプログラミングに関するもの、情報学の理論、情報と社会とのかかわり

などは、007（情報学．情報科学）に分類する。例えば、『スパコンとは何か』
『CPU の創りかた』『３Ｄプリンタ総覧』はハードウェアが中心なので548のも
とに分類し、『オペレーティングシステム』『明解Ｃ言語』『サイバネティクス
入門』『情報倫理の思想』はソフトウェアや情報学理論、情報社会論を中心に
扱っているので007のもとに分類する。

④ 家政学．生活科学

4.1 家庭生活

　家庭生活を技術的に扱う手段や方法は、590（家政学．生活科学）のもとに分
類する。例えば、『暮らしのなかのエコ節約』は、家庭生活を技術的な観点か
らみているので、590に分類する。
　社会問題という観点からみた生活・家族・婦人問題は、365（生活・消費者問
題）や367（家族問題．男性・女性問題．老人問題）に分類し、家庭倫理は152（家
庭倫理．性倫理）に分類する。民俗・民族学的な観点から人々の風俗や習慣を
扱う生活史については、383（衣食住の習俗）のもとに分類する。

4.2 被服

　593（衣服．裁縫）のもとには、着物、和裁、帯、袴、コート、洋服、洋裁、
婦人服、子供服、裁縫用具、ミシン使用法、洗濯、漂白、しみ抜き、着付けな
どを分類する。衣服を製造・販売するアパレル産業、ファッション業は、589
（その他の雑工業）を細分した589.2（被服．身の回り品）に分類する。
　なお、男性のファッション（服飾史）、女性のファッション（服飾史）、装身具
（アクセサリー）、手袋、襟巻、ショールなどは、383（衣食住の習俗）のもとに分
類する。また、製造工業としての繊維工学は586、繊維産業は586.09に分類す
る。

第Ⅲ部　NDC 類別総合演習

◆演習問題25　下記の資料の標目指示（タイトル標目、著者標目、件名標目、分類標目の指示）を作成しなさい。

1．ファッション業界大研究 / オフィスウーノ編

　ファッション業界の基礎知識から最新動向までを解説する。

2．世界を変えた素人発明家 / 志村幸雄著

　発明家たちの熱く波乱に満ちたエピソードを綴る。

3．新・商標法概説 / 小野昌延，三山峻司著

　実務家のための、商標法の本格的概説書。

4．次世代に活きる日本建築 / 今里隆［執筆］

　現代日本建築の代表的事例から、日本建築の素晴らしさを説く。

5．知っているようで知らない電気雑学ノート / 中井多喜雄著；石田芳子絵

　意外と知らない電気工学の知識を、イラストをまじえて全般的に解説。

＊6．世界の高速鉄道 / 佐藤芳彦著

　世界各国の高速鉄道の概況と、それを支える技術を明らかにする。

＊7．古代製紙の歴史と技術 / ダード・ハンター著；久米康生訳

　世界各地での調査結果に基づき、東洋と西洋の製紙の歴史を詳述する。

＊8．めっき加工のツボとコツ Q&A / 星野芳明著

　めっき加工に関するあらゆる疑問に分かりやすく答える。

＊9．売れるお店に変わる照明のアイデアと工夫 / 中島龍興著

　お客様が集まる店舗照明のテクニックを実例を用いつつ、説明する。

＊10．公害・環境問題史を学ぶ人のために / 小田康徳編

　日本の公害や環境問題を歴史的視点に立って叙述する。

＊11．ガラスの文明史 / 黒川高明著

　ガラス組成の変化を軸に、製造・技術の観点からガラスの歴史を辿る。

＊12．潜水艦入門：海底の王者徹底研究 / 木俣滋郎著

　潜水艦の基礎知識とともに、戦争での活用の歴史も解説する。

＊13．石油の支配者 / 浜田和幸著

第25章　NDC・5類（技術・工学・生活科学）の分類法

原油価格の真相や石油を巡る覇権争いの状況を解説する。

*14.　試着前試着後の型紙補正／土屋郁子著

婦人服のしわを型紙段階で解決する方法や着用後の補正例を解説する。

*15.　完全図解電気回路：一番やさしい・一番くわしい／大浜庄司著

電気回路を313項目に細分化し、大きな図解で学習の要点を解説。

■□コラム25.1□■

インターネットの分類は？

コンピュータ技術に関する分類は多岐にわたる。

　007　情報科学
　547　通信工学
　548　情報工学
　549　電子工学

007情報科学は情報に関する全般的な事項とコンピュータのソフトウェア、人工知能などを収める。547通信工学は通信技術、光通信、ブロードバンド、インターネットなどを収める。548情報工学はコンピュータのハードウェア、周辺機器、ロボットなどを収める。549電子工学はトランジスター、集積回路、ダイオードなどの電子部品、電子回路を収める。それで、通信技術としてのインターネットは547.4833広域データ通信網に分類する。

■□コラム25.2□■

地球温暖化は環境破壊なのか？

二酸化炭素、メタンなどの温暖化ガスによる地球温暖化が問題化している。日本十進分類法では、かなり慎重に扱っていて、そのメカニズムは451気象学の中の451.85気候変化．気候変動：温暖化，温室現象としている。ただし、地球温暖化の影響と対策は519環境工学．公害とする。

第**26**章	NDC・6類（産業）の分類法

1　6類の全体構成

　NDC の 6 類（6 で始まる分類記号）は**産業**となっているが、主に第一次産業
（**農林水産業**）と第三次産業（**サービス業**）に含まれるテーマが割り当てられてい
る。第二次産業（製造業）の個々のテーマは、5 類（技術・工学）に分類する。
　6 類の全体は以下のような構成となっている。640（畜産）の並びに獣医学
（649）が含まれるのが特徴である。

600／609	**産業**	（602　産業史・事情. 物産誌（＊地理区分））	
610／619	**農業**		
620／628	**園芸**	629	**造園**
630／639	**蚕糸業**		
640／648	**畜産業**	649	**獣医学**
650／658	**林業**	659	**狩猟**
660／669	**水産業**		
670／678	**商業**		
680／688	**運輸. 交通**	689	**観光事業**
690／699	**通信事業**		

第26章　NDC・6類（産業）の分類法

② 農林水産業

2.1　農業経済・行政・経営

近現代の農業経済や農業行政、農業経営についての資料は、一地域を対象と
したものであっても、612（農業史・事情）ではなく611（農業経済・行政・経営）
のもとでそれぞれの主題に分類する。近世以前のものは、611.2／611.29（農
用地. 農地. 土地制度［農地制度］）と611.39（飢饉. 備荒. 三倉制度）を除いて、
細かい主題によらず、一括して612（農業史・事情（＊地理区分））に分類する。

2.2　作物

食用作物〈一般〉の栽培については、615（作物栽培. 作物学）に分類する。
個々の食用作物、工芸作物、繊維作物の栽培や収穫についての資料は、616／
618の個々の作物の項目に分類する。

616（食用作物）には、いね、こむぎ、おおむぎ、雑穀、豆類、いも類などが
挙げられている。617（工芸作物）には、さとうきび、こんにゃく、コーヒー、
カカオ、茶、タバコ、とうがらし、こしょう、はっか、ごま、オリーブ、ゴム、
うるしなどが挙げられている。618（繊維作物）には、わた、あさ、いぐさ（畳
の原料）、へちまなどが挙げられている。

これらの「加工品」は、619（農産物製造・加工）や588（食品工業）に分類する。

2.3　園芸

620（園芸）のもとには、大きく３つの園芸の分野と、育てる植物の項目が
細かく用意されている。

果物の園芸は、625（果樹園芸）のもとに、りんご、なし、びわ、みかん類、
もも、ぶどう、ブルーベリー、くり、アーモンド、バナナなどがある。

野菜の園芸は、626（蔬菜園芸）のもとに、カボチャ、きゅうり、すいか、メ
ロン、なす、トマトなどがある。家庭菜園〈一般〉は626.9に分類する。

269

第Ⅲ部　NDC類別総合演習

花の園芸は、627（花卉園芸［草花］）のもとに、あさがお、コスモス、ひまわり、菊、らん、あやめ、ききょう、さくらそう、すいせん、チューリップ、ゆり、桜、つつじ、バラ、サボテンなどがある。盆栽は627.8に、観葉植物は627.85に分類する。花言葉、国花、県花なども、627に分類する。

2.4　造園

629（造園）のもとには、629.1（森林美学．造園美学．風致・風景論）、629.21（日本庭園）、629.23（西洋式庭園）、629.3（公園．緑地）、629.4（自然公園．国立・国定・公立公園）、629.64（テラス．ベンチ）、629.73（芝．芝生）、629.75（庭木．花壇）、629.79（街路樹）、629.8（墓苑［霊園］）などの項目がある。

2.5　畜産

641（畜産経済・行政・経営）は、611と同様に、一地域を対象としたものも含む。ただし、近世以前のものは642（畜産史・事情（＊地理区分））に分類する。

645（家畜．畜産動物．愛玩動物）および646（家禽）は個々の動物・鳥などで細分される。それらの育成、飼料、病気と手当などに関しては、それぞれのもとに分類する。畜産加工品は648（畜産製造．畜産物）のもとに分類する。

2.6　林業

651（林業経済・行政・経営）は、611、641と同様に、一地域を対象としたものも含む。ただし、近世以前のものは、651.15（共有林．入会権）と651.2（林政史）を除いて、652（森林史．林業史・事情（＊地理区分））に分類する。

2.7　水産業

661（水産経済・行政・経営）は、611、641、651と同様に、一地域を対象としたものも含む。ただし、近世以前のものは662（水産業および漁業史・事情（＊地理区分））に分類する。

270

第 26 章　NDC・6 類（産業）の分類法

③　商業．運輸．通信事業

3.1　商用語学

　670.9（商業通信［ビジネスレター］．商業作文．商用語学）は、対象言語により言語区分する。例えば、『使える！中国語ビジネス表現』は670.9＋2（言語区分の中国語）で670.92、『英文契約書の書き方』は670.9＋3（言語区分の英語）で670.93となる。

3.2　商店街

　商店街〈一般〉は673.7（小売業）に分類し、特定地域の商店街は672（商業史・事情（＊地理区分））に分類する。

3.3　広告

　特定の商品・企業に限定されない広告〈一般〉は674.1／674.8（広告の一般事項）に分類し、特定の商品・企業の広告は674.9（各商品・各企業の広告）のもとに分類する。

3.4　貿易

　678.2（貿易史・事情（＊地理区分））では、対象となる国・地域が特定されている場合は地理区分を行う。英国貿易史は、678.2＋33（地理区分のイギリス）＝678.233となる。二国間の貿易を表すには、まず一つ目の国（著者が重点を置く国）で地理区分のうえ、「0」を付け、相手国によってさらに地理区分する。これは319（外交．国際問題）における二国間の外交関係と同じである。例えば、日蘭貿易は678.2＋1（地理区分の日本）＋0＋359（地理区分のオランダ）＝678.210359に、中印貿易は678.2＋22（地理区分の中国）＋0＋25（地理区分のインド）＝678.222025となる。

第Ⅲ部　NDC類別総合演習

3.5　運輸、交通

680（運輸. 交通）のもとには、682（交通史・事情（＊地理区分））、683（海運）、685（陸運. 道路運輸）、686（鉄道運輸）、687（航空運輸）などの項目がある。

3.6　テレビ、ラジオの番組

個々の放送番組を紹介した資料や、写真や活字で番組を再現した資料は、699.63／699.69のもとに分類する。ただし、放送番組で扱われた特定の主題（テーマ）を編纂した資料は、それぞれの主題のもとに分類する。

◆演習問題26　下記の資料の標目指示（タイトル標目、著者標目、件名標目、分類標目の指示）を作成しなさい。

1．誕生日の花図鑑 / 中居惠子著；清水晶子監修

　1年366日の花の写真に花言葉と解説を付した図鑑。

2．3行で伝わる英文ビジネスEメール / 有元美津世著

　状況別に厳選された、電子メールで使えるビジネス英語の表現集。

3．庭と日本人 / 上田 篤 著

　有名、無名の庭めぐりを通じて読み解く、庭の日本文化論。

4．日本の家畜・家禽 / 秋 篠 宮文仁，小宮輝之監修・著

　日本で見ることのできる家畜・家禽を幅広く解説した図鑑。

5．TPPの正しい議論にかかせない米韓FTAの真実 / 高安雄一著

　米国との自由貿易協定に関する韓国政府の見解を紹介、韓米貿易の実態に迫る。

6．京都の近代化遺産：歴史を語る産業遺産・近代建築物 / 川上 貢 監修

　京都市の近代産業の歴史をジャンル別に写真を交えて紹介する。

＊7．古代の船と航海 / ジャン・ルージェ著；酒井傳六訳

　古代地中海を中心とした海運の歴史を豊富な考古学的データから考察。

＊8．ベニシアの庭づくり：ハーブと暮らす12か月 / ベニシア・スタンリー・スミス著（Venetia Stanley-Smith）　　＊　Stanley-Smith は複合姓

272

月ごとにハーブとその育て方、利用法、レシピなどを紹介。

*9．安全な遊び場と遊具 / ゲオルグ・アグデ［ほか］著；福岡孝純訳

　子どものための公園や遊具の安全性、エンジニアリングの問題を考察。

*10．肥料便覧 / 塩崎尚郎編

　肥料を22のタイプに分けてその特性を詳述する。

*11．獣医倫理入門：理論と実践 / バーナード・ローリン著；竹内和世訳

　獣医療倫理の第一人者が獣医師の倫理的役割について詳述する。

*12．きのこ狩り入門：秋の楽しみ、きのこ狩りのすべてがわかる本 / Outdoor
　編集部編

　秋の野山で採れたてのきのこを楽しむためのガイドブック。

*13．お客さまを引き寄せる POP デザインの作り方：売上げがぐんぐん伸び
　る！：Word2007対応 / 定平誠，斎藤忍 共著

　店頭広告の作り方を実践的に紹介する。

*14．園芸事典 / 松本正雄［ほか］編

　園芸学関連のさまざまな用語を収録した五十音配列の事典。

*15．ウナギのふしぎ：驚き！世界の鰻食文化 / リチャード・シュヴァイド
　著；梶山あゆみ訳

　謎の生物「鰻」と、魚料理としての世界の鰻食文化を語る。

■□コラム 26 □■

おいしい食卓の分類法

　イチゴ、メロン、スイカは果物か、野菜か、悩む。日本十進分類法ではイチゴもメロンもスイカも木になる実ではないので果物としない。リンゴ、ミカン、柿、ぶどう、栗などの果物は625果樹園芸で分類する。かぼちゃ、キュウリ、なす、大根、ニンジン、キャベツ、イチゴ、メロン、スイカなどの野菜は626蔬菜園芸で分類する。蔬菜は「そさい」と読む。ついでに草花と観賞花木は627花卉園芸に分類する。花卉は「かき」と読む。787釣魚は釣りであるが、「ちょうぎょ」と読む。

<table>
<tr><td>第**27**章</td><td>NDC・7類（芸術・スポーツ）の分類法</td></tr>
</table>

1　7類の全体構成

　NDC の 7 類（7 で始まる分類記号）は以下のような全体構成となっており、芸術. 美術、スポーツ. 体育、諸芸. 娯楽の 3 群で成り立っている。

700／709　**芸術. 美術**（702　芸術史. 美術史　702.8　芸術家〈列伝〉）

710／718　**彫刻**　　　719　　**オブジェ**

　　　　（712　彫刻史・各国の彫刻　712.8　彫刻家〈列伝〉　718　仏像）

720／727　**絵画**　　　728　　**書. 書道**

　　　　（720.2　絵画史〈一般〉　720.28　画家〈列伝〉

　　　　721　日本画　722　東洋画　723　洋画）

730／737　**版画**　　　739　　**印章. 篆刻. 印譜**

　　　　（732　版画史. 各国の版画　732.8　版画家〈列伝〉）

740／748　**写真**　　　749　　**印刷**

　　　　（740.2　写真史　740.28　写真家〈列伝〉）

750／759　**工芸**

760／768　**音楽**　　　769　　**舞踊. バレエ**

　　　　（762　音楽史・各国の音楽　762.8　音楽家〈列伝〉）

770／777　**演劇**　　　778　　**映画**　　　779　　**大衆演芸**

　　　　（778.2　映画史. 各国の映画　778.28　映画人〈列伝〉）

780／789　**スポーツ. 体育**

790／799　**諸芸. 娯楽**

第27章　NDC・7類（芸術・スポーツ）の分類法

2　芸術

2.1　大型美術書

　700／770（芸術．美術）は、写真や図を掲載した資料が多く、大型本の形態をとるものも存在する。たとえば、『世界美術大全集』、『浮世絵体系』、『大和古寺大観』などは大型本である。大型本は、別置の対象となることが多い。なお、740（写真）を除く700／730と750においては固有補助表の−087（美術図集）があり、細分することができる。

2.2　芸術家の分類（個人／複数）

　NDCでは個人（2人をも含む）の伝記は基本的に289（個人伝記）に分類する。しかし、芸術家やスポーツ選手、諸芸などに携わる人についてはその作品や技能と密接に関わるため、その主題の下に分類しなければならない。したがって、本章で扱う7類は、ほかの箇所に比べて、その資料群の中で個人伝記が含まれる頻度が高いといえる。特に、**芸術家の作品集・伝記資料**は、以下のように芸術家が個人（2人をも含む）の場合と多数人（3人以上）の場合とで分けて分類記号が設定されている。

　700は、芸術全般、複数のジャンルにまたがる芸術論などを扱う。いわば、芸術の総記である。総合的な芸術家であったミケランジェロは、主な活動国がイタリアで702（芸術史）＋37（地理区分のイタリア）＝702.37に分類される。3人以上の複数の芸術家をテーマにした資料で、芸術活動の領域が多岐にわたる場合には、702.8（芸術家．美術家〈列伝〉）に分類する。

　710（彫刻）においては個人の彫刻家の作品・伝記は712（彫刻史．各国の彫刻）に分類し、複数の彫刻家の作品・伝記は712.8（彫刻家〈列伝〉）に分類する。個人の場合、出身国または主な活動の場によって地理区分する。

　7類のほかの箇所でも、芸術家が個人（2人をも含む）の場合と多数人（3人以上）の場合とで分類記号が異なるので注意を要する。

275

第Ⅲ部　NDC類別総合演習

　なお、構成が特別なものとして、720（絵画）に関しては721（日本画）、722（東洋画）、723（洋画）が用意されており、それぞれの画家の資料が分類される。絵画の種類を特定しない作品集や伝記資料は、個人画家の場合は720.2（絵画史）に、多数人の画家の場合は720.28（画家〈列伝〉）に分類する。

2.3　漫画

　NDCでは芸術の一分野として**漫画**を位置づけており、726.1（漫画）に分類する。ここには、『ゲゲゲの鬼太郎』や『サザエさん』のような漫画そのものだけではなく、それらの漫画に関する資料も分類される。

③　スポーツ

　780（スポーツ. 体育）には、球技や冬季競技、戸外レクリエーション、釣魚など実にさまざまなスポーツが分類される。たとえば、野球は783.7（野球）であり、野村克也やイチローのような野球選手に関する資料も分類できる。ただし、学校教育における体育は374.98（学校体育. 学校遊戯）に分類する。

④　諸芸. 娯楽

　790（諸芸. 娯楽）のうち、日本の伝統的な芸道は791／793に分類される。具体的にいえば、791（茶道）、792（香道）、793（花道［華道］）である。

　794（ビリヤード）以降は娯楽の項目が用意されており、795（囲碁）、795.8（オセロ）、796（将棋）、796.9（チェス）と並ぶ。その他の室内娯楽として、798.3（パズル. クイズ）、798.4（ロールプレイングゲーム［RPG］）、798.5（コンピュータゲーム〈一般〉）がある。最後に、799（ダンス）が用意されている。

第 27 章　NDC・7 類（芸術・スポーツ）の分類法

◆演習問題27　下記の資料の標目指示（タイトル標目、著者標目、件名標目、分類標目の指示）を作成しなさい。

1．写真の歴史／クエンティン・バジャック著；伊藤俊治監修；遠藤ゆかり訳

　　技術の発達とともに変化してきた写真の歴史を紹介する。

2．茶：利休と今をつなぐ／千宗屋著

　　茶人がわかりやすく「茶道とはどのようなものか」を解説する。

3．新将棋は歩から／羽生善治監修；森鷄二著

　　将棋を上達したい人に向け21通りの「歩」の使い方を説明する。

4．チャレンジが道をひらく：野球この素晴らしきもの／王貞治著

　　王貞治が野球選手、監督、プロ野球の将来を語る。

5．美術年鑑／美術年鑑編集部編集

　　日本画、彫刻などの作家や美術界の動向および画廊データなどを収録する。

6．手塚治虫マンガ論／米沢嘉博著　※てづか→著者標目では「テズカ」

　　マンガ評論家米沢嘉博による手塚マンガについての評論を一冊にまとめる。

＊7．明治版画史／岩切信一郎著

　　明治期、日本の伝統的な木版と西欧の銅版・石版の関係性を説明する。

＊8．ネコを撮る／岩合光昭著

　　著者の経験に基づき、モデルネコの見分け方や写真撮影法などを紹介。

＊9．楽譜を読む本：感動を生み出す記号たち／沼口隆［ほか］著

　　音楽全体を眺めようと、楽譜に焦点をあて、さまざまな角度から考察する。

＊10．円空と木喰：微笑みの仏たち／小島梯次監修・著

　　江戸期の仏師円空と木喰が彫った数々の木仏を写真とともに紹介する。

＊11．越境者松田優作／松田美智子著

　　伝説の俳優松田優作の出生から死の真相まで、元妻が真実を描き出す。

12．絵筆をとったレディ：女性画家の500年／アメリカ・アレナス著；木下哲夫訳

　　女性画家32人の作品を通して、15世紀以降の画家たちの姿を綴る。

13．ショパン：ポーランドを愛した“ピアノの詩人”／小坂裕子監修；市川

277

第Ⅲ部　NDC類別総合演習

能里まんが；黒沢哲哉シナリオ

　ポーランドのピアニスト、フレデリック・ショパンの人生を描く。

*14. 平安時代彫刻の文化史的研究／佐々木英夫著

　仏教彫刻の制作年代や作風などから平安時代の彫刻の意義を捉え直す。

*15. 日本の人形劇：1867—2007／加藤暁子著

　幕末から、今日に至る日本の人形劇の歴史を説明する。

┌─■□コラム 27.1 □■────────────────────────┐

『仮面ライダー昆虫記』

　ウルトラマン、ウルトラセブン、仮面ライダー、人造人間キカイダー etc. 懐かしいヒーローたちである。稲垣栄洋著『仮面ライダー昆虫記』（実業之日本社）は、仮面ライダーのキャラクターとアイデアの元となった昆虫や爬虫類などの生態を比較して興味深く解説する。分類記号は「仮面ライダー」と「昆虫」のどちらで分類するのか？ 2 つ以上の主題が並列の関係であれば、最初の主題で分類する。そこで「仮面ライダー」は778.8テレビ演劇．放送劇に分類する。

└─────────────────────────────────────┘

┌─■□コラム 27.2 □■────────────────────────┐

ヨーガとピラティスの間に

　ヨーガとピラティスは似ているが分類記号は異なる。一口にヨーガと言っても、哲学・思想的な要素が中心（126.6）、精神療法（492.79）、健康法の要素が中心（498.34）と分かれる。ヨガ体操は498.34とする。ドイツ人看護士のピラティス氏が開発した体操法は、781.4徒手体操で分類することが多い。スカイダイビング、ハンググライダー、気球などの782.9空中スポーツは、782陸上競技の中にある。インディアカ、セパタクローは783.2バレーボールに分類する。ドッジボールは783.3ハンドボールに分類する。冬季オリンピックで話題になるカーリングの分類記号は784.9である。異種格闘技といわれるK1はキックボクシングのイベント競技なので、788拳闘に分類する。忍術は789武術の中の789.8に分類する。

└─────────────────────────────────────┘

第**28**章	NDC・8類（言語）の分類法

1　8類の全体構成

　NDCの8類（8で始まる分類記号）は、**言語**に関する資料に割り当てられている。全体は以下のような構成となっている。

800／809	**言語**	（809	言語生活（話し方や演説など））
810／818	日本語		
820／828	中国語	829	その他の東洋の諸言語
830／838	英語		
840／848	ドイツ語	849	その他のゲルマン諸語
850／858	フランス語	859	プロバンス語
860／868	スペイン語	869	ポルトガル語
870／878	イタリア語	879	その他のロマンス諸語
880／888	ロシア語	889	その他のスラブ諸語
890／899	その他の諸言語		

以下、8類の特徴と注意点を見ていくこととする。

2　言語全般

　8（言語）の後に0が来る場合は、**特定の言語**ではなく言語全般に関する分類である。言語学は801に分類するが、これには音声によらない伝達手段とし

第Ⅲ部　NDC類別総合演習

ての言語である801.91（点字）や801.92（手話）も含まれる（これらは、378（障害児教育）の下に分類する別法もある）。

802（言語史）は、個々の言語（諸語を含む）や地域を特定しない言語の歴史・事情や、複数言語を扱ったようなものに用いる。

ただし、言語遊戯（ことばあそびやクロスワードパズルなど）や言語生活（話し方や演説など）はそれぞれ807.9、809に分類するが、これらは特定の言語のものであってもここに収める。つまり、「しりとり」は810（日本語）の下でなく、807.9に分類される。

③　個々の言語・言語群

3.1　個々の言語・言語群の分類

8（言語）の後に1／9が来る場合は、日本語や中国語、英語など、「個々の言語」を意味している。これらの1／9は一般補助表Ⅲの言語区分にそのまま対応している。すなわち、8（言語）に、言語区分－1を続けることで、81日本語（810）、－497を続けることで8497デンマーク語（849.7）となる。

しかし、NDC（に限らず、さまざまな図書分類法）の記号では、世界に6,000種類を超えて存在するといわれるすべての言語を記号化することはとうていできない。そこで、言語区分ではおおむね同系統で派生しているとみられる言語群を「諸語」としてまとめることによって省略している部分がある。たとえば、ベトナム語は「－2937　モン・クメール諸語：ベトナム語」に位置づけられている。「：」（コロン）に続く小項目名としてベトナム語の名称が書かれているが、モン・クメール諸語＝ベトナム語だけではない。NDCには書かれていないが、ムオン語やマン語など、ベトナムの各地方・地域で用いられている言語は多数ある。これらの言語を含めて言語区分－2937（8類では829.37）モン・クメール諸語なのである。

280

第28章　NDC・8類（言語）の分類法

3.2　個々の言語・言語群の下の分類

　8（言語）を言語区分して各言語・各言語群の分類をおこなった後に、その言語における文字や音声、文法などの主題を細分する。このとき用いるのが、固有補助表9の**言語共通区分**である（NDC新訂9版では一般補助表Ⅳ）。すなわち、81（日本語）に、言語共通区分−1（音声．音韻．文字）を続けて811とすれば「日本語の文字」の分類となり、849.7（デンマーク語）に続けて849.71とすれば「デンマーク語の文字」の分類となる。

　言語共通区分を以下に掲げる（表28.1）。一部、新訂10版と新訂9版とでは表記が異なる部分があるが、意味内容に変わりはない（たとえば、−2は、新訂10版では「語源．意味［語義］」、新訂9版では「語源．語義．意味」）。詳しくは、細目表の810（日本語）や830（英語）の部分を見て、下位にどのような項目が列挙されているかを確認してほしい。

表28.1　言語共通区分

記　号	項目名	解　説
−1	音声．音韻．文字	発音や文字など、その言語を表現するための基本的なことがらはここに含まれる。
−2	語源．意味［語義］	その言語におけるコトバの意味や由来について書いたもの。意味解釈を連ねた「辞典」（辞書）であれば、それは−3となる。
−3	辞典	形式区分−033事典・辞典との違いに注意する（本章3.4参照）。
−4	語彙	その言語の単語を集めたもの。熟語や新語、外来語、流行語や隠語などが含まれる。
−5	文法．語法	その言語の構文だけでなく、名詞や動詞なども含まれる。日本語では敬語もここに分類される。
−6	文章．文体．作文	文例集などが含まれる。また、論文や手紙の書き方もここに分類される。
−7	読本．解釈．会話	その言語の解釈や、翻訳などが含まれる。その図書の主題が会話を中心としたものであれば、下位の−78を用いる。また、話し方や演説は各言語の下ではなく809に分類する（本章2.1参照）。
−78	会話	
−8	方言．訛語	日本語と中国語では、さらにその方言を使う地域で区分できる。日本語の場合は日本地方区分（地理区分から日本を表す先頭の1を省いた部分）を用いる。

281

第Ⅲ部　NDC類別総合演習

　ここで気をつけなくてはならないのは、前項で説明した「諸語」や、一つの分類記号の下に複数の言語が並んでいる分類（例：879.1ルーマニア語．モルドバ語）に対しては、言語共通区分を使うことができないという点である。これは、そのような記号（例：879.1）に言語共通区分をしてしまうと879.11が「ルーマニア語の文字」なのか「モルドバ語の文字」なのかがわからなかったり、将来のNDCの改訂で（仮に）ルーマニア語が879.11、モルドバ語が.12となった際に、879.11（ルーマニア語の文字）や879.12（ルーマニア語の語源）と衝突（バッティング）してしまったりするような不具合を回避するためにやむをえないことである。したがって、NDCでは879.1に言語共通区分を使うことはできない。「ルーマニア語文法」という図書を分類する場合は、879.15ではなく879.1となる。同様に、前項で例に挙げた「ベトナム語会話」の場合は、829.3778（言語共通区分－78会話）ではなく、829.37（モン・クメール諸語）までとなる。

3.3　言語の下の分類

　日本語、中国語、英語といった、日本からみて主要な言語の下は、本表にあらかじめ言語共通区分が適用された結果が列挙されている。そのうえで、たとえば811.2（漢字）や815.8（敬語法）のようにその言語特有の主題が細分されている。

　それ以外の言語（たとえばドイツ語やフランス語）は、細目表ではごく簡潔に「840　ドイツ語」と書かれた次の項目は「849　その他のゲルマン諸語」と示されている。これは841／848になにも割り当てられていない、ということではなく「840に言語共通区分をして細分しなさい」という意味であり、単に各言語の下位が省略されているだけである。

　また、各言語は、英語に準じて言語共通区分をさらに細分することができる。たとえば、独和辞典は833.3（英和辞典）に準じて843.3とできる。

第28章　NDC・8類（言語）の分類法

3.4　言語と辞典

　言語共通区分には－3辞典がある。これは形式区分－033と似ているが、言語の語彙（単語の集まり）の辞典に対しては、形式区分ではなく言語共通区分－3を用いる。したがって、「日本語の辞書」（日本語の単語について調べるもの）であれば、81日本語に言語共通区分－3を続けて、813となる（そのうえで、前項で述べたように813（日本語の辞典）はその下位が.1（国語辞典）、.2（漢和辞典）のように独自に細分されている）。形式区分－033を使うのは、言語・言語学における諸事象を調べるための辞典・事典を分類するときである。日本語の発音、文字や文法、方言などについて全般的に解説する辞典（レファレンスブック）であれば、形式区分－033を用いて81（日本語）＋033（形式区分の辞典）＝810.33となるし、「日本語文法辞典」のように主題が限定されているならば、81（日本語）＋5（言語共通区分の文法）＋033（形式区分の辞典）＝815.033となる。この区別を間違えないようにしたい。

　2つの言語の語彙を対照させた辞典（2言語辞典）のうち、「日本語対外国語」のものは、漢和辞典および外国人向けの日本語辞典を除いて、外国語のほうに分類する。つまり英和辞典、和英辞典とも833（英語の辞典）の下に分類することになる。「外国語対外国語」のものは、日本人にとって疎遠な言語の下に分類する。つまり独英辞典（ドイツ語対英語の辞典）であれば、843（ドイツ語の辞典）として分類する。「どちらがより疎遠か」という判断が難しい場合には見出し語（解釈される語）の言語に分類する。たとえば独仏辞典（ドイツ語対フランス語の辞典）のとき、Buch（ドイツ語で本、図書）が見出し語で、それをフランス語ではlivreというのだということを知る（引く）ことができる辞典であるならば、見出し語であるドイツ語から、843（ドイツ語の辞典）として分類する。また、外国語対外国語でどちらの言語からも引くことができるようになっているものの場合は、後半部のほうが明らかに主要なものでないかぎり、前半部に分類する。つまり、前半部が独仏辞典、後半部が仏独辞典になっているものは、独仏辞典としてとらえ、843に分類する。ただし、前半の独仏辞典よりも後半の仏独辞典のほうに重点が置かれた（ページ数や項目数などから判断

283

第Ⅲ部　NDC類別総合演習

する）辞典だったならば、853（フランス語の辞典）となる。

　3つ以上の言語に対応した辞典（多言語辞典）の場合、中心となっている言語があれば、中心となっている特定の言語の辞典として分類する。たとえば日本語の語彙が、ほかの2つ以上の言語でどのような語になるか示すようなものであれば、813に分類する。しかし、特に中心となっている言語がない辞典であれば、特定の言語ではなく、801.3に分類する。

◆演習問題28　下記の資料の標目指示（タイトル標目、著者標目、件名標目、分類標目の指示）を作成しなさい。17章も必要に応じて、参照しなさい。

　1．スペイン語作文の方法．表現編 / 小池和良著

　　様々な概念を表現することを目的としたスペイン語作文の自習書。

　2．ことば遊びの楽しみ / 阿刀田 高 著

　　しゃれ、比喩、回文、早口言葉などの観点から日本語のことば遊びを綴る。

　3．講談社パックス中日・日中辞典 / 相原 茂 編集

　　用例やピンインを付した実用的な中国語辞典である。

　4．フランス文法：整理と解説 / 大木 健 著

　　フランス語文法の各基礎事項を自習しやすいよう見開きページで解説する。

　5．ゼロから話せるルーマニア語：会話中心：CD付 / アンカ・フォクシェネアヌ，飯森伸哉著

　　ルーマニア語の会話を中心に、文法にも言及した入門書。

　6．はじめてのイタリア語会話：CD付き / クラウディア・オリヴィエーリ著

　　あいさつからトラブルまで様々な場面のイタリア語会話を解説する。

＊7．英語になった日本語 / 早川 勇 著

　　英語に取り入れられた日本語の語彙を、実例に基づき説明する。

　8．エストニア語入門 / 小泉 保 著

　　発音や動詞の変化から分詞構文まで、エストニア語の基礎を解説する。

　9．手紙・メールのドイツ語 / マルコ・ラインデル著；久保川 尚子 著

284

第28章　NDC・8類（言語）の分類法

例文を紹介しながら、ドイツ語での手紙やメールの文章の書き方を説明する。

10.　これが九州方言の底力！ / 九州方言研究会編

地域差の大きい、九州各地の方言に関する多くの疑問や質問に答える。

*11.　字統 / 白川 静 著

中国で使われ始めた漢字の成り立ちを探った漢字字源辞典。

*12.　会議通訳者：国際会議における通訳 / ダニッツァ・セレスコヴィッチ
著；ベルジュロ伊藤宏美訳

同時通訳を理解する、知る、表現するに分けて、通訳の実際を述べる。

*13.　梵字の書き方 / 徳山暉 純 著

梵語の文字である梵字の字形を練習するために必要な書き順などを示す。

14.　エスペラント：異端の言語 / 田中克彦著

異端の言語とされたエスペラントの特徴、受容と反発を描く。

15.　簡明スワヒリ語－日本語辞典 / 宇野みどり編著

ケニアなどで使われるスワヒリ語から日本語を調べるための辞典。

■□コラム28□■

暗号とロゼッタストーンの解読

サイモン・シン著『暗号解読：ロゼッタストーンから量子暗号まで』（新潮社）は、暗号の歴史を解説する刺激的な内容だ。暗号は8類言語の809.7で分類する。エジプトで発見されたロゼッタストーンのヒエログリフ（聖刻文字）はフランス人の言語学者シャンポリオンによって解読されたが、古代エジプトの言語・文字は894.2に分類する。

第**29**章	NDC・9 類（文学）の分類法

① 9類の全体構成

NDC の 9 類（9 で始まる分類記号）は、**文学**に関する資料に割り当てられている。全体は以下のような構成となっている。

900／909　**文学**　（902　文学史. 文学思想史　909　児童文学研究）

910／919　　**日本文学**

920／928　　**中国文学**　　　　　　929　　その他の東洋文学

930／938　　**英米文学**

940／948　　**ドイツ文学**　　　　　949　　その他のゲルマン文学

950／958　　**フランス文学**　　　　959　　プロバンス文学

960／968　　**スペイン文学**　　　　969　　ポルトガル文学

970／978　　**イタリア文学**　　　　979　　その他のロマンス文学

980／988　　**ロシア・ソビエト文学**　989　　その他のスラブ文学

990／999　　**その他の諸言語文学**

② 文学全般

9（文学）の後に 0 が来る場合は、「特定の言語で書かれた文学」ではなく文学一般を対象とした分類である。基本的に「作品」ではなく901（文学理論）や902（文学史）、909（児童文学研究）などを分類するための記号だが、908（叢書. 全集. 選集）には文学研究の全集などだけでなく、主要な言語を特定できない

作品集（世界文学全集のようなもの）を分類する。

③　各言語の文学

3.1　個々の言語・言語群による文学

　①を見ればあきらかなように、9類の構成は8類（言語）ととてもよく似ている。910から999までは、8類と同じように一般補助表Ⅲの言語区分により「何語で書かれた文学であるか」を示している。すなわち、9（文学）に、言語区分−1を続けることで、91日本文学（910）、−497を続けることで、9497デンマーク文学（949.7）となる。ここまでは、8類（28章参照）とまったく同じしくみである。

3.2　各言語（および地域）による文学全般

　9（文学）を言語区分して各言語・各言語群による文学の分類を行った後に、0が続く場合は「その文学における作品」ではなく基本的に「その文学の理論」や「歴史」など、文学全般に関する分類となる。8類と同様に、日本語、中国語、英語など日本からみて主要な言語による文学の下は910.2（日本文学史）（さらにその下は時代区分など）、920.8（中国文学全般に関する叢書．全集．選集）のようにあらかじめいくつかの項目が列挙されている。これらは形式区分に準じたものである。

　また、英語のように世界で広く使われている言語の場合、ただ「英文学」というだけでなく「アメリカ文学」と分類する必要が考えられる。言語よりも文学の地域性を重視する場合は、930.29（アメリカ文学）のように、独立した分類項目が設けられている（この分野の蔵書数の多い図書館の場合は、939の下にアメリカ文学を分類する別法も用意されている）。同様の例はフランス語文学、スペイン語文学などにもある。その逆に、一国の文学において使用される言語が複数ある場合は、カナダ文学の930やスイス文学の940などのように、主要な言語がその国の文学を代表している例がある。

第Ⅲ部　NDC 類別総合演習

3.3　各種の文学形式

　9（文学）を言語区分して各言語・各言語群による文学の分類を行った後に、1／8が続く場合は「その文学における作品（およびその研究）」の分類となる。このとき用いるのが固有補助表10の**文学共通区分**である（NDC 新訂 9 版では一般補助表Ⅴ）。すなわち、91（日本文学）に文学共通区分 − 3（小説．物語）を続けて913とすれば「日本語で書かれた小説」が分類でき、949.7（デンマーク文学）に続けて949.73とすれば「デンマーク語で書かれた小説」が分類できる。

　文学共通区分は次のとおりである（表29.1）。どのようなものを含むか注意を要するものには解説を付した。

表29.1　文学共通区分

記　号	項目名	解　説
− 1	詩歌	詩だけでなく、日本文学では俳句や和歌も含まれる。
− 18	児童詩．童謡	
− 2	戯曲	いわゆる舞台劇のようなものだけでなく、浄瑠璃や歌舞伎の脚本、映画やテレビのシナリオもここに含まれる。特に912は詳細に展開されている。
− 28	児童劇．童話劇	
− 3	小説．物語	文学を代表する形式なだけあって、ルールが複雑に絡み合っている（時代や作品集の扱い、作品研究の扱いなど）。注記をよく読んで分類する必要がある。
− 38	童話	
− 4	評論．エッセイ．随筆	これらは、あくまで文学者や「その分野の専門家でない人」によるエッセイや評論、日記や記録であることに注意をしなくてはならない。たとえば闘病記や戦争体験のように、理論的な専門性を持たない著者によるものが 9 類に分類される。
− 5	日記．書簡．紀行	
− 6	記録．手記．ルポルタージュ	これに対して、教育者による、教育に関するエッセイであれば教育の下で形式区分 − 049をつけることになる（例：370.49）。戦争の記録（戦記）も、軍事の専門家による分析や考察が加えられたものであれば391.2だが、一兵士の回想のようなものであれば、916に分類される。− 7 は本文参照。
− 7	箴言．アフォリズム．寸言	
− 8	作品集：全集，選集	ここには文学形式が特定されないものを分類する。文学形式が特定されるもの（詩集・小説の短編集など）はそれぞれの作品形式の下に分類される。
− 88	児童文学作品集：全集，選集	

第29章　NDC・9類（文学）の分類法

このうち、－7の「箴言．アフォリズム」とはもともと旧約聖書や哲学など
で用いられたことばで、いましめとなったり、人生の教訓となったりするよう
な短い文のことをいう（「格言」とか「金言」ともいわれる）。ここには文学者に
よるものが分類され、159（人生訓）や193.34（旧約聖書の箴言）に分類したほう
がよいものもあるので注意を要する（アフォリズムについては17章のコラムも参照）。

　文学共通区分の使い方は、言語共通区分とほとんど同じである。つまり、
「諸語」や、言語区分の下に複数の言語が並んでいる分類項目に対しては、文
学共通区分を使うことができないということも共通している。したがって、
「ベトナム語で書かれた小説」の場合は、929.373ではなく、929.37（ベトナム
文学、つまりモン・クメール諸語による文学）までとなる。

　注意を要するのは、日本語（あるいは他の国の言語）に翻訳されていたとして
も、分類先は「原著作の分類項目」となる点である。つまりアガサ・クリス
ティ『アクロイド殺し』は933.7（イギリスの小説）であるし、村上春樹『ノル
ウェイの森』は英語訳『Norwegian wood』もフランス語訳『La ballade de
l'impossible』も中国語訳『挪威的森林』もすべて913.6（日本の小説）である。

　ただし、日本文学においては例外的に、919（漢詩文．日本漢文学）のように
創作された言語（中国語）とは異なる扱いがある。

3.4　各種の文学形式の下の分類

　主要な言語による文学においては、文学共通区分によって細分されたその下
位も、時代区分や形式区分、特殊な主題があらかじめ細目表に列挙されている。
　時代区分は913.5（近世：江戸時代［の物語]）や933.6（18-19世紀［の英文学に
おける小説・物語]）のように文学形式の下に具体的に示されていることもある
し、931（英文学の詩）の下で注記として「＊933.4／.7のように時代区分」と
指示されているところもある。つまり、イギリスのパーシー・ビッシュ・シェ
リー（1792-1822）の詩であれば、19世紀の作品であるから、933.6を参考に
931.6（18-19世紀のイギリスの詩）とすることができる。

289

第Ⅲ部　NDC類別総合演習

④　作家研究と作品研究

4.1　作家研究

　作家についての研究（および作家論・批評）は、扱っている作家が個人（2人をも含む）の場合と、多数（3人以上）の場合とで対応がわかれる。

　個人作家の場合は、①総合的な研究と、②特定の文学形式に限定した研究とでさらにわかれる。①総合的な研究の場合は、その作家が主に記した文学形式の下で、その活動した時代に分類する。つまり、前項で挙げたパーシー・ビッシュ・シェリーの場合、小説や劇も著しているが、彼の作品のほとんどは詩であり、一般には「ロマン派の詩人」として知られている。したがってシェリーの研究は931.6（18-19世紀のイギリスの詩）に分類する。同様に、近世イギリスで活躍したシェイクスピア（1564-1616）は詩も書いたが一般的には「劇作家」であり、932.5（16-17世紀の英語の戯曲）に分類する。②特定の文学形式に限定した研究の場合は、近代の小説を除いてその文学形式の下に分類する。近代文学においては文学の主流が小説であるため、小説家の研究はその文学の歴史の下に分類される。したがって、夏目漱石（1867-1916）の研究は、910.268（日本文学の作家の個人研究［作家研究］）に分類される。

　多数作家の場合、文学形式と時代により分類する。①両方とも限定される場合は、その形式・時代に分類する。たとえば、シェリー、バイロン、キーツらイギリス・ロマン派詩人たちの研究（列伝）は、931.6となる。ただし、近代の小説家たちの研究はその文学史に分類する。19世紀イギリスの作家たちの研究は930.26（18-19世紀の英米文学）となる。②文学形式だけが限定される場合は、その文学形式に分類する。たとえば、17世紀から現代までのイギリスの詩人たちについての研究であれば、931に分類する。③時代だけが限定される場合は、その文学史に分類する。平安時代の女流作家たちの研究であれば、910.23に分類する。④両方とも限定できない場合は、その文学史の下で9□028（□は言語区分）に分類する。

290

第29章　NDC・9類（文学）の分類法

4.2　作品研究

　作品についての研究（および作品論・批評）は、扱っている作品が1つの場合と、複数の場合とで対応がわかれる。

　1作品に関するものは、その作品と同じところに分類する。つまり、宮沢賢治『銀河鉄道の夜』は913.6に分類されるが、その研究書もまた同じ913.6に分類するということである。

　複数作品に関するものは、①個人作家による作品、②多数作家による作品とでさらにわかれる。①個人作家による複数の作品の場合は、文学形式が限定できるもの（近代小説以外）は、その文学形式に分類する。シェリーの詩の研究であれば931.6に、シェイクスピアの劇作品論であれば932.5に分類される。近代小説または文学形式が限定されない場合は、その作家の研究と同様に扱う。アガサ・クリスティの推理小説作品研究であれば930.278（20世紀英文学の作家研究）に、宮沢賢治の作品論であれば910.268（近代日本文学の作家研究）に分類される。②多数作家による複数の作品の場合は、多数作家の研究と同様に扱う（前項参照）。

◆演習問題29　下記の資料の標目指示（タイトル標目、著者標目、件名標目、分類標目の指示）を作成しなさい。17章も必要に応じて、参照しなさい。

　1．概説スペイン文学史 / 佐竹謙一著

　　スペイン文学を各時代の特徴や代表的な作家・作品に基づき説明する。

　2．イタリアの詩歌：音楽的な詩、詩的な音楽 / 天野恵 [ほか] 著

　　イタリア語で書かれた詩歌を深く味わうための基礎知識を解説する。

　3．子ども観の近代：『赤い鳥』と「童心」の理想 / 河原和枝著

　　子どもを無垢な存在と捉える子ども観について児童文学から論ずる。

　4．リア王 / シェイクスピア著；安西徹雄訳

　　ウィリアム・シェイクスピア（1564-1616年）の四大悲劇の一つ。追放されたリア王が、末娘の力を借りて戦いを挑むも敗れ去る姿を描く戯曲作品。

　5．ブラジル戯曲選 / ギリエルメ・フィゲイレド，ペドロ・ブロッホ作；

291

第Ⅲ部　NDC類別総合演習

牧原　純 編訳

　フィゲイレド『狐とぶどう』とブロッホ『ユウリディスの手』の翻訳。

6．はじめて学ぶラテン文学史 / 高橋宏幸編著

　ラテン文学の通史を踏まえ、叙事詩、喜劇などのジャンル別に解説する。

＊7．江戸期の俳人たち / 榎本好宏著

　松尾芭蕉から、夏目成美まで、俳人の人となりや作品の解釈を語る。

8．三銃士. 上 / A. デュマ作；生島遼一訳

　フランスのアレクサンドル・デュマ（1802-1870年）による騎士物語。

9．明るい方へ：父・太宰治と母・太田静子 / 太田治子著

　小説家であった太宰治（1909-1948年）と太田静子（1913-1982年）との間に
生まれた著者が、父・太宰の実像を母・静子との関わりから描く。

10．帰郷者 / ベルンハルト・シュリンク著；松永美穂訳

　1944年生まれのドイツ人が、帰るべき所を探す人々を描いた小説作品。

11．イタリアの田舎暮らし / マイケル・リップス著；越智めぐみ訳

　1954年生まれのアメリカ人がローマ郊外の田舎町での日々を英語で綴った
エッセイの邦訳。

12．雪国 / 川端康成著

　雪国を舞台として、主人公の島村と二人の女性（駒子と葉子）との人間関
係を描いた川端康成（1899-1972年）の小説作品。

＊13．日本詩歌小辞典 / 塩田丸男著

　日本の詩歌の歌いだしを五十音順に並べ、解説し、作家索引を付す。

14．明解源氏物語五十四帖：あらすじとその舞台 / 池田弥三郎，伊藤好英著

　源氏物語のあらすじと舞台となった場所を解説することでその魅力に迫る。

15．波乗り介助犬リコシェ：100万人の希望の波に乗って / ジュディ・フリ
ドーノ，ケイ・プファルツ著；小林玲子著

　介助犬訓練を脱落したゴールデンレトリバーが、障害を持つ少年のサー
フィン介助犬となって活躍するまでを描くアメリカのルポルタージュ。

第 29 章　NDC・9 類（文学）の分類法

—■□コラム 29.1 □■—

分類の耐えられない重さ

　ダニエル・デイ＝ルイスとジュリエット・ビノッシュ主演の映画『存在の耐えられ
ない軽さ』（1988）は、プラハの春を背景に男女の恋愛を描いたチェコの作家ミラン・
クンデラの小説が原作である。『存在の耐えられない軽さ』はチェコ語で書かれた小
説なので989.53となる。ミラン・クンデラは共産主義の圧政を逃れて、フランスへ移
住した。フランスへ移住後は、フランス語でも小説を発表している。『不滅』『無知』
は953.7（20世紀以降の）フランス文学の小説となる。メリル・ストリープとロバート・
レッドフォード主演の映画『愛と哀しみの果て』（1985）はアイザック・ディネーセン
（イサク・ディーネセン）の小説 "Out of Africa" が原作である。デンマークの女性作
家カレン・ブリクセンは、本名カレン・ブリクセン名義で執筆した著作はデンマーク
語で、男性名のペンネームであるイサク・ディーネセン名義で執筆した著作は英語で
執筆した。映画化された『バベットの晩さん会』（1987）のデンマーク語で書かれた原
著の分類記号は949.73、英語で書かれた原著の分類記号は933.7（.7は時代区分・20世
紀〜）となる。ちなみに、イラクの大統領だったサダム・フセインの小説『悪魔のダ
ンス』は原著がアラビア語（言語区分は‐2976）で書かれているので、分類記号は
929.763となる。

—■□コラム 29.2 □■—

『奥の細道』は俳句じゃないの？

　松尾芭蕉と言えば江戸時代の俳諧師であるが、著作『奥の細道』は紀行文学なので
915.5に分類する。江戸時代、東北地方を旅して各地の歴史、風俗、自然など多岐に
わたる文章を書き遺した菅江真澄の『遊覧記』も915.5に分類する。明治時代、東京
から北海道まで旅したイザベラ・バードの『日本奥地紀行』は291.09日本地理の紀行
に分類する。紀行文学は文学者が書いたものに限られる。司馬遼太郎著『街道をゆ
く』も915.6に分類する。

293

| 第30章 | 総合演習 |

◆演習問題30－1　次の２組のNDC記号の違いは何か答えなさい。

1.	007	548
2.	322.133	323.14
3.	081	910.8
4.	143	376.11
5.	280	289
6.	479.75	627.77
7.	753.3	586.77
8.	949.9	849.9
9.	726.1	778.77
10.	514.6	685.7

◆演習問題30－2　下記の資料の標目指示（タイトル標目、著者標目、件名標目、分類標目の指示）を作成しなさい。

1．イギリス文学名作と主人公／立野正裕編

チョーサー『カンタベリー物語』、スウィフト『ガリヴァー旅行記』など、イギリス文学の古典から現代までの74作品をダイジェストで紹介することで、イギリス文学史をたどる。

2．福澤諭吉と大隈重信：洋学書生の幕末維新／池田勇太著

蘭学を学ぶ書生であった福澤と大隈が明治時代の日本をリードする人物になるまでを綴った評伝。「日本史ブックレット人」の76巻目だが、まとめて配架しない。

第30章　総合演習

3．アンパンマンの遺書 / やなせたかし著

漫画アンパンマンの作者やなせたかしの自伝の岩波現代文庫版。様々な主題を扱った同文庫シリーズの他の巻と一緒に配架したい。

4．辞書を編む / 飯間浩明著

『三省堂国語辞典』の編纂者が、日本語の辞書作りの実際を惜しみなく紹介する。光文社新書の1冊であるが、新書としてまとめて配架しない。

5．学校を変えよう！：最先端の学校建築・教育現場を探せ！！ / 工藤和美監修

学校をより良いものにする、学校建築の先進事例を紹介する。

6．カラダが変わるたのしいおうちヨガプログラム / サントーシマ香著

自宅で気軽にヨガを始めるために、ポーズや呼吸を上手に行なうコツを解説するとともに、付録DVDを見ながら実践できるようにしている。

7．ヒトはなぜヒトを食べたか：生態人類学から見た文化の起源 / マーヴィン・ハリス著；鈴木洋一訳

ヒトがヒトを生贄として殺し、食べる中米のアステカ族に伝わった文化儀礼を文化人類学の観点から読み解く。

8．子ども図書館をつくる / 杉岡和弘著

子ども図書館の建設から実際の運営まで、過程やノウハウを紹介する。図書館の現場というシリーズの4巻目だが、他の巻『図書館は本をどう選ぶか』や『知識の経営と図書館』などとともに、一緒に配架したい。

9．Basic 英米法辞典 / 田中英夫［ほか］編

外国法である英米法を理解するための2,700語を解説した辞典である。

10．幻想の国 / M.R.ニミットモンコン・ナワラット著；吉岡みね子訳

人間としての生存と尊厳を奪われた一人の政治犯を主人公とする小説。アジアの現代文芸・タイの15巻目にあたるが、他の巻とまとめて配架しない。

*11．すごい畑のすごい土：無農薬・無肥料・自然栽培の生態学 / 杉山修一著

化学的に合成された肥料及び農薬を使用しない、有機農業。それを超える

第Ⅲ部　NDC類別総合演習

農薬も肥料も使わずにリンゴ栽培する木村秋則の畑を研究する学者が、「奇跡のリンゴ」を生み出した「自然栽培」のメカニズムを解説する。幻冬舎新書の1冊であるが、他の新書とまとめて配架をしない。

12. 論語 / バラエティ・アートワークス企画・漫画

孔子の思想をまとめた『論語』を漫画化したもので、まんがで読破シリーズの1冊である。

*13. 森 / モンゴメリー［ほか］著；掛川恭子［ほか］訳

カナダの作家モンゴメリーの『ロイド老嬢』、フランスの作家ジョルジュ・サンドの『花のささやき』、インドのタゴールの『カブリワラ』の3篇の短編小説を収録する。ポプラ社が各国の短編小説を百年文庫として編纂した18巻目にあたる。他の巻とともに、シリーズをまとめて配架したい。

*14. 元素生活 / 寄藤文平著

化学に必要不可欠な元素をキャラクターとイラストで楽しく解説する。

*15. Wonder spot：世界の絶景・秘境100 / 成美堂出版編集部編

世界の絶景・秘境100か所へのアクセス、費用、旅の留意点とともに、見どころを案内する。

*16. 蹴りたい言葉：サッカーファンに捧げる101人の名言 / いとうやまね著

サッカー界に伝わる伝説の名言（迷言）を手がかりに、発言の背景や選手や監督のプロフィールを紹介する。

*17. 「日本でいちばん大切にしたい会社」がわかる100の指標 / 坂本光司, 坂本光司研究室著

7000社以上の現地調査を踏まえて、良い会社が実行している経営学を10のキーワードから、それぞれ10の指標に分け、計100の会社の判断指標を提示する。朝日新書の1冊であるが、新書としてまとめて配架しない。

*18. 手づくりの化粧品と石けん：ナチュラルで気持ちいい！ / 福田みずえ監修

手軽にできる手づくり化粧品と石けんのレシピを紹介。

*19. キラキラネームの大研究 / 伊東ひとみ著

296

第30章　総合演習

珍しい漢字の読みや日本語の名前にない音の響きをもつキラキラネームを日本語の漢字という視座で捉えなおす。新潮新書の1冊だが、新書としてまとめて配架しない。

*20. 電子ジャーナルで図書館が変わる／土屋 俊［ほか］著

電子ジャーナルの状況と図書館に与える影響をまとめる。情報学シリーズの6巻目だが他の巻は購入していない。

*21. 葉っぱで調べる身近な樹木図鑑：この木なんの木？：実物大で分かりやすい！／林 将之著

日本で見かける樹木175種の葉っぱのスキャン画像を中心に、樹皮や実などの図版も収録した樹木図鑑。

*22. 般ニャ心経：ラク〜に生きるヒントが見つかる／加藤 朝胤監修

薬師寺執事長が般若心経の語句をわかりやすく、たくさんの猫の写真とともに解説する。

*23. 美人はコレを食べている。：食べるほど綺麗になる食事法／木下あおい著

管理栄養士の著者が、痩せて美肌になるための食事を栄養学的に解説するとともに、食材の簡単な調理法もあわせて提示する。

24. 悪魔とプリン嬢／パウロ・コエーリョ著；旦敬介訳

妻と娘を強盗に殺された1人の男が善と悪についての実験をするために、訪れた村でプリン嬢にある依頼をすることから始まる物語。ブラジルの作家コエーリョの小説作品。

*25. バレンタインデーの秘密：愛の宗教文化史／浜本隆志著

ヨーロッパ土着の宗教儀礼が脱宗教化し、世界習俗と化すまでの状況を記す。平凡社新書の1冊であるが、新書としてまとめて配架しない。

*26. 感情の整理術：不安のスパイラルから脱して「きもち」がらくになる／宝彩有菜著

不安、後悔、嫉妬、憂鬱などの手ごわい感情について解説する。そのうえで、手ごわい感情に対処するための体を使った感情整理術や心の反転方法

297

第Ⅲ部　NDC類別総合演習

を紹介する。

*27. 田んぼが電池になる！：小学生にもわかるハシモト教授のエネルギー講
義／橋本和仁著

光触媒の研究を発展させた微生物による田んぼ発電や深海底の燃料電池
などを題材にエネルギー変換を解説するとともに、エネルギー問題を論ず
る。

*28. 本づくり／山本隆太郎監修：じびきなおこ画

新人編集者ユウコさんによる１冊のムックづくりをマンガで描くことで、
編集実務を紹介する。印刷まんがシリーズの１冊だが、他巻は未刊行。

*29. 旬の魚カレンダー：カラー版／上田勝彦監修

味覚の旬、漁獲の旬、郷土料理の旬の３つの観点から、さまざまな魚の特
徴とおいしい食べ方（料理）を解説する。宝島新書の１冊であるが、新書
としてまとめて配架しない。

*30. アメリカ史「読む」年表事典／中村甚五郎編著

アメリカ合衆国史を４分冊（１巻目：新大陸発見-18世紀、２巻目：19世紀、３
巻目：20世紀「1901-1954」、４巻目：20-21世紀「1955-2010」）にして各項目を
詳述した読む年表。４冊をまとめて配架したい。

31. ラオス：山の村に図書館ができた／安井清子著

ラオスの山岳地帯にあるモン族の村での図書館づくりをまとめる。

32. エルサレムの詩：イェフダ・アミハイ詩集／イェフダ・アミハイ著；
村田靖子編訳・解説

アミハイのいくつかの詩集から選び、ヘブライ語から日本語に翻訳したも
の。

*33. 朝鮮数学史：朱子学的な展開とその終焉／川原秀城著

朝鮮の数学が東洋数学から西洋数学へ変化していく状況を背景となる朱子
学の思想も含めて論ずる。

*34. 伊勢神宮と出雲大社：「日本」と「天皇」の誕生／新谷尚紀著

神話を材料に、伊勢神宮と出雲大社の歩みを読み直すことでこれまでの通

第30章 総合演習

説を塗り替える。

*35. 大統領でたどるアメリカの歴史 / 明石和康著

アメリカ合衆国大統領ワシントンからオバマまで、歴代大統領の実績を通してアメリカ政治の歴史を綴る。岩波ジュニア新書の1冊であるが、新書としてまとめて配架しない。

*36. 世界チーズ大図鑑 / ジュリエット・ハーバット監修

チーズの基本を説明したうえで、イタリア、アメリカ大陸、日本などの地域別にさまざまなチーズ750種以上の製法、大きさ、味の特徴を紹介する。図鑑とあるが、解説を主体としたハンドブック。

37. トルコ語文法読本 / 勝田 茂 著

トルコ語の文法を独習し、実際の文章を読みこなせることを目指す人向け。

38. 切手が伝えるベートーヴェンとその時代 / 大沼幸雄著

切手を用いて、ドイツの作曲家ルートヴィヒ・ヴァン・ベートーヴェン（1770–1827年）の生涯を紹介する。切手で知ろうシリーズの2巻目だが他の巻は購入していない。

*39. くすりの発明・発見史 / 岡部 進 著

くすりの発明・発見の歴史を概観したもの。

40. これならわかるオーストラリア・ニュージーランドの歴史Q&A / 石出法太, 石出みどり著

オーストラリア、次いで、ニュージーランドの歴史をQ&A形式で説明する。

*41. 知識ゼロからの西洋絵画史入門 / 山田五郎著

西洋絵画を代表する29の様式を代表作や見方とともに解説する。

42. 火山入門：日本誕生から破局噴火まで / 島村英紀著

日本の地形や気候に影響を与えてきた火山は、火山災害を引き起こしてきた。火山とともに生きていくために必要な火山噴火や火山災害の基礎知識を解説する。NHK出版新書の1冊であるが、新書としてまとめて配架しない。

299

第Ⅲ部　NDC類別総合演習

*43. 図書館のトリセツ / 福本友美子，江口絵理著；スギヤマカナヨ絵

　　図書館はどんなところか、本の並び方、本の見つけ方などを解説した図書館の取扱い説明書。世の中への扉シリーズの１冊だが、他の巻は、未購入である。

*44. 日本語てにをはルール：知っているようで知らない / 石黒圭著

　　文法や表現法を示す言葉としても使われる、日本語の基本助詞「てにをは」を身につけることで、文章の上達を目指すためのトレーニングができるようになっている。

*45. ポップアップの世界：飛び出すしかけ、８つの基本 / 高橋洋一著；tupera tupera イラスト

　　紙を使って、ポップアップを作成する８つのポイントを解説する。

*46. フェアトレード学：私たちが創る新経済秩序 / 渡辺龍也著

　　より公正な貿易を目指す、フェアトレードが必要とされる背景や、その広まり、批判を解説する。

47. あなたの子どもは、あなたの子どもではない：デンマークの30年：仕事・結婚・子育て・老後 / 宮下孝美，宮下智美著；山口道宏編集協力

　　デンマークに住む日本人夫婦が直面した出来事から文化事情を紹介する。

*48. 弱くても勝てます：開成高校野球部のセオリー / 高橋秀実著

　　甲子園出場を目指す超進学校の野球部が考えた常識破りの野球論。

49. パリ空中散歩：知られざるパリの航空写真集 / ロバート・キャメロン写真；ピエール・サリンジャー文；根本長兵衛訳

　　高度300m の超低空からフランス・パリのノートルダム寺院やエッフェル塔、凱旋門などを収めた、街の地理的な状況も把握できる写真集。

*50. 大人のドリル「和算」で脳力アップ / 佐藤健一著

　　日本が世界に誇る和算の考え方を分かりやすく解説する。

第30章　総合演習

┌─ ■□コラム 30.1 □■ ──────────────────────

二界説はゴカイ説？

　日本十進分類法は生物を二界説で植物界と動物界に分けている。二界説に従うと、葉緑素を持たない原生動物・動物以外はすべて植物になる。生物の系統による分類の方法には、三界説、四界説、五界説があり、今日ではドメイン説など、さまざまな学説がある。五界説では、原核生物界（細菌類・ラン藻類）・原生生物界（アメーバ・ゾウリムシ・ミドリムシなど）・菌界（カビ・キノコなど）・植物界・動物界となる。研究者の間では五界説にも異論があるが、二界説で植物界と動物界に割り切ってしまうのにも違和感がある。

└──────────────────────────────────────

┌─ ■□コラム 30.2 □■ ──────────────────────

地域資料分類はどう分類する？

　日本の公共図書館では、「地域資料」（その地域に関する歴史資料やその地域の地方行政に関する資料などの総称で、「郷土資料」とも呼ばれる）を集め、他の資料とは別置しているところが多い。

　日本十進分類法では090を展開し、地域資料を整理できるようにしている。しかし、多くの図書館では千葉なら「C」、新潟なら「N」などの別置記号を付けて日本十進分類法による主題分類をするか、もしくは、都道府県別の独自分類表を用いているところが多い。例えば、『富山県郷土資料分類表』（富山県図書館協会編）、『徳島県立図書館郷土資料分類表』（徳島県立図書館編）、『愛知県郷土資料分類表：利用の手引』（愛知図書館協会郷土資料研究委員会編）などの独自の分類表を用いている。また、『山口県郷土件名標目表』（山口県図書館協会整理業務研究部会編集）や『宮城県郷土資料件名標目表』（宮城県図書館編）のように地域資料用の独自の件名標目表も存在している。

└──────────────────────────────────────

301

基本件名標目表（BSH）第4版　音順標目表　抜粋

主な記号 SN	限定注記	〔 〕	ヨミ（難読の場合など）
《 》	説明つき参照を示す名辞	→	直接参照（を見よ）
[ ]	細目を示す名辞	＊	第3版にもあった標目
< >	細目種別	；	複数の分類記号の区切り

アイ　**あい（藍）***　*⑧577.99；617.8　⑨577.99；617.8*

TT：工芸 83．繊維工業 151

BT：染料

アイ　**愛***　*⑧141.6；158　⑨141.62；158*

TT：心理学 133．哲学 167．倫理学 240

BT：感情．人生論．倫理学

NT：恋愛

アイデア　アイデア → **創造性**

アスベスト　アスベスト → **石綿**〔セキメン〕

イギリスゴ　イギリス語 → **英語**

イギリスブン　イギリス文学 → **英文学**

イスラムキョ　**イスラム教***　*⑧167　⑨167*

UF：回教．マホメット教

TT：宗教 114

BT：宗教

NT：イスラム教徒．イスラム美術．コーラン．モスク

インドシソウ　インド思想 → **インド哲学**

インドテツガ　**インド哲学***　*⑧126　⑨126*

UF：インド思想

TT：哲学 167

BT：哲学

NT：ニャーヤ学派．バイシェーシカ学派．バラモン教．ミーマーンサー学派．ヨガ

基本件名標目表（BSH）第4版　音順標目表　抜粋

ヴァイオリン　ヴァイオリン → バイオリン

エイブンガク　**英文学***　⑧*930*　⑨*930*

UF：イギリス文学. 英米文学

TT：文学 216

BT：文学

NT：アイルランド文学. 英文学—作家. 英文学—評論. 戯曲（イギリス）. 詩（イギリス）. 小説（イギリス）

RT：アメリカ文学

エイベイブン　英米文学 → **アメリカ文学. 英文学**

エイベイホウ　**英米法***　⑧*322.33；322.5；322.933；322.953*　⑨*322.33；322.5；322.933；322.953*

UF：アメリカ法. イギリス法

TT：法制史 221

BT：法制史—西洋

RT：法律—アメリカ合衆国

オキナワゴ　　沖縄語 → **琉球語**

オンヨウゴギ　**陰陽五行説**　⑧*148.4*　⑨*148.4*

TT：易・占い 16

BT：易・占い

ガイコウ　　　《外交》

外交事情に関する著作には、次の件名標目をあたえる。

（1）一国の外交事情は、国名のもとに、**—対外関係**の主題細目をあたえる。（例：**日本—対外関係**）

（2）外交の相手国が特定されているときは、○○**—対外関係—××**の形で表す。（例：**日本—対外関係—中国**）

（3）歴史上の事件をめぐる外交事情については、その事件名を表す件名標目をあたえる。（例：**太平洋戦争（１９４１—４５）**）

カイセキリョ　**懐石料理**　⑧*596.21；791.8*　⑨*596.21；791.8*

TT：家政 33

BT：料理（日本）

ガカ　　　　　**画家***　⑧*720.28*　⑨*720.28*

TT：絵画 21. 芸術家 65. 美術 205

BT：絵画. 美術家

SA：個々の画家名（例：ピカソ）も件名標目となる。

303

カガク	科学* ⑧401 ⑨401

UF：自然科学．理学．理工学

TT：学問 32

BT：学問

NT：科学―実験．科学―歴史．科学―日本．科学技術情報．科学
教育．科学写真．科学哲学．科学と社会．科学と政治．科学論文．
学術会議．研究助成金．研究調査機関．国際交流．社会科学．宗
教と科学．人文科学．博士．発見

―レキシ　科学―歴史―日本 → 科学―日本

―ニホン　**科学―日本*** ⑧402.1 ⑨402.1

UF：科学―歴史―日本．科学史（日本）

TT：学問 32

BT：科学

NT：洋楽．蘭学

カガクシャ　**科学者*** ⑧402.8 ⑨402.8

NT：医学者．化学者．数学者．頭脳流出．生物学者．地理学者．
天文学者．動物学者．農学者．物理学者

RT：技術者

SA：個々の科学者名（例：アインシュタイン）も件名標目となる。

カキ　**花卉*** ⑧627 ⑨627

UF：草花

TT：園芸 17

BT：園芸植物

NT：あさがお．あじさい．アルストロメリア．一年草．えびね．
おもと．花卉装飾．かきつばた．カトレア．カーネーション．か
んらん（寒蘭）．ききょう．きく（菊）．球根類．クレマチス．さ
くら（桜）．さくらそう．さざんか．さつき．しゃくなげ．しゃ
くやく．宿根草．しゅんらん（春蘭）．スターチス．すみれ．セ
ントポーリア．チューリップ．つつじ．つばき．二年草．はす．
はなしょうぶ．ばら．パンジー．ひまわり．ヒヤシンス．ふじ
（藤）．プリムラ．ベゴニア．ぼたん．むらさき．ゆり．らん．り
んどう

RT：花

SA：その他個々の花卉名も件名標目となる。

基本件名標目表（BSH）第4版　音順標目表　抜粋

カキン　　　　家きん*　⑧646　⑨646
　　　　　　　　TT：畜産業 158. 動物 177
　　　　　　　　BT：畜産業. 鳥類
　　　　　　　　NT：あひる. 七面鳥. 人工孵化（家きん）. にわとり（鶏）. はと
　　　　　　　　　　（鳩）
　　　　　　　　SA：その他個々の家きん名も件名標目となる。

カジュ　　　　果樹*　⑧625　⑨625
　　　　　　　　UF：くだもの
　　　　　　　　TT：園芸 17. 農業 197
　　　　　　　　BT：園芸植物. 作物
　　　　　　　　NT：いちご. うめ. かき（柿）. 柑橘類. きいちご. キウイフルー
　　　　　　　　　　ツ. くり. さくらんぼ. ざくろ. バナナ. ぶどう. ブルーベリー.
　　　　　　　　　　もも（桃）. りんご
　　　　　　　　SA：その他個々の果樹名も件名標目となる。

カチク　　　　家畜*　⑧645　⑨645
　　　　　　　　TT：畜産業 158
　　　　　　　　BT：畜産業
　　　　　　　　NT：いぬ（犬）. うし（牛）. うま（馬）. 家畜―飼育. ねこ（猫）.
　　　　　　　　　　ひつじ（羊）. ぶた（豚）. やぎ
　　　　　　　　SA：その他個々の家畜名も件名標目となる。

ガッコウケン　学校建築*　⑧374.7；526.37　⑨374.7；526.37
　　　　　　　　UF：学校施設
　　　　　　　　TT：建築 75
　　　　　　　　BT：公共建築

カミ（シント　神（神道）→ 神祇

カメ　　　　　かめ　⑧487.95　⑨487.95
　　　　　　　　TT：動物 177
　　　　　　　　BT：爬虫類

ギキョク　　　《戯曲》
　　　　　　　　戯曲（作品）および戯曲に関する著作には、次の件名標目をあた
　　　　　　　　える。
　　　　　　　　（1）戯曲に関する著作には、戯曲を件名標目としてあたえる。
　　　　　　　　一国の戯曲に関する著作には、戯曲のあとに、国名を（ ）に入
　　　　　　　　れて表す。（例：戯曲（アメリカ合衆国））

305

（2）各国文学にわたる戯曲集には、**戯曲—戯曲集**の件名標目をあたえる。

（3）作家が一国に限られている戯曲集は、**戯曲**のあとに国名を（ ）に入れ、**—戯曲集**とする。（例：**戯曲（フランス）—戯曲集**）

（4）特定の人物・歴史上の事件などをテーマとした戯曲には、そのテーマを表す件名標目のもとに、**—戯曲**の細目をあたえる。

（5）個人の作品および作品集には、原則として件名標目をあたえない。

キショウサイ　**気象災害**　⑧*451.98；615.88*　⑨*451.98；615.88*

　　　TT：気象 45．災害 92

　　　BT：気象．災害

　　　NT：雪害．雪崩．風害．風水害

ギュウニュウ　**牛乳***　⑧*648.1*　⑨*648.1*

　　　UF：ミルク

　　　TT：畜産業 158．物産 211

　　　BT：畜産物

キョウイク　　**教育***　⑧*370*　⑨*370*

　　　SN：一州、一国または一地方における教育事情には、**—教育**を地名のもとの主題細目として用いる。

　　　NT：育英事業．海外子女教育．学習塾．家庭教育．帰国子女教育．教育家．教育産業．教育実践記録．郷土教育．芸術教育．健康教育．公害教育．高等教育．公民教育．国際理解教育．個性教育．産業教育．社会教育．自由教育．宗教教育．集団教育．生涯学習．障害者教育．情操教育．消費者教育．植民地教育．女子教育．初等教育．生活教育．専門教育．体罰．地域社会学校．中等教育．通信教育．天才教育．登校拒否．道徳教育．日本—教育．平和教育．へき地教育．民族教育．幼児教育．留学．労作教育

　　　SA：各教科名（例：**社会科**）も件名標目となる。

　　　SA：各地名のもとの主題細目**—教育**（例：**アメリカ合衆国—教育．神戸市—教育**）をも見よ。

ギョウセイ　　**行政***　⑧*317*　⑨*317*

　　　SN：一州、一国または一地方における一般行政事情は、それぞれの地名のもとに、**—行政**を主題細目として用いる。

　　　NT：オンブズマン．官僚制．行政改革．行政学．行政監査．行政

基本件名標目表（BSH）第4版　音順標目表　抜粋

　　　　　　　　管理. 行政事務. 行政書士. 行政組織. 行政手続. 公聴. 出入国
　　　　　　　　管理. 情報公開. 植民地行政. 治安. 地方行政
　　　　SA：各地名のもとの主題細目—行政（例：日本—行政. 神戸市—行政）
　　　　　　をも見よ。

ギリシアテツ　**ギリシア哲学*** ⑧*131*　⑨*131*
　　　　TT：哲学 167
　　　　BT：哲学
　　　　SA：個々のギリシア哲学者名（例：アリストテレス）も件名標目となる。

キリストキョ　**キリスト教*** ⑧*190*　⑨*190*
　　　　TT：宗教 114
　　　　BT：宗教
　　　　NT：アルシュ共同体. エキュメニカル運動. カタリ派. カトリッ
　　　　　　ク教. 神（キリスト教）. 奇跡. 祈とう書. 教会法. キリスト教
　　　　　　—感想・説教. キリスト教—儀式. キリスト教—教会. キリス
　　　　　　ト教—伝道. キリスト教—日本. キリスト教徒. キリスト教美術.
　　　　　　キリスト教文学. クエーカー派. クリスマス. 景教. 賛美歌.
　　　　　　シェーカー教徒. 使徒. 宗教改革. 宗教裁判. 十字軍（１０９６
　　　　　　－１２７０）. 神学. 信仰告白. 聖書. 聖人（キリスト教）. 宣教
　　　　　　師. 千年王国（キリスト教）. 秘跡. プロテスタント. マリア.
　　　　　　無教会主義. メシア思想. 黙示文学. モルモン教. 預言（キリス
　　　　　　ト教）. ロシア正教
　　　　SA：その他キリスト教の各宗派名も件名標目となる。

—カンソウ　**キリスト教—感想・説教*** ⑧*194*　⑨*194*
　　　　UF：説教
　　　　TT：宗教 114
　　　　BT：キリスト教

クダモノ　　　くだもの → **果実. 果樹**
グンジ　　　　軍事 → **軍備. 国防**
ケイエイガク　**経営学*** ⑧*335.1*　⑨*335.1*
　　　　UF：経営経済学
　　　　NT：経営社会学. 経営数学. 商学
ケイエイケイ　経営経済学 → **経営学**
ケイザイ　　　**経済*** ⑧*330*　⑨*330*
　　　　SN：一州、一国または一地方における経済事情は、それぞれの地

307

名のもとに—経済を主題細目として用いる。

  NT：景気. 経済—歴史. 経済成長. 経済体制. 経済団体. 経済倫理. 国際経済. 世界経済. 労働経済

  SA：各地名のもとの主題細目—経済（例：日本—経済. 神戸市—経済）をも見よ。

ケースワーカ **ケースワーカー** *⑧369.1* *⑨369.17*

  TT：社会政策 110

  BT：社会福祉

ケンアソビ **拳あそび** *⑧798* *⑨798*

  UF：じゃんけん

  TT：余暇 236

  BT：遊芸

ゲンゴユウギ **言語遊戯** *⑧807.9* *⑨807.9*

  UF：ことば遊び

  TT：教育 47. 言語 69

  BT：言語. 遊戯

  NT：なぞあそび

ケンチク **建築*** *⑧520；521；522；523* *⑨520；521；522；523*

  UF：西洋建築. 東洋建築. 土木建築

  NT：アトリウム. インテリア産業. 核シェルター. 宮殿. クラブハウス. 建築—積算・仕様. 建築—歴史. 建築家. 建築経済. 建築士. 公共建築. 工場建築. 住宅建築. 商店建築. 城. 中国建築. 朝鮮建築. 塔. 日本建築. ビル建築. 旅館建築

  SA：その他各種建築も件名標目となる。

—レキシ 建築—歴史—日本 → **建築—日本. 日本建築**

—ニホン **建築—日本*** *⑧523.1* *⑨523.1*

  SN：この件名標目は、日本における建築事情および明治以後の建築史に関する著作にあたえる。

  UF：建築—歴史—日本. 建築史（日本）

  RT：日本建築

ケンポウ **憲法*** *⑧323* *⑨323*

  NT：憲法—日本. 憲法—日本（明治）. 憲法改正. 公共の福祉. 国家と個人. 司法権. 主権. 人権. 請願. マグナカルタ

—ニホン **憲法—日本*** *⑧323.1；323.14* *⑨323.1；323.14*

基本件名標目表（BSH）第4版　音順標目表　抜粋

UF：日本—憲法．日本国憲法
TT：憲法 77
BT：憲法

コクボウ　　**国防***　⑧*390*　⑨*390*
SN：この件名標目は、国防一般に関する著作にあたえる。
SN：一国における国防事情には、**—国防**を国名のもとの主題細目
として用いる。
UF：軍事
NT：軍備．情報機関（国防）．戦時経済
RT：自衛権
SA：国名のもとの主題細目**—国防**をも見よ。（例：**日本—国防**）

コミュニケー　**コミュニケーション***　⑧*361.45；801*　⑨*361.45；801*
TT：社会心理学 109
BT：社会心理学
NT：交渉術．説得法．デマ．ミニコミ

サイガイ　　**災害***　⑧*369.3；451.98*　⑨*369.3；451.98*
NT：火災．ガス事故．気象災害．原子力災害．災害救助．災害予防．
地震災害．高潮．農業災害．避難（災害）．山崩れ．労働災害

サイバイ　　［**栽培**］＜生物・農業・畜産共通細目＞
栽培植物名のもとに、細目として用いる。（例：**小麦—栽培**）

サカナ　　　魚　→　**魚類**

サドウ　　　茶道　→　**茶道〔チャドウ〕**

シ　　　　　《**詩**》
詩の作品および詩に関する著作には、つぎの件名標目をあたえる。
（1）詩に関する著作には、**詩**を件名標目としてあたえる。一国
の詩に関する著作には、**詩**のあとに、国名を（　）に入れて表す。
（例：**詩（イギリス）**）
（2）各国文学にわたる詩集には、**詩—詩集**の件名標目をあたえ
る。
（3）詩人が一国に限られている詩集には、**詩**のあとに、国名を
（　）に入れ、**—詩集**とする。（例：**詩（イギリス）—詩集**）
（4）特定のテーマについてまとめられた詩集には、そのテーマ
を表す件名標目のもとに、**—詩集**を細目としてあたえる。（例：
愛—詩集）

309

（5）個人の詩作品、詩集には、原則として件名標目をあたえない。

—シシュウ　　**詩—詩集***　⑧*908.1*　⑨*908.1*
　　　　　SN：この件名標目は、各国文学にわたる詩の集成にあたえる。
　　　　　SN：個人の詩集には、原則として件名標目をあたえない。
　　　　　TT：文学　216
　　　　　BT：詩

シ（ニホン）　**詩（日本）***　⑧*911.5*　⑨*911.5*
　　　　　UF：新体詩. 日本詩
　　　　　TT：日本文学　193
　　　　　BT：日本文学
　　　　　NT：詩（日本）—詩集. 詩人. 児童詩. 童謡
　　　　　RT：詩歌

—シシュウ　　**詩（日本）—詩集***　⑧*911.56*　⑨*911.568*
　　　　　UF：詩集（日本）
　　　　　TT：日本文学　193
　　　　　BT：詩（日本）

ジテン　　　　［辞典］＜一般細目＞
　　　　　　　各言語、および各主題を表す件名標目のもとに、一般細目とし
　　　　　て用いる。(例：日本語—辞典. 英語—辞典. 数学—辞典)

ジテン　　　　**辞典***　⑧*801.3*　⑨*801.3*
　　　　　UF：辞書
　　　　　NT：人名事典. 地名辞典. 百科事典
　　　　　SA：各言語名、および各主題のもとの細目—辞典（例：英語—辞典.
　　　　　教育学—辞典）をも見よ。

ジドウトショ　**児童図書館***　⑧*016.28*　⑨*016.28*
　　　　　UF：図書館（児童）
　　　　　TT：図書館　183
　　　　　BT：図書館
　　　　　NT：ストーリー　テリング
　　　　　RT：学校図書館

ジドウブンガ　**児童文学***　⑧*909*　⑨*909*
　　　　　UF：少年少女文学
　　　　　TT：文学　216
　　　　　BT：文学

基本件名標目表（BSH）第4版　音順標目表　抜粋

　　　　　　　NT：児童劇―脚本集．児童詩．童謡．童話
シャカイガク　**社会学＊**　⑧*361*　⑨*361*
　　　　　　　NT：音楽社会学．環境社会学．教育社会学．競争（社会学）．経営
　　　　　　　　　社会学．経済社会学．芸術社会学．言語社会学．産業社会学．社
　　　　　　　　　会―歴史．社会工学．社会指標．社会人類学．社会組織．社会調
　　　　　　　　　査．社会変動．宗教社会学．数理社会学．政治社会学．疎外．知
　　　　　　　　　識社会学．テクノクラシー．闘争（社会学）．都市社会学．人間
　　　　　　　　　生態学．農村社会学．紛争（社会学）．法社会学
　　　　　　　RT：文化人類学
シャカイキョ　**社会教育＊**　⑧*379*　⑨*379*
　　　　　　　TT：教育 47
　　　　　　　BT：教育
　　　　　　　NT：公民館．サークル活動．識字運動．社会教育施設．女性団体．
　　　　　　　　　青少年教育．青少年施設．青少年団体．成人教育．青年教育．読
　　　　　　　　　書運動．図書館（公共）．PTA
　　　　　　　RT：生涯学習
シャカイシソ　**社会思想＊**　⑧*309；309.02*　⑨*309；309.02*
　　　　　　　NT：国家社会主義．社会運動．社会主義．自由主義．民主主義．
　　　　　　　　　ユートピア．ラディカリズム
シャカイフク　**社会福祉＊**　⑧*369*　⑨*369*
　　　　　　　UF：社会事業
　　　　　　　TT：社会政策 110
　　　　　　　BT：社会保障
　　　　　　　NT：医療社会事業．医療保護．介護福祉．共同募金．軍事援護．
　　　　　　　　　ケースワーカー．ケースワーク．慈善事業．児童福祉．司法保護．
　　　　　　　　　社会福祉教育．社会福祉士．社会福祉施設．社会福祉主事．授産
　　　　　　　　　事業．身体障害者．生活保護．精神障害者．赤十字．訪問看護．
　　　　　　　　　母子保護．ホーム　ヘルパー．ボランティア活動．民生委員．老
　　　　　　　　　人福祉
シャカイホシ　**社会保障＊**　⑧*364*　⑨*364*
　　　　　　　TT：社会政策 110
　　　　　　　BT：社会政策
　　　　　　　NT：社会福祉．社会保険．年金
シャシン　　　**写真＊**　⑧*740*　⑨*740*

311

UF：芸術写真

NT：青写真．科学写真．カラー写真．航空写真．高速度写真．写
真―写真集．写真家．写真化学．写真機．写真器械．写真現像．
写真光学．写真材料．写真撮影．写真修正．写真引伸．写真焼付．
商業写真．水中写真．ビデオ　カメラ．マイクロ写真．立体写真

ジャンケン　　じゃんけん　→　拳あそび

シュウキョウ　宗教*　⑧160；162　⑨160；162

NT：イスラム教．一貫道．神．キリスト教．原始宗教．宗教―法令．
宗教家．宗教教育．宗教思想．宗教団体．宗教と科学．宗教と政
治．新興宗教．神道．生と死．道教．バハーイ教．バラモン教．
ヒンズー教．布教．仏教．ボン教．民間信仰．ユダヤ教

シュウキョウ　宗教学*　⑧161　⑨161

NT：宗教社会学．宗教心理学．宗教哲学．宗教民族学．信仰．比
較宗教学

シュッパン　　出版*　⑧023　⑨023

TT：情報産業 122

BT：情報産業

NT：自費出版．出版社．出版取次業．出版の自由．出版販売．書
籍商．造本．著作．著作権．著作者．電子出版．図書目録（出版
社）．編集

RT：図書

ショウガイガ　生涯学習　⑧379　⑨379

UF：生涯教育

TT：教育 47

BT：教育

NT：独学

RT：社会教育

ショウギ　　　将棋*　⑧796　⑨796

TT：余暇 236

BT：遊芸

ショウギョウ　商業通信（英語）　⑧670.93　⑨670.93

UF：英語―商業通信．商業英語．商業通信―英語．貿易英語

TT：英語 14

BT：英語―書簡文

基本件名標目表（BSH）第4版　音順標目表　抜粋

ジョウホウサ　**情報産業**＊　⑧*007.3*　⑨*007.35*
　　　　　　　　NT：ジャーナリズム．出版．情報と社会．データ通信．放送事業
　　　　　　　　RT：マス　コミュニケーション

ショクヒンコ　**食品工業**＊　⑧*588*　⑨*588*
　　　　　　　　TT：食品加工 124
　　　　　　　　BT：食品加工
　　　　　　　　NT：発酵工業．パン・菓子製造業

ショクリョウ　**食糧問題**＊　⑧*611.3*　⑨*611.3*
　　　　　　　　TT：経済政策 61
　　　　　　　　BT：食糧政策
　　　　　　　　RT：人口問題

ジンギ　　　　**神祇**＊　⑧*172*　⑨*172*
　　　　　　　　UF：神（神道）
　　　　　　　　TT：宗教 114
　　　　　　　　BT：神道
　　　　　　　　NT：産土神

ジンセイクン　**人生訓**＊　⑧*159*　⑨*159*
　　　　　　　　UF：教訓．訓話．修養．処世法．成功法
　　　　　　　　TT：道徳 176．身上相談 227
　　　　　　　　BT：道徳．身上相談
　　　　　　　　NT：ことわざ．人生訓（児童）．人生訓（女性）．人生訓（青年）．
　　　　　　　　　　美談．名言

シンリガク　　**心理学**＊　⑧*140*　⑨*140*
　　　　　　　　NT：意志．意識．異常心理学．応用心理学．音楽心理学．音響心
　　　　　　　　理学．学習心理学．感覚．環境（心理学）．感情．記憶．教育心
　　　　　　　　理学．癖．芸術心理学．ゲシュタルト心理学．言語心理学．行動．
　　　　　　　　行動心理学．思考．宗教心理学．条件反射．女性心理．人格．心
　　　　　　　　理学―実験．スポーツ心理学．性格．政治心理学．精神検査．精
　　　　　　　　神分析．生理学的心理学．知能．認知（心理学）．発達心理学．
　　　　　　　　比較心理学．法心理学．本能．民族心理学．臨床心理学

シンワ　　　　**神話**＊　⑧*164*　⑨*164*
　　　　　　　　TT：宗教学 115．人類学 134．民俗学 229
　　　　　　　　BT：宗教民族学．伝説

―ギリシア　　**神話―ギリシア・ローマ**＊　⑧*164.31；164.32*　⑨*164.31；164.32*

313

	UF：ギリシア神話. ローマ神話
―ニホン	**神話―日本**＊　⑧*164.1*　⑨*164.1*
	UF：日本神話
スパイ	**スパイ**＊　⑧*329.62；391.6*　⑨*329.62；391.6*
	UF：諜報機関. 防諜
	TT：国防 91
	BT：情報機関（国防）
スペインブン	**スペイン文学**＊　⑧*960*　⑨*960*
	TT：文学 216
	BT：文学
セイコウホウ	成功法 → **人生訓**
セイジ	**政治**＊　⑧*310*　⑨*310*
	SN：一州、一国または一地方における一般政治事情は、それぞれの地名のもとに、**―政治**を主題細目として用いる。
	NT：革命. 議会政治. 共和政治. 君主政治. 国家総動員. 産業と政治. 宗教と政治. 政治運動. 政治家. 政治資金. 政体. 政党. 専制政治. テロリズム. 独裁政治. 難民. 民主政治. 立法
	SA：各地名のもとの主題細目**―政治**（例：**日本―政治**）をも見よ。
セイジガク	**政治学**＊　⑧*311*　⑨*311*
	NT：階級闘争. 権力. 国家. 社会秩序. 政治意識. 政治社会学. 政治心理学. 政治哲学. 大衆
	RT：政治思想
セイヨウテツ	西洋哲学 → **哲学**
セイヨウレキ	西洋歴史 → **西洋史**
セカイシ	**世界史**＊　⑧*209*　⑨*209*
	UF：世界歴史
	TT：歴史 241
	BT：歴史
	NT：サラセン文化. 世界史―辞典. 世界史―史料. 世界史―年表. 世界史―古代. 世界史―中世. 世界史―近世. 世界史―近代. 東西交渉史. 民族移動
セキメン	**石綿**＊　⑧*569.4；579.2*　⑨*569.4；579.2*
	UF：アスベスト. 石綿〔イシワタ〕
	TT：工業材料 82

BT：非金属材料

ダイガク　**大学***　*⑧377；377.2　⑨377；377.2*

UF：公立大学

TT：学校 34. 教育 47

BT：学校. 高等教育

NT：学生. 学問の自由. 教育課程（大学）. 産学協同. 私立大学. 大学基準協会. 大学設置基準. 入学試験（大学）

SA：個々の大学名（例：**東京大学**）も件名標目となる。

ダイヤモンド　**ダイヤモンド**　*⑧569.9；755.3　⑨569.9；755.3*

TT：手芸 116. 風俗 210

BT：宝石

チズ　《地図》

地図および地図に関する著作には、次の件名標目をあたえる。

（１）地図に関する著作には、**地図**または**地図学**の件名標目をあたえる。

（２）世界地図には、**世界地図**の件名標目をあたえる。

（３）一州、一国または一地方の地図および地形図には、その地域を表す地名のもとに、**—地図**の主題細目をあたえる。（例：**日本—地図. 神戸市—地図**）

（４）各主題地図には、その主題を表す語を冠した、〇〇地図の件名標目をあたえる。（例：**言語地図. 歴史地図**）

チズ　［地図］＜地名のもとの主題細目＞

一州、一国または一地方の一般地図および地形図に対して、地名のもとに、主題細目として用いる。（例：**日本—地図. 神戸市—地図**）

チズ　**地図***　*⑧014.78；290.38；448.9　⑨014.78；290.38；448.9*

SN：一州、一国または一地方の一般地図および地形図は、**—地図**を地名のもとの細目として用いる。

TT：地理学 165. 図書館資料 184

BT：地理学. 特殊資料

NT：古地図. 世界地図. 地形図. 地図学

SA：各地名のもとの主題細目**—地図**（例：**日本—地図. 神戸市—地図**）をも見よ。

チャドウ　**茶道***　*⑧791　⑨791*

UF：茶道〔サドウ〕. 茶の湯

TT：芸能 66

BT：芸能

NT：家元. 茶会. 茶器. 茶室. 茶人. 茶花. 茶碗

チョウルイ　**鳥類**＊ ⑧488　⑨488

UF：鳥. 野鳥

TT：動物 177

BT：脊椎動物

NT：あおばずく. あかしょうびん. あほうどり. いんこ. うみが
らす. おうむ. 害鳥. 家きん. かっこう. かもめ. からす. かわ
せみ. がん（雁）. かんむりわし. きじ. きせきれい. きつつき.
きびたき. くまげら. くまたか. 県花・県鳥・県木. こうのとり.
国鳥. 小鳥. さぎ（鷺）. しぎ. しらさぎ. すずめ. せきれい.
たか. たんちょうづる. ペンギン. ほおじろ. 保護鳥. みみずく.
むくどり. もず. らいちょう. わし（鷲）. 渡り鳥

SA：その他個々の鳥の名も件名標目となる。

テイエン　**庭園**＊ ⑧629.2　⑨629.2

UF：庭

TT：造園 153

BT：造園

NT：手水鉢

SA：個々の庭園名（例：桂離宮）も件名標目となる。

テツガク　**哲学**＊ ⑧100；101；130　⑨100；101；130

UF：西洋哲学

NT：アメリカ哲学. アラビア哲学. 医学哲学. イギリス哲学. イ
タリア哲学. インド哲学. 科学哲学. 価値（哲学）. 技術哲学.
教育哲学. ギリシア哲学. 経済哲学. 形而上学. 言語哲学. 現象
学. 構造主義. 自然哲学. 社会哲学. 宗教哲学. 数理哲学. スト
ア哲学. 政治哲学. 世界観. 哲学—歴史. 哲学者. ドイツ哲学.
人間論. 比較思想. フランス哲学. 法哲学. 無限（哲学）. ユダ
ヤ哲学. ルネサンス哲学. 歴史哲学. ロシア・ソビエト哲学

デンキコウガ　**電気工学**＊ ⑧540　⑨540

NT：アース（電気工学）. 高電圧. 照明. 絶縁・絶縁材料. 送電.
電気回路. 電気機器. 電気計器. 電気工学—実験. 電気材料. 電
気磁気測定. 電気数学. 電気製図. 電気設備. 電熱. 配電. 発電

基本件名標目表（BSH）第 4 版　音順標目表　抜粋

デンシメール　**電子メール**　⑧*547.48；694.5*　⑨*547.4833；694.5*

TT: 情報科学 121. 情報産業 122. 通信 166

BT: データ通信

テンモンガク　**天文学***　⑧*440；441*　⑨*440；441*

UF: 天体物理学

NT: 宇宙. 時刻. 太陽. 太陽系. 地球. 天体観測. 天体力学. 天
文学者. 星

ドイツテツガ　**ドイツ哲学***　⑧*134*　⑨*134*

TT: 哲学 167

BT: 哲学

SA: 個々のドイツ哲学者名（例：ヘーゲル）も件名標目となる。

トウケイショ　**《統計書》**

統計書には、次の件名標目をあたえる。

（1）世界統計には、**統計―統計書**の件名標目をあたえる。

（2）一州、一国または一地方の総合的な統計書には、それぞれ
の地名のもとに、**―統計書**の一般細目をあたえる。（例：**アジア―
統計書. 日本―統計書. 神戸市―統計書**）

（3）特定主題に関する統計書には、その主題を表す件名標目の
もとに、**―統計書**の一般細目をあたえる。（例：**人口―統計書. 石
油―統計書**）

トウニョウビ　**糖尿病**　⑧*493.12*　⑨*493.123*

TT: 病気 207

BT: 病気

トウヨウレキ　東洋歴史　→　**東洋史**

トショカン　**図書館***　⑧*010；016*　⑨*010；016*

NT: 学校図書館. 刑務所図書館. 国立図書館. 視聴覚ライブラリー.
児童図書館. 情報センター. 専門図書館. 大学図書館. 短期大学
図書館. 点字図書館. 電子図書館. 図書館（公共）. 図書館員.
図書館家具. 図書館機械化. 図書館行政. 図書館協力. 図書館経
営. 図書館計画. 図書館情報学. 図書館の自由. 図書館用品. 図
書館利用. 病院図書館. 文書館

トショカン　図書館（学校）→　**学校図書館**

トショカン　**図書館（公共）***　⑧*016.2*　⑨*016.2*

UF: 公共図書館

317

TT: 教育 47. 図書館 183

BT: 社会教育. 図書館

NT: 家庭文庫

トショカン　図書館（児童）→ **児童図書館**

トリ　鳥 → **鳥類**

ナイカガク　**内科学*** *⑧493 ⑨493*

TT: 医学 7

BT: 医学

ニホン　**日本*** *⑧291 ⑨291*

UF: 日本—社会. 日本—文化. 日本文化

—トウケイ　**日本—統計書** *⑧351 ⑨351*

SN: この件名標目は、日本の一般的な統計にあたえる。

SN：特定主題に関する日本の統計は、その件名標目のもとに、—**統計書**を細目として表す。（例：**日本—教育—統計書**）

—ノウギョ　**日本—農業*** *⑧612.1 ⑨612.1*

—ホウレイ　日本—法令 → **法令集**

—レキシ　**日本—歴史*** *⑧210 ⑨210*

UF: 国史. 日本史. 日本歴史

NT：郷土研究. 公家. 国号. 日本—対外関係. 日本—歴史—史料. 日本—歴史—原始時代. 日本—歴史—古代. 日本—歴史—中世. 日本—歴史—近世. 日本—歴史—近代. 年号. 武士. 封建制度. 有職故実

—レキシ　**日本—歴史—古代*** *⑧210.3 ⑨210.3*

UF: 古代史（日本）

TT: 日本—歴史 191

BT: 日本—歴史

NT：金印. 国造. 都城. 渡来人. 日本—歴史—大和時代. 日本—歴史—奈良時代. 日本—歴史—平安時代. 風土記. 任那. 邪馬台国

—レキシ　**日本—歴史—中世*** *⑧210.4 ⑨210.4*

UF: 中世史（日本）. 封建時代（日本）

TT: 日本—歴史 191

BT: 日本—歴史

NT：守護・地頭. 荘園. 日本—歴史—鎌倉時代. 日本—歴史—南

基本件名標目表（BSH）第4版　音順標目表　抜粋

　　　　　北朝時代. 日本—歴史—室町時代. 倭寇

—レキシ　　**日本—歴史—近世**＊　⑧*210.5*　⑨*210.5*

　　　　　UF：近世史（日本）

　　　　　TT：日本—歴史 191

　　　　　BT：日本—歴史

　　　　　NT：朱印船. 日本—歴史—安土桃山時代. 日本—歴史—江戸時代.
　　　　　　　日本人町. 農民一揆

—レキシ　　**日本—歴史—近代**＊　⑧*210.6*　⑨*210.6*

　　　　　UF：近代史（日本）

　　　　　TT：日本—歴史 191

　　　　　BT：日本—歴史

　　　　　NT：軍閥. 士族. 台湾—歴史—日本統治時代. 朝鮮—歴史—日韓
　　　　　　　併合時代（1910-45）. 日本—歴史—明治時代. 日本—歴史
　　　　　　　—大正時代. 日本—歴史—昭和時代. 日本—歴史—平成時代. 明
　　　　　　　治維新

ニホンゴ　　**日本語**＊　⑧*810*　⑨*810*

　　　　　UF：国語

　　　　　NT：かな. 漢字. 国語学. 国語教育. 国語国字問題. 時事用語.
　　　　　　　神代文字. 日本語—アクセント. 日本語—音韻. 日本語—外来語.
　　　　　　　日本語—会話. 日本語—敬語. 日本語—構文論. 日本語—古語.
　　　　　　　日本語—作文. 日本語—辞典. 日本語—書簡文. 日本語—俗語.
　　　　　　　日本語—同音異義語. 日本語—発音. 日本語—反対語. 日本語—
　　　　　　　文法. 日本語—方言. 日本語—類語. 日本語教育（対外国人）.
　　　　　　　日本語調査. 女房詞

—カイワ　　**日本語—会話**　⑧*817.8*　⑨*817.8*

　　　　　TT：日本語 192

　　　　　BT：日本語

—ゴゲン　　**日本語—語源**＊　⑧*812*　⑨*812*

　　　　　TT：日本語 192

　　　　　BT：日本語—古語

—シンゴ　　日本語—新語 → **時事用語**

—ホウゲン　**日本語—方言**＊　⑧*818*　⑨*818*

　　　　　TT：日本語 192

　　　　　BT：日本語

NT：琉球語

ニホンシソウ　**日本思想**＊　⑧*121*　⑨*121*

UF：日本精神．日本哲学

TT：東洋思想 180

BT：東洋思想

NT：古学派．国学．儒学．転向．水戸学

SA：個々の思想家・哲学者名（例：**西田幾太郎**）も件名標目となる。

ニホンテツガ　日本哲学　→　**日本思想**

ニホンビジュ　**日本美術**＊　⑧*702. 1*　⑨*702. 1*

UF：美術（日本）

TT：美術 205

BT：東洋美術

NT：庭園—日本．日本画．日本建築．日本彫刻．日本美術—図集．
日本美術—歴史

—レキシ　　**日本美術—歴史**＊　⑧*702. 1*　⑨*702. 1*

UF：美術史（日本）

TT：美術 205

BT：日本美術

NT：日本美術—歴史—原始時代．日本美術—歴史—古代．日本美
術—歴史—中世．日本美術—歴史—桃山時代．日本美術—歴史—
江戸時代．日本美術—歴史—近代

—レキシ　　**日本美術—歴史—近代**＊　⑧*702. 16*　⑨*702. 16*

TT：美術 205

BT：日本美術—歴史

ニホンブンガ　**日本文学**＊　⑧*910*　⑨*910*

UF：国文学

NT：漢文学．戯曲（日本）．紀行文学．記録文学．国文．詩（日本）．
詩歌．小説（日本）．随筆．大衆文学．日記文学．日本文学—作
家．日本文学—評論．日本文学—歴史．翻訳文学．物語文学．琉
球文学

—レキシ　　**日本文学—歴史**＊　⑧*910. 2*　⑨*910. 2*

UF：国文学史．日本文学史

TT：日本文学 193

BT：日本文学

基本件名標目表（BSH）第4版　音順標目表　抜粋

　　　　　　NT：日本文学―歴史―古代．日本文学―歴史―中世．日本文学―
　　　　　　　　歴史―江戸時代．日本文学―歴史―近代．文学地理．文学碑
―レキシ　　**日本文学―歴史―近代**＊　⑧910.26　⑨910.26
　　　　　　UF：近代文学（日本）
　　　　　　TT：日本文学 193
　　　　　　BT：日本文学―歴史
　　　　　　NT：日本文学―歴史―明治時代．日本文学―歴史―大正時代．日
　　　　　　　　本文学―歴史―昭和時代．日本文学―歴史―昭和時代（１９４５
　　　　　　　　年以後）．日本文学―歴史―平成時代．プロレタリア文学
ニホンリョウ　日本料理　→　**料理（日本）**
ニンゲンカン　**人間関係**＊　⑧336.4；361.6　⑨336.49；361.6
　　　　　　UF：ヒューマン　リレーションズ
　　　　　　TT：経営管理 58．社会学 106．心理学 133．労働科学 243
　　　　　　BT：産業社会学．産業心理学．人事管理
ノウギョウ　**農業**＊　⑧610　⑨610
　　　　　　SN：一州、一国または一地方における一般農業事情は、それぞれ
　　　　　　　　の地名のもとに―農業を主題細目として用いる。
　　　　　　NT：作物．農業機械・器具．農業機械化．農業気象．農業金融．
　　　　　　　　農業経営．農業経済．農業災害．農業施設．農業政策．農業団体．
　　　　　　　　農業統計．農業土木．農業保険．養蜂業．酪農
　　　　　　RT：農学
　　　　　　SA：各地名のもとの主題細目―**農業**（例：**日本―農業**）をも見よ。
ハクブツカン　**博物館**＊　⑧069　⑨069
　　　　　　UF：資料館
　　　　　　NT：科学博物館．学芸員．展示学．美術館．文学館
ハッタツシン　**発達心理学**＊　⑧143　⑨143
　　　　　　TT：心理学 133
　　　　　　BT：心理学
　　　　　　NT：児童心理学．成人期．青年心理学．中高年齢者．幼児．老人
ハツメイカ　**発明家**＊　⑧507.1　⑨507.1
　　　　　　TT：工業 80
　　　　　　BT：発明
　　　　　　SA：個々の発明家名（例：エジソン）も件名標目となる。
ハナコトバ　**花ことば**＊　⑧627　⑨627

                    TT: 植物 125

                    BT: 花

ヒカクシュウ   **比較宗教学**＊　⑧*165*　⑨*165*

                    TT: 宗教学 115

                    BT: 宗教学

ビジュツ   **美術**＊　⑧*700；702.3*　⑨*700；702.3*

                    UF: 西洋美術．造形美術

                    NT：アフリカ美術．アメリカ美術．アール　デコ．アール　ヌー
                        ヴォー．イタリア美術．オーストリア美術．オセアニア美術．グ
                        ラフィック　アート．ケルト美術．自然（美術）．宗教美術．商
                        業美術．女性（美術）．石造美術．デザイン．ドイツ美術．動物
                        （美術）．東洋美術．花（美術）．美術―図集．美術―評論．美術
                        ―歴史．美術家．美術館．美術教育．美術商．美術団体．美術展
                        覧会．美術品．表現主義（美術）．フランス美術．フランドル美
                        術．ペルー美術．マニエリスム．メキシコ美術．メラネシア美術．
                        モデル（美術）．リアリズム（美術）．ルーマニア美術．ロシア・
                        ソビエト美術．ロマン主義（美術）

                    RT: 美学

                    SA: その他各国の美術も件名標目となる。

ファッション   **ファッション産業**＊　⑧*589.2*　⑨*589.2*

                    NT：アパレル産業．洋服商

                    RT: 服装

フクショク   服飾　→　**服装**

フクソウ   **服装**＊　⑧*383.1；593*　⑨*383.1；593*

                    UF: 服飾．洋装．和装

                    TT: 風俗 210

                    BT: 風俗

                    NT：アクセサリー．スカーフ．足袋．はきもの．帽子

                    RT: 衣服．ファッション産業

ブシドウ   **武士道**＊　⑧*156*　⑨*156*

                    TT: 道徳 176．倫理学 240

                    BT: 道徳．倫理学―日本

                    NT: 敵討〔カタキウチ〕

ブッキョウ   **仏教**＊　⑧*180*　⑨*180*

基本件名標目表（BSH）第4版　音順標目表　抜粋

　　　　　　　　TT: 宗教 114

　　　　　　　　BT: 宗教

　　　　　　　　NT: 黄檗宗．観音信仰．経典．救世観音宗．原始仏教．寺院．釈迦．
　　　　　　　　　　修験道．巡礼（仏教）．浄土宗．浄土信仰．真言宗．真言律宗．
　　　　　　　　　　真宗．禅．禅宗．僧侶．即身成仏．大乗教．天台宗．日蓮宗．仏
　　　　　　　　　　会・仏事．仏教—布教．仏教—日本．仏教音楽．仏教哲学．仏教
　　　　　　　　　　美術．仏教文学．仏弟子．法名．法話．密教．ラマ教

　　　　　　　　SA: その他個々の仏教宗派名も件名標目となる。

ブツリガク　　　**物理学***　⑧420　⑨420

　　　　　　　　NT: エネルギー．応用物理学．音響学．原子物理学．光学．低温
　　　　　　　　　　科学．電気磁気学．統計力学．熱学．物質．物性論．物理学—実
　　　　　　　　　　験．物理学—定数表．物理学者．物理数学．力学．量子力学．量
　　　　　　　　　　子論．理論物理学

ブンカジンル　　**文化人類学***　⑧389　⑨389

　　　　　　　　UF: 民族学

　　　　　　　　TT: 人類学 134

　　　　　　　　BT: 人類学

　　　　　　　　NT: 音楽民族学．原始社会．原始宗教．社会人類学．社会組織．
　　　　　　　　　　宗教民族学．タブー．民族心理学

　　　　　　　　RT: 社会学

ブンショカン　　文書館　→　**文書館**〔モンジョカン〕

ベンラン　　　　［便覧］＜一般細目＞

　　　　　　　　　　各主題を表す件名標目のもとに、一般細目として用いる。(例:
　　　　　　　　機械工学—便覧．**塗料**—便覧)

ベンリシ　　　　**弁理士***　⑧507.29　⑨507.29

　　　　　　　　TT: 工業 80

　　　　　　　　BT: 工業所有権

ホウセイ　　　　法制—歴史　→　**法制史**

ホウレイシュ　　**法令集***　⑧320.9　⑨320.9

　　　　　　　　SN: 一国の法令集は、必要に応じて国名を地名細目としてあたえる。
　　　　　　　　　　ただし、日本の法令集は**法令集**のみで表す。

　　　　　　　　UF: 日本—法令

　　　　　　　　TT: 法律 222

　　　　　　　　BT: 法律

323

SA: 各主題のもとの細目—**法令**をも見よ。

マーケティン　**マーケティング**　⑧*675*　⑨*675*
　　　　　　　UF: 市場開発
　　　　　　　TT: 経営管理 58. 経済学 60. 商業 118
　　　　　　　BT: 業務管理. 市場論. 商業経営
　　　　　　　NT: 消費者. マーケティング　リサーチ

マンヨウシュ　**万葉集***　⑧*911.12*　⑨*911.12*
　　　　　　　UF: 万葉集〔マンニョウシュウ〕
　　　　　　　TT: 日本文学 193
　　　　　　　BT: 和歌
　　　　　　　NT: 防人歌. 万葉集—作家. 万葉集—植物. 万葉集—撰抄. 万葉
　　　　　　　　　集—地理. 万葉集—動物. 万葉集—評釈

—ジテン　　　**万葉集—辞典***　⑧*911.123*　⑨*911.123*

—ショクブ　　**万葉集—植物***　⑧*911.125*　⑨*911.125*
　　　　　　　UF: 万葉植物
　　　　　　　TT: 日本文学 193
　　　　　　　BT: 万葉集

ミルク　　　　**ミルク → 牛乳**

ムキョウカイ　**無教会主義**　⑧*198.99*　⑨*198.99*
　　　　　　　TT: 宗教 114
　　　　　　　BT: キリスト教

モウドウケン　**盲導犬**　⑧*369.27*　⑨*369.275*
　　　　　　　TT: 社会政策 110. 病気 207
　　　　　　　BT: 視覚障害

モンジョカン　**文書館***　⑧*018.09*　⑨*018.09*
　　　　　　　UF: 公文書館. 史料館. 文書館〔ブンショカン〕
　　　　　　　TT: 図書館 183
　　　　　　　BT: 図書館
　　　　　　　NT: 公文書

ヤキュウ　　　**野球***　⑧*783.7*　⑨*783.7*
　　　　　　　UF: ベースボール
　　　　　　　TT: スポーツ 139
　　　　　　　BT: 球技

ヤクガク　　　**薬学***　⑧*499*　⑨*499*

基本件名標目表（BSH）第4版　音順標目表　抜粋

　　　　　　　　　NT：医薬品．製薬業．毒物・劇物．本草学．薬害．薬事—法令．
　　　　　　　　　　薬事行政．薬用鉱物．薬用植物．薬化学．薬局．薬局方

　　　　　　　　　RT：薬理学

ヤサイ　　　　　野菜 → **蔬菜**

ヤチョウ　　　　野鳥 → **鳥類**

ヤマ　　　　　　山 → **山岳**

ヨガ　　　　　　**ヨガ***　⑧*126.6；498.3*　⑨*126.6；498.34*

　　　　　　　　　TT：健康法 70．哲学 167

　　　　　　　　　BT：インド哲学．健康法

リュウキュウ　　**琉球語***　⑧*818.99*　⑨*818.99*

　　　　　　　　　UF：沖縄語

　　　　　　　　　TT：日本語 192

　　　　　　　　　BT：日本語—方言

リンリガク　　　**倫理学***　⑧*150*　⑨*150*

　　　　　　　　　NT：愛．エゴイズム．価値（哲学）．価値意識．行為．幸福．自由．
　　　　　　　　　　人格．倫理学—西洋．倫理学—東洋．倫理学—日本

　　　　　　　　　RT：道徳

ロシアソビエ　　**ロシア・ソビエト文学***　⑧*980*　⑨*980*

　　　　　　　　　UF：ソビエト文学

　　　　　　　　　TT：文学 216

　　　　　　　　　BT：文学

　　　　　　　　　NT：戯曲（ロシア）．小説（ロシア）

ワンダーフォ　　**ワンダーフォーゲル**　⑧*786*　⑨*786.1*

　　　　　　　　　TT：余暇 236

　　　　　　　　　BT：野外活動

日本十進分類法（NDC）　新訂10版　細目表　抜粋

＊以下は NDC の階層構造まで正確に示すものではない。詳細は実際に NDC で確認すること。

000　総記

002　知識．学問．学術
007　情報学．情報科学
007.1　情報理論
007.3　情報と社会：情報政策，情報倫理
007.5　ドキュメンテーション．情報管理
007.58　情報検索．機械検索
007.6　データ処理．情報処理
007.63　コンピュータシステム．
　　　　ソフトウェア．アプリケーション

010　図書館．図書館情報学

010.1　図書館論．図書館の自由
011　図書館政策．図書館行財政
012　図書館建築．図書館設備
012.4　書庫．書架
013　図書館経営・管理
014　情報資源の収集・組織化・保存
014.3　目録法
014.32　目録規則：記入，記述，標目
014.4　主題索引法：分類法，件名標目法
014.45　一般分類表
　　　　＊ NDLC，DDC，NDC は，ここに収
　　　　める
014.49　件名標目．シソーラス．件名作業
014.7　非図書資料．特殊資料
014.75　継続資料：逐次刊行物，更新資料
　　　　＊電子ジャーナルは，ここに収める
015　図書館サービス．図書館活動
　　　　＊ここには，図書館〈一般〉および公共
　　　図書館に関するものを収める
　　　　＊図書館利用法，課題解決支援サービス
　　　〈一般〉は，ここに収める
015.2　情報提供サービス：レファレンスサー
　　　　ビス［参考業務］
015.9　利用対象別サービス
015.93　児童・青少年に対するサービス
015.95　高齢者に対するサービス
015.97　障害者に対するサービス
015.99　アウトリーチサービス
016　各種の図書館

016.1　国立図書館　＊地理区分
016.2　公共図書館　＊地理区分
016.28　児童図書館　＊地理区分
017　学校図書館
017.7　大学図書館．学術図書館
　　　　＊地理区分
018　専門図書館
018.09　文書館．史料館
019　読書．読書法
019.1　読書の心理．読書の生理
019.12　読書法
019.2　読書指導
019.25　読書感想文．読書記録
019.9　書評．書評集

020　図書．書誌学

020.2　図書および書誌学史
021　著作．編集
021.2　著作権．著作権法：版権，翻訳権
021.23　音楽著作権
021.4　編集．編纂
　　　　＊編集実務〈一般〉は，雑誌編集も含
　　　めてここに収める
022　写本．刊本．造本
022.2　写本：様式，書風
022.3　刊本：版式
023　出版　＊地理区分
024　図書の販売　＊地理区分
025　一般書誌．全国書誌　＊地理区分
026　稀書目録．善本目録
027　特種目録
028　選定図書目録．参考図書目録
029　蔵書目録．総合目録

030　百科事典

　　　　＊原著の言語による言語区分
031　日本語
032　中国語
033　英語
034　ドイツ語
035　フランス語
036　スペイン語

日本十進分類法（NDC）　新訂10版　細目表　抜粋

037　イタリア語
038　ロシア語
039　用語索引

040　一般論文集．一般講演集
＊原著の言語による言語区分

041　日本語
042　中国語
043　英語
044　ドイツ語
045　フランス語
046　スペイン語
047　イタリア語
048　ロシア語
049　雑著

050　逐次刊行物
＊原著の言語による言語区分

051　日本語
052　中国語
053　英語
054　ドイツ語
055　フランス語
056　スペイン語
057　イタリア語
058　ロシア語
059　一般年鑑　＊地理区分

060　団体：学会，協会，会議

061　学術・研究機関
063　文化交流機関
065　親睦団体．その他の団体
069　博物館

070　ジャーナリズム．新聞

071／077　新聞紙
＊発行地による地理区分
071　日本
072　アジア
073　ヨーロッパ
074　アフリカ
075　北アメリカ
076　南アメリカ
077　オセアニア．両極地方

080　叢書．全集．選集
＊原著の言語による言語区分

081　日本語
082　中国語
083　英語
084　ドイツ語
085　フランス語
086　スペイン語
087　イタリア語
088　ロシア語
089　その他の諸言語

090　貴重書．郷土資料．その他の特別コレクション

100　哲学

101　哲学理論
102　哲学史
103　参考図書［レファレンスブック］
104　論文集．評論集．講演集
105　逐次刊行物
106　団体：学会，協会，会議
107　研究法．指導法．哲学教育
108　叢書．全集．選集

110　哲学各論

111　形而上学．存在論
112　自然哲学．宇宙論
113　人生観．世界観
114　人間学
115　認識論
116　論理学．弁証法．方法論
117　価値哲学
118　文化哲学．技術哲学
　［119］芸術哲学．美学→701.1

120　東洋思想

121　日本思想
121.02　日本思想史
121.3　　古代
121.4　　中世
121.5　　近世
121.52　　国学［和学］
121.53　　日本の儒学
121.54　　　朱子学派
121.55　　　陽明学派
121.56　　　古学派
121.58　　　水戸学
121.59　　その他の思想家
　　　　　　安藤昌益，富永仲基，三浦梅園
121.6　　近代
121.63　　　西田幾多郎
121.65　　　和辻哲郎
122　中国思想．中国哲学
123　　経書
123.8　　四書
123.83　論語．論孟
124　　先秦思想．諸子百家
125　　中世思想．近代思想
126　インド哲学．バラモン教
129　その他の東洋思想．アジア哲学

130　西洋哲学

131　　古代哲学
131.2　ソフィストおよびソクラテス派
131.3　プラトン．古アカデミー派
131.4　アリストテレス．ペリパトス派
131.8　折衷学派：キケロ
132　中世哲学
133　近代哲学
134　　ドイツ・オーストリア哲学
134.2　　カント
134.4　　ヘーゲル
134.9　　生の哲学．現象学．実存主義
　　　　　　ジンメル，ディルタイ，ヤスパース
135　　フランス・オランダ哲学
136　　スペイン・ポルトガル哲学
137　　イタリア哲学
138　　ロシア哲学
139　その他の哲学

140　心理学

140.7　研究法．指導法．心理学的検査
140.75　実験心理学
141　普通心理学．心理各論
141.6　情動：情緒，感情，情操
141.7　行動．衝動
141.74　欲求．本能：性，食欲
143　発達心理学
145　異常心理学
146　臨床心理学．精神分析学
146.8　カウンセリング．精神療法［心理療法］
146.811　精神療法：ゲシュタルト療法，行動療
　　　　　　法，交流分析，認知療法
147　超心理学．心霊研究
148　相法．易占
148.4　陰陽道［五行，九星］．易
148.8　占星術．宿曜道．天文道
　［149］応用心理学→140

150　倫理学．道徳

150.2　倫理学史．倫理思想史
150.21　日本
150.22　東洋
150.23　西洋
150.24　その他の地域
151　倫理各論
152　家庭倫理．性倫理

日本十進分類法（NDC）　新訂10版　細目表　抜粋

153　職業倫理
154　社会倫理［社会道徳］
155　国体論．詔勅
156　武士道
157　報徳教．石門心学
158　その他の特定主題
　　　＊ここには，仁愛，信義，正義，節制，知
　　　恵，忍耐，勇気など，個々の主題を収める
159　人生訓．教訓
159.8　金言．格言．箴言

160　宗教

161　宗教学．宗教思想
162　宗教史・事情　＊地理区分
163　原始宗教．宗教民族学
164　神話．神話学　＊地理区分
164.31　ギリシア神話
165　比較宗教
166　道教
167　イスラム
167.3　教典：コーラン
168　ヒンズー教．ジャイナ教
169　その他の宗教．新興宗教
　　　＊発祥国による地理区分

170　神道

171　神道思想．神道説
172　神祇・神道史
173　神典
174　信仰録．説教集
175　神社．神職
175.8　伊勢神宮
175.9　神社誌．神社縁起
　　　＊地方神社誌は日本地方区分
　　　＊日本以外の神社誌は地理区分しない
176　祭祀
177　布教．伝道
178　各教派．教派神道

180　仏教

181　仏教教理．仏教哲学
182　仏教史　＊地理区分
183　経典
183.2　般若部：金剛教，心経
184　法話・説教集
185　寺院．僧職
186　仏会

187　布教．伝道
188　各宗
188.5　真言宗［密教］
188.6　浄土教．浄土宗
188.7　真宗［浄土真宗］
188.8　禅宗：臨済宗，曹洞宗，黄檗宗
188.9　日蓮宗

190　キリスト教

191　教義．キリスト教神学
192　キリスト教史．迫害史　＊地理区分
193　聖書
194　信仰録．説教集
195　教会．聖職
196　典礼．祭式．礼拝
197　布教．伝道
198　各教派．教会史
198.19　正教会：ロシア正教会，ギリシア正教
　　　　会［東方教会］
198.2　カトリック教会．ローマカトリック教会
198.21　教義．信条．教理問答書
198.22　歴史．伝記．迫害史　＊地理区分
198.24　信仰録．説教集
198.3　プロテスタント．新教
198.9　その他
198.979　モルモン宗
198.99　その他：神智教，無教会主義
199　ユダヤ教

329

200　歴史

201 歴史学
202 歴史補助学
202.5 考古学
203 参考図書［レファレンスブック］
204 論文集．評論集．講演集
205 逐次刊行物
206 団体：学会，協会，会議
207 研究法．指導法．歴史教育
208 叢書．全集．選集
209 **世界史．文化史**
209.3 　古代　—476
209.4 　中世　476—1453
209.5 　近代　1453—
209.6 　19世紀
209.7 　20世紀
209.8 　21世紀—

210　日本史

210.025 考古学　＊ここには，日本全般に関する
　　　　 もので時代を特定しないものを収める
210.1 通史
210.2 原始時代
210.3 古代　4 世紀—1185
210.32 古墳時代　4 世紀—591
210.33 飛鳥時代　592—645
210.35 奈良時代　710—784
210.36 平安時代　784—1185
210.4 中世　1185—1600
210.42 鎌倉時代　1185—1333
210.5 近世　1600—1867．江戸時代
210.6 近代　1868—．明治時代　1868—1912
210.69 大正時代　1912—1926
210.7 昭和・平成時代　1926—
210.76 太平洋戦争後の昭和時代　1945—1989
210.77 平成時代　1989—
211 北海道地方
212 東北地方
212.1 　青森県
212.3 　宮城県
213 関東地方
213.1 　茨城県
213.4 　埼玉県
213.5 　千葉県
213.6 　東京都
213.7 　神奈川県

214 北陸地方
214.3 　石川県
215 中部地方
215.5 　愛知県
215.6 　三重県
216 近畿地方
216.2 　京都府
216.3 　大阪府
217 中国地方
217.6 　広島県
218 四国地方
218.3 　愛媛県
219 九州地方
219.1 　福岡県
219.7 　鹿児島県
219.9 　沖縄県

220　アジア史．東洋史

221 朝鮮
222 中国
223 東南アジア
223.1 ベトナム［越南］
223.107 　20世紀— ベトナム戦争
224 　インドネシア
224.8 フィリピン
225 インド
225.8 ヒマラヤ地方
225.88 ブータン
　［226］ 西南アジア．中東［中近東］→227
227 西南アジア．中東［中近東］
227.3 イラク［メソポタミア］
　［228］ アラブ諸国→227.1／.8
229 アジアロシア

230　ヨーロッパ史．西洋史

231 古代ギリシア
232 古代ローマ
233 イギリス．英国
234 ドイツ．中欧
234.05 近代　1519—
234.06 19世紀
234.07 20世紀—
234.075 第 2 次世界大戦後
234.5 スイス
235 フランス
236 スペイン［イスパニア］
237 イタリア

日本十進分類法（NDC）　新訂10版　細目表　抜粋

238 ロシア
238.9 北ヨーロッパ
238.92 フィンランド
238.97 アイスランド
239 バルカン諸国

240　アフリカ史

241 北アフリカ
242　エジプト
243　マグレブ諸国
244 西アフリカ
245 東アフリカ
245.4 ケニア
248 南アフリカ
249 インド洋のアフリカ諸島

250　北アメリカ史

251 カナダ
253 アメリカ合衆国
255 ラテンアメリカ［中南米］
256　メキシコ
257　中央アメリカ［中米諸国］
259 西インド諸島

260　南アメリカ史

261 北部諸国［カリブ沿海諸国］
262 ブラジル
263 パラグアイ
264 ウルグアイ
265 アルゼンチン
266 チリ
267 ボリビア
268 ペルー

270　オセアニア史．両極地方史

271 オーストラリア
272 ニュージーランド
273 メラネシア
274 ミクロネシア
275 ポリネシア
276 ハワイ
277 両極地方
278　北極．北極地方
279 南極．南極地方

280　伝記　＊地理区分

280.2 墓誌．墓銘

281 日本
282 アジア
283 ヨーロッパ
284 アフリカ
285 北アメリカ
286 南アメリカ
287 オセアニア．両極地方
288 系譜．家史．皇室
288.1 姓氏
288.12 人名：諱，通称，号，諡
288.2 系譜［家系図］
288.4 皇室
288.41 天皇
288.49 外国の皇室・王室　＊地理区分
288.6 紋章［家紋］
288.9 旗：国旗，団体旗，徽章
289 個人伝記 ＊地理区分

290　地理．地誌．紀行　＊地理区分

291 日本
292 アジア
293 ヨーロッパ
294 アフリカ
295 北アメリカ
296 南アメリカ
297 オセアニア．両極地方
299 海洋
299.9 地球以外の世界

331

300 社会科学

301 理論. 方法論
302 政治・経済・社会・文化事情 ＊地理区分
303 参考図書［レファレンスブック］
304 論文集. 評論集. 講演集
305 逐次刊行物
306 団体：学会, 協会, 会議
307 研究法. 指導法. 社会科学教育
307.8 就職試験問題集〈一般〉
308 叢書. 全集. 選集
309 社会思想

310 政治

[.1→311]
[.2→312]
311 政治学. 政治思想
312 政治史・事情 ＊地理区分
312.8 政治家〈列伝〉
313 国家の形態. 政治体制
314 議会 ＊地理区分
314.8 選挙. 選挙制度
314.89 外国の選挙・選挙制度 ＊地理区分
315 政党. 政治結社 ＊地理区分
316 国家と個人・宗教・民族
317 行政
318 地方自治. 地方行政
[.02→318.2]
318.2 地方行政史・事情 ＊日本地方区分
318.7 都市問題. 都市政策 ＊日本地方区分
318.9 外国の地方行政 ＊地理区分
319 外交. 国際問題 ＊地理区分
　　＊2国間の外交関係は, 地理区分のうえゼ
　　ロを付け, 相手国によって地理区分

320 法律

[.1→321]
[.2→322]
321 法学
322 法制史
322.1 日本法制史
322.133 十七条憲法
322.9 外国法 ＊地理区分
　　＊ここには各国の法律〈一般〉に関する
　　ものを収める
323 憲法 ＊地理区分
323.1 日本の憲法

323.14 日本国憲法
324 民法. 民事法
324.7 相続法
324.9 外国の民法 ＊地理区分
325 商法. 商事法
325.2 会社法
325.9 外国の商法 ＊地理区分
326 刑法. 刑事法
327 司法. 訴訟手続法
329 国際法

330 経済

[.1→331]
[.2→332]
331 経済学. 経済思想
332 経済史・事情. 経済体制 ＊地理区分
322.03 古代経済史
332.04 中世経済史
332.06 近代経済史
333 経済政策. 国際経済
334 人口. 土地. 資源
[.02→334.2]
334.2 人口史. 人口統計. 人口構成. 人口密度
　　＊人口統計〈一般〉→358
335 企業. 経営
[.02→335.2]
335.2 経営史・事情 ＊地理区分
335.4 私企業. 会社
335.48 社史［社誌］
336 経営管理
336.4 人事管理. 労務管理. 人間関係.
　　　ビジネスマナー. 提案制度
336.49 職場の人間関係. ビジネスマナー
337 貨幣. 通貨
338 金融. 銀行. 信託
339 保険

340 財政

[.1→341]
[.2→342]
341 財政学. 財政思想
342 財政史・事情 ＊地理区分
343 財政政策. 財務行政
344 予算. 決算 ＊地理区分
345 租税
345.7 間接税：物品税
345.71 消費税

日本十進分類法（NDC） 新訂10版 細目表 抜粋

347 公債. 国債
348 専売. 国有財産
349 地方財政

350 統計 ＊地理区分

351 日本
352 アジア
353 ヨーロッパ
354 アフリカ
355 北アメリカ
356 南アメリカ
357 オセアニア. 両極地方
358 人口統計. 国勢調査 ＊地理区分

360 社会

［.1→361］
［.2→362］
361 社会学
361.4 社会心理学
361.43 リーダーシップ
361.45 コミュニケーション
　　　 コミュニケーション理論
362 社会史. 社会体制 ＊地理区分
364 社会保障
365 生活・消費者問題
366 労働経済. 労働問題
366.8 各種の労働・労働者
367 家族問題. 男性・女性問題. 老人問題
367.7 老人. 老人問題
368 社会病理
369 社会福祉
369.2 公的扶助. 生活保護. 救貧制度
369.26 老人福祉［高齢者福祉］
369.3 災害. 災害救助

370 教育

［.1→371］
［.2→372］
371 教育学. 教育思想
371.4 教育心理学. 教育的環境学
371.42 問題行動：不登校, 引きこもり, 校内
　　　 暴力, いじめ, 子供の自殺, 家庭内暴
　　　 力, 思春期暴力
372 教育史・事情 ＊地理区分
373 教育政策. 教育制度. 教育行財政
374 学校経営・管理. 学校保健
374.4 学校行事：学校儀式

374.9 学校保健
374.94 学校給食
375 教育課程. 学習指導. 教科別教育
375.3 社会科教育
375.32 歴史 →：207
376 幼児・初等・中学教育
376.1 幼児教育. 保育. 就学前教育.
　　　 幼稚園. 保育園
376.11 理論. 方法. 幼児心理
377 大学. 高等・専門教育. 学術行政
378 障害児教育［特別支援教育］
379 社会教育

380 風俗習慣. 民俗学. 民族学

380.1 民間伝承論. 民俗学
　［.2→382］
382 風俗史. 民俗誌. 民族誌 ＊地理区分
383 衣食住の習俗
384 社会・家庭生活の習俗
385 通過儀礼. 冠婚葬祭
386 年中行事. 祭礼 ＊地理区分
386.9 祝祭日
387 民間信仰. 迷信［俗信］
388 伝説. 民話［昔話］ ＊地理区分
389 民族学. 文化人類学

390 国防. 軍事

　［.2→392］
390.9 軍隊生活：軍規, 制服, 軍旗, 祭典,
　　　 儀式
391 戦争. 戦略. 戦術
391.6 軍事情報. 軍機保護. スパイ活動
　　　 ＊地理区分
392 国防史・事情. 軍事史・事情 ＊地理区分
393 国防政策・行政・法令
394 軍事医学. 兵食
395 軍事施設. 軍需品
396 陸軍
397 海軍
398 空軍
399 古代兵法. 軍学

333

400 自然科学

401 科学理論．科学哲学
402 科学史・事情 ＊地理区分
403 参考図書［レファレンスブック］
404 論文集．評論集．講演集
405 逐次刊行物
406 団体：学会，協会，会議
406.9 科学博物館 →：069
407 研究法．指導法．科学教育
408 叢書．全集．選集
409 科学技術政策・科学技術行政
　　　＊地理区分

410 数学

410.9 集合論．数学基礎論
411 代数学
412 数論［整数論］
413 解析学
413.3 微積分学．微分学
414 幾何学
415 位相数学
417 確率論．数理統計学
418 計算法
419 和算．中国算法
419.1 和算：天元術，点竄術，円理，算額
419.2 中国算法

420 物理学

421 理論物理学
421.4 統計力学
　　　＊カオス，フラクタルは，ここに収める
423 力学
424 振動学．音響学
425 光学
426 熱学
427 電磁気学
428 物性物理学
429 原子物理学

430 化学

431 物理化学．理論化学
431.1 化学構造．分子構造
431.11 原子論：原子量，分子量，元素，周期
　　　　律
432 実験化学［化学実験法］
433 分析化学［化学分析］

434 合成化学［化学合成］
435 無機化学
435.1 非金属元素
435.11 水素 H
435.4 酸素族元素とその化合物
435.43 酸素 O
435.44 水．重水
436 金属元素とその化合物
437 有機化学
438 環式化合物の化学
439 天然物質の化学

440 天文学．宇宙科学

441 理論天文学．数理天文学
442 実地天文学．天体観測法
443 恒星．恒星天文学
443.8 星図．星表．星座
444 太陽．太陽物理学
445 惑星．衛星
446 月
447 彗星．流星
448 地球．天文地理学
449 時法．暦学
449.3 暦書

450 地球科学．地学

450.9 自然地理 ＊地理区分
451 気象学
451.2 気象観測．気象測器．気象台．測候所
451.24 海洋気象．海洋気象誌 ＊海洋区分
451.28 天気予報．天気図．気象警報
452 海洋学
452.2 海洋誌 ＊海洋区分
453 地震学
453.3 地震観測．地震計
453.38 地震予知
453.8 火山学
453.82 火山誌 ＊地理区分
454 地形学
455 地質学 ＊地理区分
456 地史学．層位学
457 古生物学．化石
457.2 化石誌 ＊地理区分
458 岩石学
459 鉱物学

460 生物科学．一般生物学

334

日本十進分類法（NDC） 新訂10版　細目表　抜粋

461 理論生物学. 生命論
462 生物地理. 生物誌 ＊地理区分
463 細胞学
464 生化学
465 微生物学
467 遺伝学
468 生態学
469 人類学
469.8 地理区分できない人種 ＊言語区分
469.9 人種誌 ＊地理区分

470　植物学

471 一般植物学
471.1 植物形態学. 植物解剖学
471.7 植物生態学
471.76 寄生植物. 着生植物
　　　腐生植物. 食虫植物
472 植物地理. 植物誌 ＊地理区分
473 葉状植物
474 藻類. 菌類
475 コケ植物 ［蘚苔類］
476 シダ植物
477 種子植物
478 裸子植物
479 被子植物
479.3 単子葉植物
479.37 ユリ目
479.5 離弁花類 ［古生花被類］
479.75 バラ目
479.86 サボテン目

480　動物学

481 一般動物学
482 動物地理. 動物誌 ＊地理区分
483 無脊椎動物
484 軟体動物. 貝類学
485 節足動物
486 昆虫類
486.4 直翅目 ［バッタ目］
486.6 甲虫類 ［鞘翅目］
486.7 ハチ目 ［膜翅目］
486.8 チョウ目 ［鱗翅目, 蝶蛾目］
487 脊椎動物
488 鳥類
489 哺乳類

490　医学

491 基礎医学
492 臨床医学. 診断・治療
492.7 マッサージ. 機械療法
492.75 あんま. 指圧療法. 鍼灸
492.9 看護学. 各科看護法. 看護師試験
493 内科学
493.1 全身病. 一般的疾患
493.123 糖尿病
493.7 神経科学. 精神医学
493.72 症候. 病因. 診断. 治療
494 外科学
495 婦人科学. 産科学
496 眼科学. 耳鼻咽喉科学
496.2 眼の診断・治療. 眼科検査法〈一般〉
497 歯科学
498 衛生学. 公衆衛生. 予防医学
498.3 個人衛生. 健康法
498.34 静座法. 自彊法. ヨガ
498.5 食品. 栄養
498.51 食品学
498.55 栄養学. 栄養化学
499 薬学
499.1 医薬品
499.8 生薬学. 和漢薬

335

500　技術．工学

501　工業基礎学
501.6　工業動力．エネルギー
502　技術史．工学史　＊地理区分
503　参考図書［レファレンスブック］
504　論文集．評論集．講演集
505　逐次刊行物
506　団体：学会，協会，会議
507　研究法．指導法．技術教育
507.1　特許．発明．考案
　　　　＊発明家列伝は，ここに収める
507.2　産業財産権
507.23　特許
507.24　実用新案
507.26　商標
508　叢書．全集．選集
509　工業．工業経済

510　建設工学．土木工学

511　土木力学．建設材料
512　測量
513　土木設計・施工法
514　道路工学
514.6　高速道路．自動車専用路
515　橋梁工学
515.4　上部構造の主材による橋梁
515.45　鋼橋：リベット橋，溶接橋
515.5　構造形式による各種の橋梁
　　　　＊特定の用途のものは，.7の下に収める
515.7　用途による各種の橋梁
516　鉄道工学
516.2　軌道力学．軌道構造・材料
516.24　鉄道橋
516.7　高速鉄道
517　河海工学．河川工学
518　衛生工学．都市工学
518.1　上水道．水道工学．水道事業
518.16　送水．送水路．水路橋
519　環境工学．公害
519.2　環境問題史・事情．公害史・事情
　　　　＊地理区分
519.3　大気汚染：光化学スモッグ，亜硫酸ガ
　　　　ス，煤煙，浮遊粉塵，フロン，アスベ
　　　　スト
519.9　防災科学．防災工学〈一般〉

520　建築学

521　日本の建築
521.6　近代：明治・大正・昭和・平成時代
521.8　各種の日本建築．国宝・重要文化財の建
　　　　造物
522　東洋の建築．アジアの建築
523　西洋の建築．その他の様式の建築
　　　　＊地理区分
524　建築構造
525　建築計画・施工
526　各種の建築　＊綱目表に準じて区分
527　住宅建築
528　建築設備．設備工学
529　建築意匠・装飾

530　機械工学

531　機械力学・材料・設計
532　機械工作．工作機械
533　熱機関．熱工学
534　流体機械．流体工学
535　精密機器．光学機器
536　運輸工学．車両．運搬機械
537　自動車工学
538　航空工学．宇宙工学
539　原子力工学

540　電気工学

541　電気回路・計測・材料
541.1　電気回路．回路理論
542　電気機器
543　発電
543.3　水力発電
543.4　火力発電
543.5　原子力発電
544　送電．変電．配電
545　電灯．照明．電熱
545.6　各種の照明
545.66　店飾・広告照明．電気サイン
(546　電気鉄道)　※10版で削除
547　通信工学．電気通信
547.4　有線通信
547.48　情報通信．データ通信．
　　　　コンピュータネットワーク
547.4833　インターネット
548　情報工学
549　電子工学

日本十進分類法（NDC）　新訂10版　細目表　抜粋

549.9 電子装置の応用
549.95 光電子工学：レーザー，メーザー

550　海洋工学. 船舶工学

551 理論造船学
552 船体構造・材料・施工
553 船体艤装. 船舶設備
554 舶用機関［造機］
555 船舶修理. 保守
556 各種の船舶・艦艇
556.97 潜水艦. 潜水母艦
557 航海. 航海学
557.7 水路. 水路測量
557.78 水路図誌. 海図. 水路報告
　　　＊海洋区分
558 海洋開発
559 兵器. 軍事工学

560　金属工学. 鉱山工学

561 採鉱. 選鉱
562 各種の金属鉱床・採掘
563 冶金. 合金
564 鉄鋼
565 非鉄金属
566 金属加工. 製造冶金
566.7 表面処理. 防食
566.78 めっき［鍍金］
567 石炭
568 石油
568.09 石油経済・政策・行政・法令
569 非金属鉱物. 土石採取業

570　化学工業

571 化学工学. 化学機器
572 電気化学工業
573 セラミックス. 窯業. 珪酸塩化学工業
573.5 ガラス
574 化学薬品
575 燃料. 爆発物
576 油脂類
576.5 界面活性剤
576.53 石鹸
576.7 化粧品. 香粧品
577 染料
578 高分子化学工業
579 その他の化学工業

580　製造工業

581 金属製品
582 事務機器. 家庭機器. 楽器
583 木工業. 木製品
584 皮革工業. 皮革製品
585 パルプ・製紙工業
586 繊維工学
586.7 織物工業［機業］
586.77 織物：平織，綾織，朱子織，重ね織
587 染色加工. 染色業
588 食品工業
589 その他の雑工業
589.2 被服. 身の回り品
　　　＊アパレル産業は，ここに収める
589.217 特定用途の衣服：制服，作業服，
　　　　スポーツウェア

590　家政学. 生活科学

591 家庭経済・経営
592 家庭理工学
593 衣服. 裁縫
593.3 洋服. 洋裁
593.36 婦人服. 子供服. スタイルブック
594 手芸
595 理容. 美容
596 食品. 料理
596.2 様式別による料理法. 献立
596.21 日本料理
596.22 アジアの料理：中国料理，朝鮮料理，
　　　　インド料理
596.23 西洋料理. その他の様式の料理
596.3 材料別による料理法：卵料理，漬物，
　　　　膾物
596.33 肉料理
596.35 魚介料理
596.37 野菜料理
597 住居. 家具調度
598 家庭衛生
599 育児

600　産業

601 産業政策・行政．総合開発　＊地理区分
602 産業史・事情．物産誌　＊地理区分
603 参考図書［レファレンスブック］
604 論文集．評論集．講演集
605 逐次刊行物
606 団体：学会，協会，会議
606.9 博覧会．共進会．見本市．国際見本市
　　　　＊地理区分
607 研究法．指導法．産業教育
608 叢書．全集．選集
609 度量衡．計量法

610　農業

611 農業経済・行政・経営
611.2 農用地．農地．土地制度［農地制度］
611.29 水利問題
611.3 食糧問題．食糧経済
611.39 飢饉．備荒．三倉制度：社倉，義倉，
　　　　常平倉
612 農業史・事情　＊地理区分
613 農業基礎学
613.4 肥料．肥料学
614 農業工学
615 作物栽培．作物学
615.7 各種の栽培法
　　　　＊ここには，栽培法〈一般〉を収める
615.71 有機栽培．有機農業
616 食用作物
617 工芸作物
617.6 香料作物．香辛料作物
　　　　＊香辛料作物としてのハーブは，ここ
　　　　に収める
618 繊維作物
619 農産物製造・加工
619.8 製茶：緑茶，紅茶，ウーロン茶，包種茶

620　園芸

621 園芸経済・行政・経営
622 園芸史・事情　＊地理区分
623 園芸植物学．病虫害
624 温室．温床．園芸用具
625 果樹園芸
625.2 仁果類
625.21 りんご
625.3 柑橘類

625.32 みかん類
625.35 きんかん類
626 蔬菜園芸
626.2 果菜類：うり類，なす類，いちご類
626.22 きゅうり
626.27 トマト
626.5 葉菜類
626.56 レタス．しゅんぎく．ふき
626.57 みつば．せり．パセリ．セロリ．洋菜
626.9 家庭菜園
627 花卉園芸［草花］
627.7 鑑賞花木
627.77 バラ
627.8 盆栽．鉢植
627.85 観葉植物
628 園芸利用

629　造園

629.2 庭園
629.21 日本庭園
629.3 公園．緑地
629.35 児童公園．児童遊園
629.4 自然公園．国立・国定・公立公園
　　　　＊地理区分

630　蚕糸業

631 蚕糸経済・行政・経営
632 蚕糸業史・事情　＊地理区分
633 蚕学．蚕業基礎学
634 蚕種
635 飼育法
636 くわ．栽桑
637 蚕室．蚕具
638 まゆ
639 製糸．生糸．蚕糸利用

640　畜産業

641 畜産経済・行政・経営
642 畜産史・事情　＊地理区分
643 家畜の繁殖．家畜飼料
644 家畜の管理．畜舎．用具
645 家畜．畜産動物．愛玩動物
646 家禽
（[647] みつばち．昆虫　→646.9）
※10版で削除
648 畜産製造．畜産物
648.1 牛乳と乳製品．乳業
648.18 チーズ．ヨーグルト［凝乳］

日本十進分類法（NDC）　新訂10版　細目表　抜粋

649 獣医学
649.8 家畜衛生. 獣医公衆衛生
649.81 家畜衛生行政
649.814 獣医学関係職員の資格・任務
　　　　　獣医師, 動物看護師

650　林業

651 林業経済・行政・経営
652 森林史. 林業史・事情　＊地理区分
653 森林立地. 造林
653.2 森林植物. 樹木　＊地理区分
654 森林保護
655 森林施業
656 森林工学
657 森林利用. 林産物. 木材学
657.8 森林副産物
657.82 椎茸. 食用きのこ. たけのこ
658 林産製造
658.2 木材炭化. 木炭. 炭焼き
659 狩猟

660　水産業

661 水産経済・行政・経営
662 水産業および漁業史・事情　＊地理区分
663 水産基礎学
664 漁労. 漁業各論
664.6 魚類
664.61 さけ・ます類
664.69 淡水魚
664.695 うなぎ. なまず
665 漁船. 漁具
666 水産増殖. 養殖業
667 水産製造. 水産食品
668 水産物利用. 水産利用工業
669 製塩. 塩業

670　商業

670.9 商業通信［ビジネスレター］. 商業作文.
　　　商用語学　＊言語区分
671 商業政策・行政
672 商業史・事情　＊地理区分
673 商業経営. 商店
674 広告. 宣伝
674.5 直接広告：ダイレクトメール, サンプル
　　　配布
674.53 店頭広告
675 マーケティング

676 取引所
678 貿易
678.2 貿易史・事情　＊地理区分
　　　＊2国間の貿易は, 地理区分のうえゼロ
　　　を付け, 相手国によって地理区分
678.9 貿易統計　＊地理区分

680　運輸. 交通

681 交通政策・行政・経営
682 交通史・事情　＊地理区分
683 海運
683.2 海運史・事情　＊地理区分
684 内陸水運. 運河交通
685 陸運. 道路運輸
685.7 高速道路. 自動車道
685.78 道路地図［ロードマップ］
686 鉄道運輸
686.2 鉄道史・事情　＊地理区分
687 航空運輸
688 倉庫業
689 観光事業
689.2 観光事業史・事情　＊地理区分
689.5 遊園地事業. 遊園地

690　通信事業

691 通信政策・行政・法令
692 通信事業史・事情　＊地理区分
693 郵便. 郵政事業
693.8 郵便切手. はがき. スタンプ
694 電気通信事業
699 放送事業：テレビ, ラジオ
699.6 放送番組：番組編成, 視聴率
699.64 報道番組
699.67 演劇・ドラマ番組. 演芸・娯楽番組
　　　＊クイズ番組, バラエティ番組は, こ
　　　こに収める

339

700 芸術. 美術

701 芸術理論. 美学
702 芸術史. 美術史 ＊地理区分
702.03 古代美術
703 参考図書［レファレンスブック］
704 論文集. 評論集. 講演集
705 逐次刊行物
706 団体：学会，協会，会議
706.9 美術館. 展覧会
707 研究法. 指導法. 芸術教育
708 叢書. 全集. 選集
709 芸術政策. 文化財 ＊地理区分

710 彫刻

［.2→712］
711 彫塑材料・技法
712 彫刻史. 各国の彫刻 ＊地理区分
713 木彫
714 石彫
715 金属彫刻. 鋳造
717 粘土彫刻. 塑造
718 仏像
718.3 木仏
718.4 石仏
718.5 金銅仏
719 オブジェ

720 絵画

720.2 絵画史〈一般〉
720.28 画家〈列伝〉
721 日本画
722 東洋画
723 洋画 ＊地理区分
723.02 原始時代. 未開時代
723.03 古代
723.04 中世
723.05 近代
723.07 20世紀—
724 絵画材料・技法
725 素描. 描画
726 漫画. 挿絵. 児童画
726.1 漫画. 劇画. 諷刺画
726.101 漫画・劇画論. 諷刺画論
726.6 絵本
727 グラフィックデザイン. 図案
728 書. 書道

730 版画

［.2→732］
731 版画材料・技法
732 版画史. 各国の版画 ＊地理区分
733 木版画
734 石版画［リトグラフ］
735 銅版画. 鋼版画
736 リノリウム版画. ゴム版画
737 写真版画. 孔版画
739 印章. 篆刻. 印譜

740 写真

740.2 写真史 ＊地理区分
742 写真器械・材料
743 撮影技術
743.5 風景写真. スナップ写真
743.6 生物写真. 生態写真
744 現像. 印画
745 複写技術
746 特殊写真
747 写真の応用
748 写真集
749 印刷

750 工芸

751 陶磁工芸
752 漆工芸
753 染織工芸
［.02→753.2］
753.2 染織史・事情 ＊地理区分
753.3 織物：金襴，緞子，間道，錦，名物裂，
　　　　紐
754 木竹工芸
754.3 木工芸
754.7 竹工芸
754.9 紙工芸
755 宝石・牙角・皮革工芸
756 金工芸
757 デザイン. 装飾美術
758 美術家具
759 人形. 玩具

760 音楽

［.1→761］
［.2→762］
761 音楽の一般理論. 音楽学

日本十進分類法（NDC）　新訂10版　細目表　抜粋

762 音楽史. 各国の音楽　＊地理区分
　　＊音楽家〈個人〉は，主な活動の場と認め
　　られる国，もしくは出身国により地理区分
762.8　音楽家〈列伝〉
763 楽器. 器楽
764 器楽合奏
765 宗教音楽. 聖楽
766 劇音楽
766.1 オペラ［歌劇］. グランドオペラ
767 声楽
768 邦楽
769 **舞踊. バレエ　＊地理区分**

770　演劇

　　［.2→772］
771 劇場. 演出. 演技
772 演劇史. 各国の演劇　＊地理区分
773 能楽. 狂言
774 歌舞伎
775 各種の演劇
777 人形劇　＊地理区分
777.1 日本：人形浄瑠璃
778 **映画**
　　［.02→778.2］
778.2 映画史. 各国の映画　＊地理区分
　　＊映画人〈個人〉は，主な活動の場と認
　　められる国，もしくは出身国により地理
　　区分
778.28 映画人〈列伝〉
778.7 各種映画：科学映画，記録映画，教育映
　　画
778.77　漫画映画. アニメーション［動画］
778.8 テレビ演劇. 放送劇
779 **大衆演芸**
779.1 寄席
779.13 落語
779.9　放送演芸
　　＊テレビタレントは，ここに収める

780　スポーツ. 体育

780.69　競技大会：オリンピック，国民体育大
　　　　会，パラリンピック
781 体操. 遊戯
781.4 徒手体操
782 陸上競技
782.3 競走. 競走競技：短距離，中距離，長距
　　　離，マラソン，駅伝，競歩

783 球技
783.1　バスケットボール
783.2　バレーボール
783.4　フットボール
783.47　サッカー. フットサル
783.48　ラグビー
783.5　テニス
783.7　野球
783.78　ソフトボール
783.8　ゴルフ
784 冬季競技
784.3 スキー. スキー競技
784.6 スケート. スケート競技
785 水上競技
785.2 水泳. 競泳. 飛び込み
786 戸外レクリエーション
787 釣魚. 遊猟
788 相撲. 拳闘. 競馬
789 武術

790　諸芸. 娯楽

791 茶道
792 香道
793 花道［華道］
794 ビリヤード
795 囲碁
796 将棋
796.9 チェッカー. チェス
797 射倖ゲーム
797.2　トランプあそび
798 その他の室内娯楽
798.3 パズル. クイズ
798.4 ロールプレイングゲーム［RPG］
798.5 コンピュータゲーム〈一般〉
799 ダンス

341

800 言語

801 言語学
801.03 社会言語学［言語社会学］
801.3 辞典編集法. 多言語辞典
801.7 翻訳法. 解釈法. 会話法
801.9 音声によらない伝達：身振語，手文字，
　　　絵文字
801.91 点字
801.92 手話［手話言語］
802 言語史・事情. 言語政策 ＊地理区分
803 参考図書［レファレンスブック］
804 論文集. 評論集. 講演集
805 逐次刊行物
806 団体：学会，協会，会議
807 研究法. 指導法. 言語教育
807.9 言語遊戯
　　　＊特定の言語に関するものも，ここに収
　　　める
808 叢書. 全集. 選集
809 言語生活
　　　＊特定の言語に関するものも，ここに収め
　　　る
809.2 話し方：発声，表情，身振り
809.4 演説法：朗読，式辞，あいさつ
809.5 対談・座談法. インタビュー法
809.7 暗号

【言語共通区分】
〈810／890 各言語〉
　　　＊各言語は，すべて言語共通区分により細分
　　　することができる

－1　　音声. 音韻. 文字
－2　　語源. 意味［語義］
－3　　辞　典
－4　　語　彙
－5　　文法. 語法
－6　　文章. 文体. 作文
－7　　読本. 解釈. 会話
－78　　会　話
－8　　方言. 訛語

----

810 日本語

811 音声. 音韻. 文字
811.2 漢字
811.5 仮名文字
812 語源. 意味［語義］
813 辞典
813.1 国語辞典
813.2 漢和辞典
813.5 類語辞典. 同義語辞典. 反義語辞典
814 語彙
815 文法. 語法
815.8 敬語法
816 文章. 文体. 作文
817 読本. 解釈. 会話
818 方言. 訛語 ＊日本地方区分

820 中国語

821 音声. 音韻. 文字
821.2 漢字
822 語源. 意味［語義］
823 辞典
824 語彙
825 文法. 語法
826 文章. 文体. 作文
827 読本. 解釈. 会話
828 方言. 訛語
829 その他の東洋の諸言語
829.1 朝鮮語［韓国語］
829.2 アイヌ語
829.3 チベット・ビルマ諸語
829.36 カム・タイ諸語：タイ語［シャム語］
829.37 モン・クメール諸語：ベトナム語［安
　　　南語］
829.5 アルタイ諸語
829.55 モンゴル諸語：モンゴル語［蒙古語］
829.57 チュルク諸語：トルコ語，ウズベク語
829.7 セム・ハム諸語［アフロ・アジア諸語］
829.73 ヘブライ語
829.76 アラビア語
829.8 インド諸語
829.83 ヒンディー語
829.88 サンスクリット［梵語］. ベーダ語

830 英語

831 音声. 音韻. 文字
832 語源. 意味［語義］
833 辞典
833.2 和英辞典

日本十進分類法（NDC）　新訂10版　細目表　抜粋

833.3 英和辞典
834 語彙
834.7 新語. 流行語. 外来語
835 文法. 語法
836 文章. 文体. 作文
836.6 書簡文. 日記文
837 読本. 解釈. 会話
838 方言. 訛語

840　ドイツ語

841 音声. 音韻. 文字
842 語源. 意味 [語義]
843 辞典
844 語彙
845 文法. 語法
846 文章. 文体. 作文
847 読本. 解釈. 会話
848 方言. 訛語
849 その他のゲルマン諸語
849.3 オランダ語 [蘭語]
849.7 デンマーク語
849.9 イディッシュ語

850　フランス語

851 音声. 音韻. 文字
852 語源. 意味 [語義]
853 辞典
854 語彙
855 文法. 語法
856 文章. 文体. 作文
857 読本. 解釈. 会話
858 方言. 訛語
859 プロバンス語
859.9 カタロニア語

860　スペイン語

861 音声. 音韻. 文字
862 語源. 意味 [語義]
863 辞典
864 語彙
865 文法. 語法
866 文章. 文体. 作文
867 読本. 解釈. 会話
868 方言. 訛語
869 ポルトガル語

870　イタリア語

871 音声. 音韻. 文字
872 語源. 意味 [語義]
873 辞典
874 語彙
875 文法. 語法
876 文章. 文体. 作文
877 読本. 解釈. 会話
878 方言. 訛語
879 その他のロマンス諸語
879.1 ルーマニア語. モルドバ語

880　ロシア語

881 音声. 音韻. 文字
882 語源. 意味 [語義]
883 辞典
884 語彙
885 文法. 語法
886 文章. 文体. 作文
887 読本. 解釈. 会話
888 方言. 訛語
889 その他のスラブ諸語
889.3 スロベニア語
889.8 ポーランド語

890　その他の諸言語

891 ギリシア語
892 ラテン語
893 その他のヨーロッパの諸言語
893.6 ウラル諸語
893.61 フィンランド語 [スオミ語]
893.62 エストニア語
894 アフリカの諸言語
894.2 古代エジプト語. コプト語
894.7 ニジェール・コルドファン諸語：スワヒ
　　　 リ語
895 アメリカの諸言語
895.1 エスキモー・アレウト諸語：エスキモー
　　　 語 [イヌイット語], アレウト語
897 オーストラリアの諸言語
899 国際語 [人工語]
899.1 エスペラント

343

900　文学　*言語区分

901 文学理論・作法
902 文学史. 文学思想史
902.03 古代
902.04 中世
902.05 近代
903 参考図書［レファレンスブック］
904 論文集. 評論集. 講演集
905 逐次刊行物
906 団体：学会，協会，会議
907 研究法. 指導法. 文学教育
908 叢書. 全集. 選集
908.1 詩
908.2 戯曲
908.3 小説. 物語
909 児童文学研究

- -

【文学共通区分】
〈910／990 各言語の文学〉
　*各言語の文学は，すべて文学共通区分によ
　　り細分することができる

-1　　詩　歌
-18　　児童詩. 童謡
-2　　戯　曲
-28　　児童劇. 童話劇
-3　　小説. 物語
-38　　童　話
-4　　評論. エッセイ. 随筆
-5　　日記. 書簡. 紀行
-6　　記録. 手記. ルポルタージュ
-7　　箴言. アフォリズム. 寸言
-8　　作品集：全集，選集
-88　　児童文学作品集：全集，選集

- -

910　日本文学

910.2 日本文学史
910.23 古代：奈良時代，平安時代
910.24 中世：鎌倉・室町時代
910.25 近世：江戸時代
910.26 近代：明治以後. 作家の伝記［作家研
　　究］

910.268 作家の個人伝記［作家研究］
911 詩歌
911.1 和歌. 短歌
911.12 万葉集
911.121 書誌. 索引. 類句
911.122 歌人伝・研究
　　　　*ここには，個人伝と列伝の双方を収
　　　　　める
911.123 辞典. 便覧
911.3 俳諧. 俳句
911.302 俳諧史. 俳人列伝・研究
911.32 松尾芭蕉
912 戯曲
913 小説. 物語
913.2 古代前期［上代］：奈良時代まで
913.3 古代後期［中古］：平安時代
913.36 源氏物語
913.4 中世：鎌倉・室町時代
913.5 近世：江戸時代
913.6 近代：明治以後
913.68 複数作家の作品集
914 評論. エッセイ. 随筆
914.3 古代：平安時代まで
914.4 中世：鎌倉・室町時代
914.5 近世：江戸時代
914.6 近代：明治以後
915 日記. 書簡. 紀行
916 記録. 手記. ルポルタージュ
917 箴言. アフォリズム. 寸言
918 作品集：全集，選集
919 漢詩文. 日本漢文学

920　中国文学

921 詩歌. 韻文. 詩文
922 戯曲
923 小説. 物語
924 評論. エッセイ. 随筆
925 日記. 書簡. 紀行
926 記録. 手記. ルポルタージュ
927 箴言. アフォリズム. 寸言
928 作品集：全集，選集
929 その他の東洋文学
929.1 朝鮮文学［韓国文学］

930　英米文学

931 詩
　　*933.4/.7のように時代区分

日本十進分類法（NDC）　新訂10版　細目表　抜粋

932 戯曲
　　＊933.4/.7のように時代区分
933 小説．物語
933.4 中世
933.5 16—17世紀
933.6 18—19世紀
933.7 20世紀—
934 評論．エッセイ．随筆
　　＊933.4/.7のように時代区分
935 日記．書簡．紀行
　　＊933.4/.7のように時代区分
936 記録．手記．ルポルタージュ
937 箴言．アフォリズム．寸言
938 作品集：全集，選集
［939］アメリカ文学　→930／938

940　ドイツ文学

941 詩
942 戯曲
943 小説．物語
943.5 16—17世紀
943.6 18—19世紀
943.7 20世紀—
944 評論．エッセイ．随筆
945 日記．書簡．紀行
946 記録．手記．ルポルタージュ
947 箴言．アフォリズム．寸言
948 作品集：全集，選集
949 その他のゲルマン文学

950　フランス文学

951 詩
952 戯曲
953 小説．物語
953.5 16—17世紀
953.6 18—19世紀
953.7 20世紀—
954 評論．エッセイ．随筆
955 日記．書簡．紀行
956 記録．手記．ルポルタージュ
957 箴言．アフォリズム．寸言
958 作品集：全集，選集
959 プロバンス文学

960　スペイン文学

961 詩
962 戯曲

963 小説．物語
964 評論．エッセイ．随筆
965 日記．書簡．紀行
966 記録．手記．ルポルタージュ
967 箴言．アフォリズム．寸言
968 作品集：全集，選集
969 ポルトガル文学
969.029 ポルトガル以外のポルトガル語文学

970　イタリア文学

971 詩
972 戯曲
973 小説．物語
974 評論．エッセイ．随筆
975 日記．書簡．紀行
976 記録．手記．ルポルタージュ
977 箴言．アフォリズム．寸言
978 作品集：全集，選集
979 その他のロマンス文学

980　ロシア・ソビエト文学

981 詩
982 戯曲
983 小説．物語
984 評論．エッセイ．随筆
985 日記．書簡．紀行
986 記録．手記．ルポルタージュ
987 箴言．アフォリズム．寸言
988 作品集：全集，選集
989 その他のスラブ文学

990　その他の諸言語文学

991 ギリシア文学
992 ラテン文学
993 その他のヨーロッパ文学
994 アフリカ文学
995 アメリカ諸言語の文学
997 オーストラリア諸言語の文学
999 国際語［人工語］による文学
999.1 エスペラント文学

345

索　引

欧　文

BSH →基本件名標目表
Dublin Core Metadata Element Set（DCMES）
　148
ISBN →標準番号に関する事項
ISSN →標準番号に関する事項
JAPAN/MARC　139,140
JM-BISC　139-141
MARC　139
NACSIS-CAT　144,145
NCR →『日本目録規則』（NCR）
NDC →日本十進分類法
OPAC →オンライン閲覧目録（OPAC）
SA →参照注記
SN →限定注記

あ　行

暗号　285
医学　259
一般件名規程　171,172
一般細目　163
一般補助表　186
占い　237,241
映像資料　87
『英米目録規則』第2版　62,69,138
園芸　269,273
追い込み式　5,64
奥付　16
音順標目表　157
オンライン閲覧目録（OPAC）　3,139-141

か　行

改行式　5
外形式　190,204
外交　193,203
下位シリーズ　39
階層構造標目表　158

海洋　245
海洋区分　205
学問　229,235
家政学　265
片かな表記法　135
カバー　16
刊記　115,121
環境工学　264,267
刊行頻度　108
巻次　105,106
漢籍　113
観点　214,261
　　──分類法　214
巻頭　115,118
紀行　245
紀行文学　293
記述
　　──の基盤　101
　　──の情報源　9
　　──の精粗　10
技術　262
基本件名標目表　157-160
教育　253
共通タイトル　26
郷土資料　233,301
区切り記号　7,10
経済　250
形式区分　190-193,203
芸術　215,274,275
継続資料　101
形態に関する事項　23,75,83,90,97,107,122
言語　177,279
言語学　279
言語共通区分　281,282
言語区分　208-210,280,287
言語細目　164,177
原タイトル　49
限定注記　159

347

件名　157
　——規程　158,171
　——標目　7,134,157-162,172-176
工学　262
更新資料　101
構成書誌単位　55,60
構成レベル　56,59
綱目表　180,181
国際標準書誌記述（ISBD）　10
国防　254
国名標目表　134,168
個人伝記　244
コピーカタロギング　139
固有補助表　186,239,243,245,263
固有名詞件名標目群　161
コンピュータ目録　139

さ　行

細目　158,162,165,166
細目表　182-184,192,208
作品研究　291
作家研究　290
雑著　232
茶道　276
参照　128
参照語　157
参照注記　159
資源の記述とアクセス（RDA）　62,71
自序　115,118
システム要件　99
自然科学　257
時代区分　243,289
時代細目　164,169,175
辞典　282,283
ジャーナリズム　233
社会　249
　——問題　252
社会科学　248,249
社会学　251
獣医学　268
宗教　238
集合書誌単位　55,57,61
集合レベル　56,57

就職　249
従属タイトル　26
主題　214
出版・頒布等に関する事項　22,66,119
出版者　22,30,67,119
出版地　22,29,66,119
出版年　23,30,44,120
主標目　162,165
順序表示に関する事項　105
商業　250
情報学　230,251,264
情報工学　264,267
商用語学　271
所在記号　5,222
書誌
　——階層　54
　——記述　5
　——単位　55
書誌ユーティリティ　144
所蔵事項　111
シリーズ
　——に関する事項　38
　——番号　38,44
　——もの　14,37
資料種別　74,81,89,95
資料の特性に関する事項　74
心理学　237
神話　220,239,254
水産業　270
数値データに関する事項　74
図版　23
スポーツ　276,278
背　16
生活科学　265
請求記号　222
生物　195,259,301
責任表示　18,28,64,81,104,117
セットもの　14
説明つき参照　165
戦争　247
相関索引　187,202,203,205,208,210,214
総記　229
総合タイトル　27

348

索　引

挿図　31

た　行

第 1 次区分表　180
第 2 次区分表　180,181
第 2 水準　5
第 3 次区分表　182
題字欄　72
題僉　115
タイトル
　　——関連情報　18,64,81
　　——と責任表示に関する事項　17,64,74,81,
　　　89,95,103,116
　　——標目　6,129,173
　　——フレーム　87
　　——変遷　109
多段階記述様式　57
ダブリンコア　148
単行書　13
単行書誌単位　55,58,60
単行レベル　56
単発もの　13
地域史・各国史　192,204,243
地域資料　3,301
畜産　270
逐次刊行物　101
地図資料　72
地図帳　72
地名細目　164,168,169
地名のもとの主題細目　164,170
注記に関する事項　48,77,85,91,99,108,122
著作権表示年　30
著者標目　7,130,131,173
地理　245
地理区分　196,199,200,202-204
哲学　236
テレビ　272
転記　10,114
伝記　175,244
典拠ファイル　131
電子資料　94
　　——の特性に関する事項　97
統一標目　131

統計　177,250,251
特殊件名規程　171
特殊細目　164
特定資料種別　75,83,90,97
図書館情報学　230
図書記号　222

な　行

内形式　204
内容に関する注記　50,110
日本十進分類法　179,180
日本地方区分　203
日本著者記号表　223,224
『日本目録規則』（NCR）　4,13,62
任意規定　4
ネットワーク情報資源　147
年月次　105,106
農林水産業　268,269

は　行

博物館　232,235
発行・頒布等に関する事項　82,89
版に関する事項　20,66,82,97,104,119
版表示　20
美術　274
百科事典　231
表紙　16
標準番号に関する事項　25,44,85,111
標題紙　16
標目　5,127,157
　　——指示　5,128,129,131,134
付加的版表示　28
付属資料　31
文学　173,174,212,215,286
文学共通区分　288
文学研究　286
分冊もの　14,42
分出記録様式　59
分野ごとの共通細目　163
分類記号　182,183,188,222
分類記号順標目表　158
分類規程　214
分類標目　7,135

並列タイトル　28
別置
　——記号　222,225
　——法　225
別法　4,185
貿易　170,193,203,271
放送番組　272
法律　175,249
本シリーズ名　38
本則　4
本タイトル　17,26,103,116
翻訳　215,289

ま　行

漫画　276
見返し　115,118
民俗学　253
民話　254
メタデータ　147,149
無機化合物　258
目録　3
　——記入　3

や　行

薬学　259

有機化合物　258
洋書　62
要目表　182

ら　行

ラベル　87,95
リモートアクセス　94
倫理学　238
類目表　180
ルビ　27
例示件名標目群　161
レーベル　79
歴史　174,242,243,247
列伝　244
ローカルアクセス　94
録音資料　79

わ　行

分かち書き　127
和古書　113
を見よ参照（をみよ参照）　128,161,185
をも見よ参照（をもみよ参照）　128,131,185

監修者紹介

山本順一（やまもと・じゅんいち）

　早稲田大学第一政治経済学部政治学科卒業。早稲田大学大学院政治学研究科博士課程単位取得満期退学。図書館情報大学大学院図書館情報学研究科修士課程修了。桃山学院大学経営学部・大学院経営学研究科教授を経て、現在、放送大学客員教授。『メディアとICTの知的財産権　第2版』（未来へつなぐデジタルシリーズ）（共著。共立出版、2018）『行政法　第3版』（Next　教科書シリーズ）（共著、弘文堂、2017）、『情報メディアの活用　3訂版』（共編著、放送大学教育振興会、2016）、『IFLA公共図書館サービスガイドライン　第2版』（監訳、日本図書館協会、2016）、『新しい時代の図書館情報学　補訂版』（編著、有斐閣、2016）、『図書館概論：デジタル・ネットワーク社会に生きる市民の基礎知識』（単著、ミネルヴァ書房、2015）、『シビックスペース・サイバースペース：情報化社会を活性化するアメリカ公共図書館』（翻訳、勉誠出版、2013）、『学習指導と学校図書館　第3版』（監修、学文社、2013）、など。

執筆者紹介 （＊は編著者、執筆順）

＊長谷川昭子（はせがわ・あきこ）**第1章～第3章、第6章～第8章、第10章、第11章**

　早稲田大学第一文学部卒業。筑波大学大学院図書館情報メディア研究科博士後期課程修了。博士（図書館情報学）。（社）日本看護協会、理化学研究所図書館勤務を経て、現在、日本大学文理学部非常勤講師。『専門図書館における現職者教育と個人の能力開発』（単著、風間書房、2013年）、『専門図書館の役割としごと』（共著、勁草書房、2017年）など。

坂本俊（さかもと・しゅん）**第2章演習問題**

　東海大学文学部卒業。筑波大学大学院図書館情報メディア研究科博士前期課程修了。筑波大学大学院図書館情報メディア研究科博士後期課程単位取得退学。安田女子大学助教、京都女子大学助教を経て、現在、安田女子大学文学部日本文学科助教、広島大学大学院教育学研究科客員准教授。『情報サービス論』（共著、ミネルヴァ書房、2018年）、『図書館サービス概論』（共著、ミネルヴァ書房、2018年）など。

吉田隆（よしだ・たかし）**コラム3.1、3.2**

　神奈川大学経済学部卒業。神奈川大学大学院経済学研究科修士課程修了。神奈川大学国際経営研究所客員研究員。『規律の進化』（共訳、未来社、1986年）、『医学と戦争』（共著、御茶の水書房、1994年）、『近代西欧の宗教と経済』（共著、同文舘、1996年）、『情報サービス論』（共著、学文社、2013年）、『図書・図書館史』（共著、学文社、2014年）、『近代社会を捉える視座』（共著、神奈川大学国際経営研究所、2015年）、『近代社会を支える視座（続）』（共著、神奈川大学国際経営研究所、2017年）、『経済活動と倫理』（共著、神奈川大学国際経営研究所、2019年）など。

＊西田洋平（にしだ・ようへい）**第4章、第5章**

　東京薬科大学生命科学部卒業。東京薬科大学大学院生命科学研究科修士課程修了。東京大学大学院学際情報学府修士課程修了・同博士課程単位取得退学。現在、東海大学課程資格教育センター講師。『基礎情報学のヴァイアビリティ』（共著、東京大学出版会、2014年）、『図書・図書館史』（共著、学文社、2014年）など。

新藤透（しんどう・とおる）**第9章**

　城西大学経済学部卒業。筑波大学大学院図書館情報メディア研究科博士後期課程修了。博士（学術）。現在、國學院大學文学部教授、（株）歴史と文化の研究所客員研究員。『松前景広『新羅之記録』の史料的研究』（単著、思文閣出版、2009年）、『北海道戦国史と松前氏』（単著、洋泉社、歴史新書、2016年）、『図書館と江戸時代の人びと』（単著、柏書房、2017年）、『図書館の日本史』（単著、勉誠出版、2019年）、『戦国の図書館』（単著、東京堂出版、2020年）など。

須永和之（すなが・かずゆき）**コラム10、15.1〜18.1、20.1〜26、27.2、28〜30.1**

　國學院大學文学部卒業。図書館情報大学大学院図書館情報学研究科修士課程修了。筑波大学附属図書館、図書館情報大学図書館、沖縄国際大学専任講師を経て、現在、國學院大學文学部教授。『新学校図書館通論』（共著、学芸図書、1999年）、『学校における情報活用教育』（訳者、日本図書館協会、2002年）、「フランスの学校図書館」『日仏図書館情報研究』（単独執筆、38号、2013年）、『学校と図書館で学ぶインターネット活用法』（訳者、日本図書館協会、2016年）など。

江草由佳（えぐさ・ゆか）**コラム11.1**

　図書館情報大学図書館情報学部図書館情報学科卒業。図書館情報大学大学院図書館情報学研究科修士課程修了。筑波大学大学院図書館情報メディア研究科博士後期課程修了。博士（情報学）。国立教育政策研究所研究員、主任研究官を経て、現在、国立教育政策研究所研究企画開発部教育研究情報推進室総括研究官、鶴見大学文学部非常勤講師。『情報検索演習　3訂』（共著、樹村房、2006年）、『改訂　情報サービス演習』（共著、樹村房、2016年）など。

佐々木宗雅（ささき・むねまさ）**コラム11.2**

　法政大学文学部日本文学科卒業。専門誌記者として二十数年勤めた後、NPO法人ハーモニーアイ理事を経て、現在、日本視覚障害者団体連合組織部長。「disability から ability へ―インターネット時代の情報アクセシビリティ」（共同執筆、『情報メディア研究』Vol.5，2007年）、「障碍者のインターネット利用」（共著、『図書館情報学研究』第6号、2011年）。

＊竹之内禎（たけのうち・ただし）**第12章、第21章、第22章**

　法政大学文学部哲学科卒業。図書館情報大学大学院情報メディア研究科博士後期課程修了。博士（情報学）。東京大学大学院情報学環助手、特任講師等を経て、東海大学課程資格教育センター准教授。『情報倫理の思想』（共編著、NTT出版、2007年）、『情報倫理の挑戦―「生きる意味」へのアプローチ』（共編著、学文社、2015年）など。

＊田嶋知宏（たじま・ちひろ）**第13章〜第20章、第30章、コラム14.2、30.2**

　横浜市立大学国際文化学部卒業。筑波大学大学院図書館情報メディア研究科博士前期課程修了。修士（学術）。青森中央短期大学専任講師を経て、現在、常磐大学准教授。『教育改革の動向と学校図書館』（共著、八千代出版、2012年）、『図書・図書館史』（共著、学文社、2014年）、『情報サービ

ス演習』（共著、ミネルヴァ書房、2016年）など。

岡野裕行（おかの・ひろゆき）**第20章～第30章演習問題**

　図書館情報大学図書館情報学部図書館情報学科卒業。筑波大学大学院図書館情報メディア研究科博士後期課程修了。博士（学術）。リュブリャナ大学文学部専任講師等を経て、現在、皇學館大学文学部国文学科准教授。『デジタル文化資源の活用―地域の記憶とアーカイブ』（共著、勉誠出版、2011年）、『文学館出版物内容総覧―図録・目録・紀要・復刻・館報』（編著、日外アソシエーツ、2013年）、『近代学問の起源と編成』（共著、勉誠出版、2014年）、『ビブリオバトルハンドブック』（共著、子どもの未来社、2015年）など。

河島茂生（かわしま・しげお）**第23章、第27章**

　慶應義塾大学総合政策学部卒業。東京大学大学院学際情報学府博士後期課程修了。博士（学際情報学）。青山学院大学准教授、理化学研究所革新知能統合研究センター客員研究員、総務省情報通信政策研究所特別研究員。『図書館情報技術論』（編著、ミネルヴァ書房、2013年）、『AI時代の「自律性」』（編著、勁草書房、2019年）、『AI倫理』（共著、中央公論新社、2019年）、『AI×クリエイティビティ』（共著、高陵社書店、2019年）、『未来技術の倫理』（勁草書房、2020年）など。

鈴木亮太（すずき・りょうた）**第24章～第26章**

　東洋大学文学部哲学科卒業。東洋大学大学院文学研究科哲学専攻博士後期課程修了。東洋大学、白百合女子大学、法政大学等の非常勤講師を歴任。『情報サービス論』（共著、学文社 2013年）、『図書・図書館史』（共著、学文社、2014年）、『図書館サービス概論』（共著、学文社、2018年）など。

藤倉恵一（ふじくら・けいいち）**編集協力者、第28章、第29章、コラム14.1、18.2**

　東洋大学社会学部応用社会学科卒業。文教大学越谷図書館主任司書。『図書館のための個人情報保護ガイドブック』（単著、日本図書館協会、2006年）、『日本十進分類法の成立と展開』（単著、樹村房、2018年）、『絵本で読みとく宮沢賢治』（共著、水声社、2013年）、『日本十進分類法新訂10版』（改訂編集、日本図書館協会、2014年）など。

講座・図書館情報学⑪

情報資源組織演習
──情報メディアへのアクセスの仕組みをつくる──

2016年9月15日　初版第1刷発行　　　　　　　　　　〈検印省略〉
2021年6月30日　初版第5刷発行

価格はカバーに
表示しています

	竹之内	内川	昭	禎子
編著者	長谷	川田	洋	平
	西田	嶋	知	宏
発行者	杉	田	啓	三
印刷者	藤	森	英	夫

発行所　株式会社　ミネルヴァ書房
607-8494　京都市山科区日ノ岡堤谷町1
電話代表　(075)581－5191
振替口座　01020－0－8076

ⓒ 竹之内・長谷川・西田・田嶋ほか，2016　　　　亜細亜印刷

ISBN978-4-623-07645-1
Printed in Japan

山本順一 監修

講座・図書館情報学

全12巻

A5判・上製カバー

＊①生涯学習概論　　　　　　　　　　　前平泰志 監修／渡邊洋子 編著

＊②図書館概論　　　　　　　　　　　　　　　　　　山本順一 著

＊③図書館制度・経営論　　　　　　　　　　　　　安藤友張 編著

＊④図書館情報技術論　　　　　　　　　　　　　　河島茂生 編著

＊⑤図書館サービス概論　　　　　　　　　　　　　小黒浩司 編著

＊⑥情報サービス論　　　　　山口真也・千　錫烈・望月道浩 編著

　⑦児童サービス論　　　　　　　　　　林左和子・塚原　博 編著

＊⑧情報サービス演習　　　　　　　　　　　　　　中山愛理 編著

＊⑨図書館情報資源概論　　　　　　　　　　　　　藤原是明 編著

＊⑩情報資源組織論［第2版］　　　　　　　　　　志保田務 編著

＊⑪情報資源組織演習　　竹之内禎・長谷川昭子・西田洋平・田嶋知宏 編著

＊⑫図書・図書館史　　　　　　　　　　　　　　　三浦太郎 編著

（＊は既刊）

ミネルヴァ書房

http://www.minervashobo.co.jp/